教育行思

白丽 著

上海大学出版社
·上海·

图书在版编目(CIP)数据

教育行思/白丽著. —上海: 上海大学出版社, 2020.10
ISBN 978-7-5671-3971-8

Ⅰ.①教… Ⅱ.①白… Ⅲ.①教育-文集 Ⅳ.
①G4-53

中国版本图书馆CIP数据核字(2020)第195679号

责任编辑　傅玉芳
封面设计　柯国富
技术编辑　金　鑫　钱宇坤

教育行思
白　丽　著

上海大学出版社出版发行
(上海市上大路99号　邮政编码200444)
(http://www.shupress.cn　发行热线021-66135112)
出版人　戴骏豪
*
南京展望文化发展有限公司排版
上海华教印务有限公司印刷　各地新华书店经销
开本710mm×1000mm　1/16　印张17.5　字数286千
2020年10月第1版　2020年10月第1次印刷
ISBN 978-7-5671-3971-8/G·3148　定价　58.00元

版权所有　侵权必究
如发现本书有印装质量问题请与印刷厂质量科联系
联系电话: 021-36393676

自 序

一辈子的修行

投身基础教育,倏忽已是二十四载。

读书,教书。教书,读书。

修己,育人。育人,修己。

诚如于漪老师所说:"一辈子做教师,一辈子学做教师。"

我不敢故步自封,更不敢拒绝成长。

什么是成长?

成长不是马齿徒长,而是一种自我行走、自我反思、自我发现、自我完善的漫长修行。

教育,需要这样的修行。

教育者,更需要这样的修行。

教书,读书,于我都是修行。

修行,就要拿出真心、诚心,勤勉以行。

不思考,不动情,是不行的。

我的心弦常被触动。

于是,就有了或长或短、不拘一格的教育随笔。

它们散见于我的电脑中、手机里。一番"打捞",竟有 37 篇,是为"教育闲思"。

教书之余,最大的享受是读书,最大的乐趣是鼓动人读书。

卢梭说:"人生而自由,却无处不在枷锁之中。"

而阅读,就是打破枷锁,就是精神越狱,就是对生活边界的尽力拓展,就是对缺憾人生的另类补充,就是摆脱尘俗引力努力向上的一种信仰。

由阅读而思考,由思考而写作。往往心有所感,不吐不快。

于是札记、随笔,短则几百字,长则上万字。

兴之所至,随手而写。不为取悦他人,只为欢喜自己。

不知不觉,这种非功利的阅读、思考与写作,已成为我生命的重要形态。

稍加整理,挑出22篇,近6万字,是为"读书静思"。

至于寒暑假沉潜下去写就的教学论文,谈阅读,论写作,或许"卑之无甚高论",但都是我真切的困惑、真诚的思考,挑选13篇,名曰"教学沉思"。

忙忙碌碌中,读书已是见缝插针,写作难免无力营求。

不少感悟来不及写下,就消逝于莽莽苍苍的文字之中,只剩下随手记下的一个标题,比如"王熙凤的发财之道"、"晴雯不作不会死"、"尴尬的探者与探春的尴尬"、"宝黛"与"钗黛"、"呆霸王不呆"、"邢夫人与贾赦"、"王夫人之善与不善"、"红楼小丑众生相"等,都是我读《红楼梦》时欠下的心债。

心债不还,这几个标题就一直勾引着你,逼你读书,逼你修行。

读书,教书。教书,读书。

还真是一辈子的修行。

且行且思,且思且行。

那莽莽苍苍的文字,延展成一条奔腾不息的大河。

翻涌的浪花里,有你,也有我……

白　丽

2020年9月

目 录

教育闲思

一、我的教育梦 ... 3
二、往事,点点滴滴 ... 8
三、教师节随想 ... 14
四、你的春天在哪里?
　　——有感于写作中的假话套话,言不由衷 ... 15
五、是谁偷走了孩子的童年? ... 17
六、又要考试了 ... 19
七、教师在学校都做些什么? ... 20
八、经历和体验也是教育 ... 22
九、这,是更重要的学习 ... 23
十、孩子们的精神盛宴 ... 25
十一、视野,视野,还是视野! ... 26
十二、家长的心情 ... 27
十三、最有价值最值得珍视的反馈 ... 29
十四、老师,为何要考《出师表》? ... 31
十五、新作旧文 ... 32
十六、考试随想 ... 33
十七、斗胆一问 ... 34
十八、你为什么不能安静地思考? ... 36
十九、真话:等级考带来哪些变化 ... 38

二十、这才是青春 …… 40
二十一、才子张含 …… 42
二十二、没有反思就没有进步 …… 45
二十三、这个世界总要有一些理想主义的人 …… 46
二十四、重读《逍遥游》,想起李新建老师 …… 47
二十五、关于"爱" …… 49
二十六、彼岸花开 …… 50
二十七、在曼大听课 …… 52
二十八、难忘英国小学生的诗 …… 53
二十九、没有轻松的教育 …… 55
三十、暖流 …… 56
三十一、想念正常的生活 …… 59
三十二、常识告诉我 …… 60
三十三、每一个努力奔跑的孩子,都值得尊重 …… 61
三十四、无用的话 …… 63
三十五、边走边唱 …… 65
三十六、"国培"杂记(五则) …… 67
三十七、最喜崎路遇同道,如切如磋共歌吟
——"基于高阶思维培养的高中写作微型课程开发的实践研究"
团队历程 …… 70

读书静思

一、会飞,绝不仅仅是为了吃
——读《海鸥乔纳森》有感 …… 79
二、别忘了我们为什么出发
——读怀特海《教育的目的》有感 …… 82
三、读约翰·怀特《再论教育目的》有感 …… 85
四、重读《教育的目的》有感 …… 87

目 录

五、一群理想主义者的高歌
　　——读《问题化学习·教师行动手册》有感 ………… 89

六、我们还会思考么
　　——读李镇西老师《教有所思》有感 ………………… 92

七、夜读鲁迅（五则） ……………………………………… 95

八、红楼絮语（七则） ……………………………………… 107

九、细读《促织》 …………………………………………… 114

十、毕飞宇小说的个性与局限 ……………………………… 118

十一、感恩命运让我们遇见
　　——读冬颖《何处觅得桃花源》有感 ………………… 119

十二、致敬茨威格（二则） ………………………………… 121

十三、读《茶花女》随感 …………………………………… 123

十四、读毛姆随感（三则） ………………………………… 125

十五、读黑塞随感 …………………………………………… 127

十六、读史札记（二则） …………………………………… 128

十七、《一九八四》与《乌合之众》 ……………………… 129

十八、《西游记》杂感 ……………………………………… 130

十九、反叛与成长
　　——重读《鲁滨孙历险记》有感 ……………………… 132

二十、《白鹿原》中的女性意识
　　——再读《白鹿原》有感 ……………………………… 137

二十一、过一种顺心适性的生活
　　——读《陶渊明集》有感 ……………………………… 150

二十二、谁是最值得警惕的套中人
　　——重读《套中人》有感 ……………………………… 154

教学沉思

一、"整本书阅读"之概念辨析及实施、评价建议 ………… 163

二、"整本书阅读"教学在英国 …………………………………… 170

三、英国 GCSE 文学教学及考试对我国的启示 ………………… 174

四、基于高阶思维培养的问题引领式群文阅读教学实践及反思 ……… 185

五、今天,可以借《谈骨气》教什么? …………………………… 196

六、基于思维品质优化的高中写作教学 ………………………… 205

七、由高考阅卷透视高中写作教学 ……………………………… 217

八、追问,把思维引向纵深的有效途径 ………………………… 225

九、为学生写作提供必要的支架 ………………………………… 233

十、引导学生构建合适的思维支架 ……………………………… 239

十一、让课堂焕发生命的活力 …………………………………… 247

十二、"板书设计"之我见 ………………………………………… 251

十三、巧借"设计板书"培养学生批判性思维
——以《简笔和繁笔》教学为例 ………………………… 260

教育闲思

一、我的教育梦

一直到今天，下班回到家，再苦再累，我都不能在爱人面前抱怨；亲朋好友相聚，聊得再深入，我也绝不会诉说工作的清贫与辛苦。

因为24年前，是我"哭着闹着"（爱人的调侃语）非要从别人羡慕的政府机关跳到大家都不看好的中学。是我面对人事局局长"你再想想"的挽留、同学"你会后悔"的警告、爱人"将来后悔，可别跟我说"的威胁，毫不留恋地选择了离开——离开政府机关，飞蛾扑火般地奔向学校——我心中那肥沃而充满生机的圣地。我以为，在那里，我梦想的种子可以生根、发芽，生长出蓬勃的绿意！

因为，我的心中深藏着一个梦，一个献身教育，通过教育影响一个又一个学生、丰富一颗又一颗心灵，从而使我们赖以生存的社会变得越来越美好的梦。

我不敢说，这就是我的中国梦。但至少，它确实是我的教育梦。

我的教育梦？是的！

为此，我付出了到大学生工作分配办公室改派，教龄少算一年的代价。

后悔吗？夜深人静的时候，疲惫至极的时候，教育理想被教育现实击得差点粉碎的时候，我也会这样问自己。每次都是想了很久，黑暗中给自己一个坚定的答复："不后悔！"假如人生可以重来，我还是会选择教育！

虽然，我读的并非师范院校，毕业时却对教育情有独钟。

我的择业意向，一是高校，二是部队，三才是机关。

1995年的公立高校已经非研究生不要，刚创办两年的民办高校——昇达经贸管理学院不拘一格招聘人才，本科毕业的我在几百人的笔试、面试中过五关斩六将脱颖而出，成为唯一的被录用者。然而我心中跨不过民办那道坎，跨不过学校坐落在郑州郊区那道坎。更主要的，是"河南省特优毕业生"的我有着更多的选择机会,我被到系里要人的郑州市某区政府录用了。那个时候,进政府机关也是很多人的梦啊。于是,我进了某区政府机关。

拖拖地,抹抹桌,接接电话,发个通知。这样的日子过了不到一个月,我开始厌倦。两个月,我决定逃离。我知道,适合我的不是这里。我心中另有一个梦,一个通过我的工作影响到他人思想进而让我们的社会更加美好的梦。这个梦,就是教育梦。

回绝了昇达经贸管理学院,我只能在市区选一所中学实现我的教育梦。

进中学?你疯了!

这是熟悉我的人的第一反应。

我没有疯。我知道自己想要什么,最适合我的地方在哪里。

怀揣着一份美好希冀,我的教育梦起航了。

第一站是郑州市第二中学。在这里,我有幸遇到了我的恩师陈培萍老师,她几乎跟听我的每一节课,当然,我也几乎跟听她的每一节课。我折服于她教学语言的简练、教学环节的紧凑,她却总是鼓励我要发挥自己的优势,形成自己的风格。当然,她也有严厉的时候,她会逼着我一个月上一次汇报课,一个学期写一篇教学论文。市语文教研室请她出题,她却推说年龄大了,让我出;市教育电视台请她做讲座,她也推说年龄大了,让我讲;学校、协作区甚至市里有什么讲课比赛、论文评比活动,她总鼓励我参加。就这样,我 1996 年 2 月进入中学,1997 年 5 月就在全市青年教师基本功大赛中获第二名。

我的梦想的种子发芽了。因为,在我的课堂上,我看到一双双闪着亮光的眼睛;在我的办公室,我接待了一个又一个前来敞开心扉的孩子。我看到孩子们学会真诚、宽容和尊重,我感受到教育就是一颗心去打动另一颗心,一朵云去推动另一朵云。我很高兴一个孩子在临别时说:"老师,我会记住你说的话的,一辈子做个好人!"我也难忘一个女孩在初二时听了我讲苏轼就下决心大学要选中文系(后来,她果然选了中文系)。我一点都不意外:假期中十几个孩子约好了敲开我家的门,又吃又玩又聊天,疯够了才离去……

我在他们身上看到梦想的影子。

我知道,个人的力量是微小的,而梦想的力量可以很大!

而我,就是想在孩子们的心中播下梦想的种子,这颗种子无关名利与富贵,却关乎尊严与幸福。这颗种子携带的基因除了正义与公平,还有自由与平等;除了包容与理性,还有善良与真诚……

我的教育梦在郑州二中这片肥沃的土地上生根,发芽,长出勃勃绿意!

我执教的课不断在各级各类比赛中获奖,我的论文、我辅导的学生作文不断见诸报端或获奖,我主编了连续几年畅销的《初三语文复习教程》,我被任命为郑州二中语文教研组组长。2003年,我先后被评为"郑州市教书育人先进个人""郑州市教育系统优秀共产党员"等。

我在这里,度过了人生中宝贵的八年时光。

2004年,带完高三,我离开郑州二中,奔赴梦想的第二站:上海市延安中学。

那时候,我以为,上海,延安高中,教育一定是一流的,立足于人的长远发展的,机械应试的成分会少一点。怀揣着这样一份美好的希冀,我的教育梦又起航了。

上海市延安中学附属虹桥机场学校,我支教一年,任年级组长,教两个班的课。一周16节正课,3节补课,共19节。基础差的,不爱学的,哄着学,陪着学;基础好的,爱学习的,引导学。那一年,我熟悉了上海初中的语文教材,了解了上海中招的考点、题型,熟悉了上海薄弱学校的教育……那一年,我支气管扩张引发肺部感染,打吊针一个多月,愣是坚持没请一节课的假——因为我可怜那80多个孩子,学校被"砍掉了",只剩下最后一届初三,老师都"跑光了",有门路的孩子早转到其他学校了。被请来教他们的老师,除了我一个在职的,年轻的,其他都是退休的,年老的。我请假,就没人上课。

那一年,机场学校最后一届初三毕业生取得了良好成绩,家长满意,区教育局满意。机场中学的王校长满怀深情地给延安中学写了感谢信。

我的教育梦和着血汗和泪水在上海这片土地上艰难扎根。

2005年,我回到延安高中。当班主任,上之前从未听说过的主题班会课、主题教育课,带学生到东方绿舟军训,参加校足球赛、篮球赛、健美操比赛,排练节目,参加校金秋文艺汇演,组织学生参加社会实践活动,在班级里推行竞争上岗制……我每天都忙到很晚才能回家,我慢慢地悟出,延安中学写在墙上的16个字——"学会学习,学会健身,学会办事,学会做人"是要靠这一系列扎扎实实而又丰富多彩的活动落实的。

教育就是这样的吧？像种地，务必精耕细作，亦须适时浇水；要有耐心，等待花开；亦须劳作，除草施肥。

教育，是注定了要与艰辛为伴的事业。

我无悔，为我的教育梦，我常"恨不分身千万个，逐一点化后学人"，我常怕自己知识陈旧了，观念落伍了，耽误学生，我常感教书时间愈久，困惑愈多：我感到充电进修的必要。

为了我的教育梦，我开始参加市、区教学比赛以检测、历练自己的教学能力。我多次获得长宁区教学比赛一等奖；也获得上海市"一师一优课，一课一名师"优课奖、上海市中青年教师讲课大赛二等奖；2018年，又获得教育部"一师一优课，一课一名师"优课奖。我在《中学语文教学》等期刊发表论文30余万字，主编并出版了《高中语文基础知识手册》等。我带着学生读书，我们热情高涨……

为了我的教育梦，我还一边教书一边研究，试图破解教育难题。我主持的市级课题"基于高阶思维培养的高中写作微型课程开发的实践研究"被确立为长宁区重点课题、上海市教科院市级课题；我执笔的文献综述在市里荣获二等奖；研究成果获上海市教学成果一等奖、上海市教科研成果二等奖、长宁区教科研成果一等奖。成果之一《高中议论文难点突破》，2018年4月由华东师范大学出版社出版发行，另一本研究专著也即将出版。

为了我的教育梦，我努力提升自己、帮助他人。我珍惜每一次学习、带教的机会。

2012年至今，除参加常规的市、区、校三级教研活动、教师培训外，我还通过层层选拔，先后参加了以下高端培训：

（1）为期5年（2012年3月至2017年3月）的上海市第三期"双名工程"培训。

（2）为期11天的"国培计划"（2013年）华东师大高中语文研修。

（3）为期21天的长宁区（2014年）基础教育教学方式创新赴美研修。

（4）为期3年（2016年12月至2019年12月）的长宁区"学科领军人才"培养。

（5）为期135天（2018年11月17日至2019年3月31日）的上海市（2018年）基础教育优秀校长、教师赴英研修。

持续的研修培训,于我而言,开阔了眼界,提升了境界;丰厚了学养,提升了能力;催生了思想,锻造了特色。

今天的我,更加坚信每一个生命都有自己绽放的节奏和形态,教育就是不断唤醒和激发学生沉睡的潜能,使他们发现并成为更好的自己。

今天的我,在语文教学上持"通达"观。坚信不通不达,唯通能达。敢于打破初高中、课内外、阅读与写作等的界限,自主开发、灵活利用教学资源。注重引导学生发现并建立联系,审美式熏陶,思辨性阅读,个性化表达,形成了"阅读教学集群化,读写互促常态化,写作教学专题化,专题写作有序化"的教学特色。

作为不再年轻的教师,我在学校要带徒弟,作为上海市第四期"双名工程·种子计划"高中语文长宁基地导师、长宁区优秀学科带头人,我得为市、区青年教师成长尽一把力……

教育,就是一颗心唤醒另一颗心,一朵云推动另一朵云。

我很高兴那么多人选择了这样的事业。

我更庆幸,24 年前,我是那样果断地离开机关,飞蛾扑火般地奔向自己喜欢的事业。

24 年艰辛历程,我无悔。

因为我的教育梦早已生根,发芽,生长勃勃绿意!

在我的学生心里,在我的徒弟心里。

在我的学生的学生心里,在我的徒弟的徒弟心里。

我们的社会也因为这无数人参与的努力而变得越来越美好,不是吗?

2014 年 10 月第一稿
2020 年 8 月修改

二、往事,点点滴滴

在基础教育这条奔腾不息的大河里,我只是一朵不起眼的浪花。和无数同仁一样,一年又一年,"栽桃育李费苦心,浇水施肥步紧跟"。不敢说呕心沥血,但回望——往事,点点滴滴。

1. 序幕

很长一段时间,我几乎每天都在图书馆忙活到6点多才回家。

有一天,我照例在图书馆批作业、做课件到6点多,回到办公室,桌上竟有一份小礼物,抽出一看,是个口罩,还附了一张小纸条:

白老师:

  您好!我看到您是骑电瓶车回家的,但是您没有戴口罩,最近路上灰尘很大,作为老师喉咙一定要保护好,送您一个口罩。希望您喜欢!

  祝:健康快乐!

3-19

3-19,不是日期,看来应该是学生的学号。可开学仅一周多,我连学生的名字还叫不出,更不要说记住他们的学号了。

同事们开玩笑说:"白丽,你到底给学生施了什么魔法,才一周多一点,连学生都不认识,人家就送你礼物。"

"而且这礼物不是随便送的,是经过观察,出于对你的体谅才送的,多难得呀!"

"是呀,难得。"我在心里回应着。同时,一股暖流涌上心田,一天的劳累似乎也被冲淡了。

回家路上,我一直在想:我有什么魔法吗?没有!我所努力做的只不过是竭心尽智上好每一节课,倾情倾力对待每一位学生罢了。

2. 竭心尽智上好每一节课,努力让课堂成为学生的享受

上好每一节课,是我们每个老师都会有的心愿。但怎样才能把课上好,各人的理解和做法恐怕不完全相同。我不揣浅陋,结合自己的成长经历,谈点粗浅看法。

我本非师范院校毕业,之所以离开政府机关投身教育,就是考虑到教育是一项和孩子打交道的事业,是一项"立人"的关乎未来的事业。我想以自己的学识、自己的思想影响到几百个、几十个哪怕是几个学生!我想亲手在学生的心田中播下真诚、善良、正直、博爱、悲悯、责任、感恩、道义等的种子。我满怀憧憬地认为这里能更好地实现我的价值。

非常庆幸,我遇到了一位好师傅。她督促我上公开课,逼我写教学论文,把我推到市里去出试卷、做讲座。她告诉我"教学实践是教学研究的沃土"。她要我读教育理论,搞教学研究。

在她的影响下,我读苏霍姆林斯基,读亚米·契斯,读卢梭,读洛克,读吕叔湘,读陶行知,读魏书生,读宁鸿彬,读李镇西……

在她的鼓励下,我琢磨学科思想、学科规律、学科特点;琢磨教材内容、教材体系;琢磨学生心理、认知规律;琢磨教学方法、教学策略;琢磨学习方法、学习习惯、学习规律。

但我读的最多的是学生,琢磨最多的也是学生!

备课时心里装着他们。我会想,学生的起点在哪里?哪些是他们已经掌握的?哪些是他们没有掌握的?哪些是他们自以为掌握但其实是一知半解的?我想引导他们学会什么?我怎么引导他们学会这些东西?

上课时心里更装着他们。每当我走向教室的时候,我都会想:这个时候的学生累不累?困不困?饿不饿?他们最需要什么?不需要什么?我能在、要在有限的40分钟内给他们什么?我怎样才能让他们动起来?我用什么策略激活他们的思维、激起他们的表达欲望、让他们双眼发亮,摩拳擦掌,跃跃欲试,急于表达?我怎样才能让他们体验到读书的幸福?

我把真心交给学生,把真情献给学生。

我说,我知道大家的辛苦——每天五六点起床,背着沉重的看得见的书包和沉重的看不见的压力,早上7点15分前到校,上午四节课,下午五节课,离校时往往已经5点半甚至更晚。晚上,又要在写字台前写作业到十一二点。

苦不苦？苦！累不累？累！

但大家未必知道老师的辛苦——每天仅在校工作的时间就长达十一二个小时。除了你们看得到的上课、改作业、个别谈心外，还有很多你们看不见的工作，比如备课、研讨、接待家长，等等。苦不苦？苦！累不累？累！

但"苦"和"累"不应该成为我们生活的主旋律，我们应该有信心、有能力一起创造幸福的课堂！

"幸福的课堂？"学生一脸的疑惑！

是的，幸福的课堂！我告诉学生：幸福的课堂里不单单有老师和学生，课桌和板凳，还应该有磁场——激情与梦想的磁场，智慧和理性的磁场，吸引着每一个人乐在其中而不知时间流逝的磁场。这种磁场的形成，不仅靠我，更靠你们！

"我们？"

"是的，你们！"

我说：我喜欢看到你们的眼睛都亮亮的，每个人的大脑都在高速运转，教室里涌动着思想的潜流，迸发着思维相撞的火花。

我说：你们不要怕在白老师的课堂上出错。课堂是允许出错的地方，不怕你出错，就怕你不说，或者鹦鹉学舌，人云亦云。

我说：不要迷信教参，不要迷信参考答案，更不要迷信我。真理是越辩越明的！欢迎大家在课堂上说出来、争起来，如果你能驳倒我，那是我做老师的荣幸！

我说：为了节约有限的课堂时间，在没有人听课的情况下，回答问题或反驳他人观点，请你不要站起来。

我甚至说：如果上一节确有拖堂，哪怕铃响了，也允许你跑去上厕所或者接水；如果我说的枯燥乏味、颠三倒四、不合逻辑、违反情理，请你们把我轰下去。

当然我还反复强调，如果下课铃响了，我还没听到，请你们务必务必提醒我！

学生的眼睛亮了。

他们的大脑围绕课堂内容运转了。

他们不仅专注地听别人怎么说，还急于表达自己的见解了！

他们不再盯着钟表一分一秒地盼着下课了！

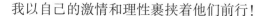

我以自己的激情和理性裹挟着他们前行!

即便如此,我得承认,还是会有不尽如人意、甚至令人万分沮丧的时候。

但是,毕竟有了课堂上唇枪舌剑的时候,有了下课铃响而我们都浑然不觉的时候,有了我提着电脑包走出教室学生还在后边追着喊"老师,接着说"的时候。

每每此时,我都感谢,感谢我的学生,是他们和我一起创造了富有生命活力的课堂,是他们和我一起让语文课成为一种享受。

不过,课堂总是集中的,而学生的状况是千差万别的。面对千差万别的学生,常感慨"恨不分身千万个,逐一点化后学人"!怎么逐一点化?

3. 倾情倾力对待每一位学生,助他们走出阴影,迈向成功

还是讲几个实例吧。

小张不爱背书,每次默写总是大开天窗。怎么办?强制他背?陪着他背?最后我选择了请他帮忙——帮忙批默写卷。他不仅爽快地答应了,还激动得似乎受宠若惊。我请他批完后向我反馈:哪些句子普遍背不出,哪些字最容易写错。我发现,那些他本来不愿意背的东西已经在不知不觉中记住了。他还告诉别人:"我们语文老师很喜欢我的!"后来,就有了争着批默写的小李、小赵、小王……

"老师你给我个零分吧,我不在乎!我只遵从自己内心的声音,做真实的自己!我宁可做一只孤傲的鹰,也不愿做一只可怜的狗!"小李在第一篇作文中近乎宣言式的呐喊着实吓了我一跳。他痛骂高考,狠批命题作文,像一个英勇的斗士,挥舞着长矛和一种看不见的力量决斗!我的心中升起一份担忧:怎么帮他卸去沉重的盔甲,使其从更为本真的层面上去思考生活、认识生活呢?犹豫再三,我没有写成绩,只在文末郑重地写下:面谈为盼!

作文发下去的当天,他找到我,我们谈了近两个小时——不是剑拔弩张,而是轻松愉悦。我从他的随笔谈起,夸他的诗写得好,让他讲电影《高考1977》,我们很自然地聊到恢复高考对中国的深远影响,聊到高考是目前看来最为公平的选拔人才机制,聊到如果把它看成一场游戏的话,玩玩也蛮有趣。最后他竟然说:"老师,我不仅要玩下去,还要当赢家。""当赢家,那不还得要成绩!"我笑问,"这篇作文打几分呢?""零分。"他回答得相当干脆,紧接着又补一句:"我今晚回去再写一篇。"

"那是你的事情。"我说:"其实,人这一辈子,大多时候都是在写命题作文啊。"

他冲我使劲点头,后来竟成了办公室的常客。

"老师,多给我小孩布置些作业吧。我孩子基础不好,学习又不自觉,成绩差,让他多做些题。"家长接待会上,几个家长把我团团围住,都是一脸的期待。而背后站着他们或面无表情或噘着嘴的孩子。

"来,坐下,坐下慢慢谈。"我把家长和孩子都叫过来,耐心地给他们解释语文学科的特点和规律,分析孩子的优点和不足。最后,我不仅不给这些孩子加作业,还减作业。减多少,减哪一块,都是我们商量着定。直到减得学生也说不必再减了,我才开始提具体要求——怎么做,做完之后怎么批,批完之后有了疑问怎么办,等等。最后不忘盯着学生眼睛问:"怎么样,还有困难吗?能不能落实?"

最后一问,学生当然给了我肯定的回答。

放假期间,收到这几个孩子的短信——汇报作业进度。开学后,又收到了一份更好的礼物——他们几个的成绩均有不同程度的提升,最多的一个提升了20多分。

4. 尾声

电话和短信多了:

"老师,我要请你吃大餐!我考了130分。老师,谢谢!谢谢!"

——是小戴。

"老师,对不起,实在对不起。我一直想着要报答你的,可是语文没考好,对不起。"

——是小嫄。

"老师,你的作文课是我高中三年最最幸福的回忆。谢谢。"

——是晓天。

"老师,拥抱一下吧。"

——是于澜、心玥、录儿等。

"老师,我们爱你!"

——是那个瘦瘦的王佳韵。

"老师——","老师——"

无数个声音汇聚在一起,无数个身影叠加在一起……

泪水顺着我的脸颊,流下。

回望这点点滴滴的往事,我心存感激。

很难说:是我成就了学生,还是学生成就了我?

桃李不言,只有风从心头轻柔地拂过。

2010 年 9 月

三、教师节随想

已经是第 33 个教师节了。

每年这一天,都是大众、媒体最关注教师的日子,正如儿童节关注儿童、护士节关注护士一样。奇怪,竟从来没有官员节或者公务员节。

李镇西老师提醒:教师节不是优秀教师的节日,也不是教育教师的节日,它是所有教师的节日。难道这不是常识吗,还要特级教师撰文呼吁?

有人说:正因为是常识,才更容易被忽略。

有点儿道理。

突然发觉今年媒体还算善良,没把教师节搞成讨伐教师的节日。这总算显出一点进步了。

而真正尊重常识,让教师节成为每一个普通教师的节日的是那一届又一届的学生。他们,也只有他们会在这一天或这一天前后发自内心地感念老师。一束鲜花,一盆绿植,一盒奶茶,一袋饼干……都诉说着他们对老师的理解、尊重和感念。

我要特别提一提 2017 届毕业生徐亦舒,她因脚部手术尚未完全恢复,今天竟坐了轮椅由爸爸送到学校来看老师。那一盒精致的蛋黄酥就是她亲手做的。目送她摇着轮椅的背影进入电梯,想到她等在校外的父亲,我惊觉这才是一个教师所能得到的最高奖赏!

只是,希望教师节能归于常态。

当我们不必一年一度地强调教师节,正如我们不必专设一个官员节的时候,恐怕才是每一个普通教师真正迎来自己节日的时候。

2017 年 9 月 8 日

四、你的春天在哪里？

——有感于写作中的假话套话，言不由衷

近日与同事谈论写作，每伤于学生作文说假话套话，唯独没有自己的话。

曾试着让读小学的女儿说一说"我的房间"，女儿第一句话就是"我有一间属于自己的房间"（小学语文课本中的同题文章开头）。我试图引导她写出特色、写出个性，她想了想说："这是一个粉红色的世界：墙壁是粉红色的，衣柜是粉红色的，书柜和写字台是粉红色的，玩具柜也是粉红色的，连窗帘和天花板上的吊灯都是粉红色的……"我满心欢喜，以为她会继续下去，没想到接下来的几段却让我瞪大了眼睛，原来女儿又背起了课文"我希望我的房间是一艘潜艇……"我批评她，她却振振有词地说："我们考试，老师就让写课本上的句子嘛，写自己的话要扣分的！"

我一时语塞。

的确，自从上了二年级，自从开始有连词成句、造句练习和看图写话，女儿的语文再也没有考过100分。例如学生写"小河欢快地向大海奔过去了"就是错的，为什么呢？因为答案是"小河向大海欢快地奔过去了"。再如"小鱼在河里游泳"是错的，为什么呢？因为答案是"小鱼在河里游来游去"。老师说："小鱼怎么会游泳呢，人才会游泳。"于是女儿写什么往往先要想课本上是怎么说的，老师是怎么说的，唯独不敢想我自己是怎么认为的。

我惊奇地发现：并不是所有的能力都随着年龄的增长、知识的增多而增强，相反很多能力诸如想象力、好奇心、求知欲竟是随着知识的增多、阅历的增加弱化甚至退化！呜呼！我们的教育到底在做什么？

恰好《文汇报》上登了一篇追忆林斤澜的文章《犹为离人照落花》，中间有这样一段又引起了我的共鸣：

有一次，沈从文与林斤澜聊写作，提起刘绍棠写景爱用"鸟语花香"、

"桃红柳绿"、"大地回春"、"风和日丽"等词,沈从文直摇头,问:"刘绍棠呢?他看见的春天呢?他在哪里?"后来,有教育家自费出版散文集,向林斤澜索序。林以为其文章无个性,亦以此典故回敬,借沈从文口问道:"你呢?你在哪里?你的春天呢?你的感觉?你的个性在哪里?"

是呀,"你呢?你在哪里?你的春天呢?你的感觉?你的个性在哪里?"应该拿这句话问一问所有的作者,或者说我们每个人都应该问一问自己:"我呢?我在哪里?我的春天在哪里?我的个性在哪里?"诚如斯,我们的眼中大概会多一点真情,少一点假意,多一点实感,少一点虚伪!

切盼为文如斯,为人亦如斯!

2009 年 4 月

五、是谁偷走了孩子的童年?

又到一年入学季。

惊闻现在的孩子入学前就要认识几百个汉字,能指读常用英语单词,会计算简单的算术题目……

所谓的"零基础"是哄人的话。

小孩上学跟不上咋办?

师曰:家长自己想办法!

于是,有能力的自己教,没能力的花钱请人教。可怜孩子们出了学堂进机构,或进爸爸、妈妈的专题学堂。可怜上一天班已经累得像条狗的年轻家长们,回家还得当老师,亲自教孩子或当司机把孩子送往教育机构。

孩子累不累?累!

家长累不累?累!

心疼不心疼孩子?心疼!

那为什么还要像打了鸡血似的这么做?

答曰:没办法。人家孩子都会了,你孩子不会,老师要批评的。

那孩子都会了,还要老师干什么?

我向来反对家长替孩子检查作业,更反对家长辅导孩子作业。

学习是孩子自己的事儿,而作业恰是反映学生对知识掌握程度的一面镜子,老师正是要通过对作业的批改,了解学生的实情,进而及时地调整、设计自己的教学。

如果孩子交上的作业都是对的,还要老师干什么?

如果家长没有文化辅导不了孩子,老师是不是就不会教书了?

从什么时候起,我们的教育有了咄咄怪事:几乎全民当老师,几乎全民逼孩子。

如果家长们都没文化或有文化而不迁就学校亲自在家教孩子,也不把孩子送往机构让人家提前教,那我们的孩子庶几还可保有童年,我们的学校教育庶几还能回到它应有的起点。

　　大盗啊,大盗。偷走孩子童年的,从某种意义上来看,不正是这有学历有文化自认为能在家教得了孩子或有能力将孩子送往机构让人家教的家长吗?

　　鲁迅说:救救孩子!

　　我想说:绝圣弃智,大盗乃止。

　　老子也早就提醒过我们:大巧若拙。

　　看看老农种庄稼,就会明白孩子的成长自有其时。

　　拔苗助长,苗伤人疲,岂独宋人也哉!

2017 年 9 月 9 日

六、又要考试了

又要考试了。

开学不足一个月,这是第二次小测验,姑称之为月考。第一次是早读检测。

突然想到:有没有人研究一下,频繁增加的月考、周考、早读考,对提高学生素养、培养学生能力到底有多大增益?如果一个班只有期中、期末考,是不是一定比频繁考试的班级差?

之所以提出这个问题,是因为深感大大小小频次繁多的各科考试对正常教学秩序的破坏,对学生身心的戕害。

窃以为日常教学自有其规律,教师的职责就是全力以赴引导学生潜心读书、学会学习。教师完全可以通过学生的课堂表现、每天的作业状况完成对学习质量的监控,而不一定非得三天一小考、十天一大考来检测学习质量。因为频次繁多的考试一定会挤占正常教学的时间,而那本应是师生深入研讨、相互激发、彼此促进的成长时间。

更何况,只要是考试,不管大小,学生都易焦虑。近年时闻这个学生那个学生抑郁休学,每每心疼。若像我们小时候非毕业年级一学期只有期中、期末两次大考,哪还会有这么多的抑郁?

一直给学生讲"要有独立思考之精神",学习要"不唯书,不唯师,不唯上",今日特想再加一条"不唯考"。果能如此,我坚信他们能学好,也经得起考。

树欲静而风狂雨骤,子欲往而虎啸猿鸣。奈何?奈何?子归啼。

2017 年 9 月 27 日

七、教师在学校都做些什么?

又一周结束了。

办公室只剩我一个人,桌上一摞待看的读书笔记,一本摊开的工作日志。

我在查本周落实了哪些事情,还有哪些事情迫不得已迁延到下周。

本周除进课堂上10节课、两次早读外,周四下午到区教育学院参加教研活动半天。

其余时间,我忙了两件事:

其一,档案室要课题相关资料,我将五年来研究过程中的所有资料重新梳理、汇总、分类打印、装袋上交,耗去整整一天半时间。周二加班到晚上7点半,一个人在黑漆漆然而宁静宜人的校园里寻找自行车,浓郁的桂花香使人沉醉,使人觉得安静下来的校园,真好。

其二,教学处要录课视频、教学设计、点评文字稿及音频,以上材料打包交到区里,另交一份教学设计给档案室以备近期检查。我的教学设计丢了,听课记录因遭蟑螂侵害亦悉去之,故一切从头来过。

重新看课,一点点回忆,一个字一个字敲入电脑。一旦启动工作模式,我便入静入魔,事情做不过心中那条线便交不出去。

我很想捣糨糊,可我捣不了。

我为此而痛苦。

这项工作又耗去我整整一天,加上昨晚熬夜至近12点。

教师在学校都干什么?

也许,业外人士会误以为教师一周只上几节课,其实进班上那几节课只是教师繁重工作中极微小的一部分,大量的工作你看不到,也量化不到工资上,只能由良心去称重,由内心无愧、坦然自适来买单。

这一周,很用心地给孩子们做了专题写作辅导,组织他们开展了一节专题演课,批了他们的自主学习作业并在此基础上备好了下周的课,只是,只是计划单中还有两项未能落实。

  下周,下周……

  门开了,女儿来接我了。

  先生的车等在楼下。

  回家!

2017 年 10 月 13 日

八、经历和体验也是教育

越来越感觉到,多给学生创造一些经历、体验的机会,也是教育。

我在2020届高一(9)班、(11)班实施的演讲,就努力让学生以多重身份参与并体验同一个学习历程。

一节课,10个人演讲,每人3分钟;每讲完三个人,穿插点评。

评委也由学生担任,每组评委两人,商议打分、点评。

演讲主题为"××,我为你点赞",按学号演讲,为谁点赞,抽签决定。里边充满了变数和偶然性。

演讲必须脱稿,学生都做到了。

演讲由专人负责,从抽签到催稿,从主持到资料收集,两个小姑娘搞定。

我则是他们成长的见证者和促进者。我主导了他们在整个活动过程中身份的不断转换:学生时而是主持者,时而是创作者,时而是演讲者,时而是听众,时而则是评判者。当他们以不同的身份参与到这场活动中时,他们对演讲的体验和理解是完全不同的。比如以演讲者的身份站在台上,对台下观众就会有一定的心理期待。那么,当他再以观众的身份坐在台下时,那种内心的期待就会转化为相应的行动回应给台上的演讲者。

我始终认为,一个学生,在学习活动中承担的角色越多,越能以不同的身份参与并体验学习历程,他的自我反思与完善能力就越强。

这,就是我想给学生的教育!

2017年10月13日

九、这,是更重要的学习

再次聆听孙乃树教授讲座,依然心潮澎湃。

三四年前,有幸在华师大聆听过孙教授两次讲座:一次也是从艺术观的发展变化谈艺术和非艺术,一次是讲中国山水画的发展和演变。

第一次听下来,那感觉就是石破天惊:原来艺术是这样的!原来课还可以这样上!

于是期盼着再次听到孙教授的讲座,大概有这样呼声的不只我一个,华师大第二次为我们请了孙教授,这一次孙教授讲了中国山水画。于是唐人山水与宋元山水的明显区分犹如刻印在我脑海里再也不会忘记。

于是读《芥子园画传》,读齐白石,读黄宾虹,读张大千,读徐悲鸿。

于是看画展,看雕塑,看教堂,看废墟,看孩子的画作,看王维、陶渊明的诗,看李泽厚《美的历程》、蒋勋《美的沉思》,看《中国绘画简史》《中国书法简史》,看《建筑的意境》……我渐渐地发现绘画与雕塑与文学与历史与哲学与经济与政治等等都是相通的,生活与艺术是相通的,古与今、中与外、雅与俗、专家学者与民间艺人、庙堂之上与乡野之下……都是相通的。

我发现,所有学科都不过是人类借以认识外部世界、认识人的内在心性的一条途径,犹如条条大道,也许起点不同,但指归皆是罗马。

或者还可以说不同学科探知外部世界与人的内在心性,亦如瞎子摸象,尽管都很努力地去认知大象,然而有的抱住的是大腿,有的抓住的是尾巴,有的摸到的则只是大象蒲扇似的耳朵而已……

自此,对其他学科、其他门类心生敬畏,对自身的无知认识更深。

自此,觉得语文老师应该什么都学、什么都懂,应该是杂家,也是通家。

自此,更觉求知上的闭关自守狭隘可笑,欲速难达;而只有打开视野、广览博取方有可能试着打通,而唯有打通方可抵达,抵达你今生所能攀至的顶峰!

好的讲座,就是这样。是唤醒,更是激发!

好的讲座,就是这样。听过之后念念不忘,再次聆听,依然兴致盎然,不忍错过哪怕一分钟的内容。

感谢孙教授,期盼再次相见!

2017 年 10 月 19 日

十、孩子们的精神盛宴

开学以来，一点点、一步步把学生领上"问题引领式"读写互促的道路。教他们读什么、怎么读，写什么、怎么写，如何把读和写结合起来，怎么实现读写互促……

第一次，教他们知道怎么写读书笔记。

第二次，把他们领上"问题引领式"读写互促的道路。

第三次，教他们怎么在这条路上走得更稳。

引导学生进行"问题引领式"读写互促研讨，把批阅权交给学生，引导他们发现亮点、汇总问题，并能针对问题提出改进建议；把讲评权让给学生，引导他们做课件、写脚本，登上讲台做老师，去呈现他们的思考及建议。

所有学生在这个历程中都既是阅读者，又是写作者；既是写作者，又是评判者。他们在别人身上看到自己，他们以自己对他人的期待对待他人，他们在思维的碰撞中携手同行……

而我，是这个历程、这场精神盛宴的设计者、促进者、参与者，也是见证者。

见证他们一点点地破茧成蝶，痛苦着他们的痛苦，快乐着他们的快乐。

一路前行，且行且歌。

2017 年 10 月 20 日

十一、视野,视野,还是视野!

没有宏阔的时空坐标轴意识,没有开阔的思维视野,看再多书,走再多路,也难免囿于眼前书、脚下路,摆脱不了个体思维之局限。

看到这个生于上海、长于上海的 90 后青年能意识到"成才最重要是拥有更宽广的视野,这个视野是双向的,不仅是向上的,是人们追捧的名校投行,纽约巴黎,更应该有向下的乡村田野,乡土中国",能在行走和调研中发现并认同孙立平教授的观点——"中国的乡村和城市,存在的不仅仅是空间上的差异,更重要的是有发展阶段上时间的差异",真的是欣喜且振奋。

显然,这种觉悟和成长不大可能是学校给予的,课本给予的。

由此再来反思什么是成长。窃以为成长就是一种自我行走、自我反思、自我发现、自我完善的漫长修行。

这个青年由城市而乡村,再由乡村而城市,行走历程中认识了一个更真实的中国,也发现一个不一样的自己。

并且他想带更多的孩子一起,多好!为这样的青年点赞!

2017 年 11 月 4 日

本文为读了复旦大学国际政治系学士汪星宇的《所以,我为什么想要带孩子们去乡村?》后写的杂感。

十二、家长的心情

有些事，不亲身经历，你永远不懂。

比如送女儿参加中招考试，那感觉，和我送学生参加高考完全不同。

送学生，我会迎向他们，鼓励他们，甚至给他们一个温暖的拥抱，他们多半也期待着老师这样的鼓励从而会主动走过来。

但是送女儿，她一到考点就去找老师、找同学，然后丢给我一个背影躲避着我的关心。我只好远远地望着她，进考点了，抓拍一个人群中的背影。临结束时，又焦急地守在门口，盼着她出来，小心地观察着她的表情，走路的轻松抑或沉重，然后抓拍一个又一个渐行渐近的镜头，直到她发现了，用手挡住眼睛。

事后，我做了一组美篇，算是女儿成长历程的重要纪念。

从那以后，我送学生参加高考，知道了抓拍他们进考点和出考场那一瞬间的表情并转发给他们。我知道，这些镜头对他（她）、他们的父母都是无比珍贵的和不可复制的瞬间。

再比如，打车到女儿就读的复旦附中听"如何做一名高中生家长"的心理讲座，去找女儿的各个任课老师咨询，我突然意识到以前的自己是多么可笑。那时候，我作为老师，负责接待前来咨询的家长。碰到不少家长打听自己孩子的老师是谁、在哪儿办公，我往往心里发笑：这家长，怎么当的？怎么连孩子的老师是谁都不知道？

今天，当我认认真真地听完讲座走出光华楼的一瞬间，突然异常异常的迷茫：我不知道该去哪儿，去找谁；女儿在哪儿上课，教她的各科老师姓甚名谁、是男是女、在哪儿办公，我并不十分清楚。

就这样呆呆地愣了一小会儿，我开始跟着人流走，于是找到了办公楼。再停下理头绪：我有语文丁老师的电话，硬着头皮拨通试试。谢天谢地，通了。丁老师没在上课，丁老师善解人意。

怀着一丝忐忑、一丝愧疚，小心翼翼、毕恭毕敬地，我见过语文找地理，见过地理找生物,找不到生物找数学,见过数学找英语……

到处都有人排队,到处都有人打听孩子的老师是谁。

我跑了三趟,也没找到女儿的生物老师。

女儿说:妈妈,你不用找的。我们生物老师很好。学习上的问题我自己会处理好的。

这一点,我毫不怀疑。

我只是觉得,亲自参加一次家长接待,我才真正体会到了做家长的心情。我才深刻地意识到这些年来,我是一个多么不称职的妈妈。

感谢女儿,一直很自觉很努力。

感谢女儿遇到的老师们,一直给予孩子引导和鼓励。

但,这都不能成为我不作为的借口。作为妈妈,我理应为孩子的成长提供助力。

2017 年 11 月 17 日

十三、最有价值最值得珍视的反馈

因为期中考试,因为军政训练,也因为背诵古诗、写读书笔记,这次写作距我们上次研讨课已经太久太久。

然而,在这个飘着冷雨的周五下午,当我翻开孩子们的作文本,看到他们的课堂笔记、课后反思,读到他们新写的一篇习作时,我还是震撼了、感动了、欣慰了!

工作了一周的我,周五下午已工作至3点(周五下午3点半,学生放学)的我,面对两个班的作文,犹如上足了发条的钟表,动力十足。嘀嗒,嘀嗒。时钟不停地走。而我,躲到图书馆里,通过浸润着孩子们心血的文字,与他们对话。看他们一点点地挣脱舒适却丑陋的茧,看他们一点点地露出美丽的双翅。

他们一笔笔工整的笔记,他们或红笔或蓝笔标注的重点,他们用心画下的图形,他们密密麻麻、条理分明又不失真诚的反思,无一不令我感动!

"感谢老师……"

"我很期待写下一篇文章。"

还有比这更高的评价吗?

还有比这更激动人心的反馈吗?

没有!

是的,没有。

一节课好不好,有没有实效,最有发言权的不是上课老师,更不是听课老师,而是这节课的服务对象——学生,是深知这节课从何处来接下来又往何处去的学生!

从这个意义上,我认同"来自学生的反馈才是最有价值、最具权威的反馈"这句话,我也发自内心地无比珍视来自学生的反馈。

然而,还有。还有比笔记和反思更有价值、更具说服力也更值得珍视的反馈,依然是来自学生的,他们的这一次习作。

继"××路上"之后,我们又写了"×月×日这天"这个题目。这是作文本上的第三篇习作。我很高兴地看到孩子们不仅丢掉了瞎编乱套的积习,而且在抒写个人真实生活、真切感受的时候,已经打开了思维视野,具备了宏阔的时空背景意识,有的已写得相当出色。

而这,不是更令人惊喜的反馈,更实在、也更有说服力的评价吗?

这,足以激励我奋然前行。

2017 年 12 月 15 日

十四、老师,为何要考《出师表》?

今天测验。现代文阅读材料是《三国演义》中刘备三顾茅庐那部分,测试题1是:

这个故事在诸葛亮《出师表》中被表述为"＿＿＿＿,＿＿＿＿,＿＿＿＿。"

该题目是引导学生学会把课内外相连,初高中相连,唤醒已知来解决未知。

结果铃一响便有学生冲到讲台前问我:"老师,为何要考《出师表》?"我很震惊,忙问:"怎么了?不能考吗?初中教材上不是有吗?"学生答曰:"初中教材上是有,但中考那本《点击》上没有,我们老师就没让背。哦,对了,语文书上课后题是要求全文背诵的。"

收上来批改,两个班69人,做对该题的不超过10人。而这还是市重点的两个实验班!

其实,由于多次承担新高一摸底考试卷命题工作,我不止一次系统阅读初中教材。单看教材,每周一诗,初中四年,每周一诗,再加上文言篇目,总量不能说少。然而,中招考试,画个小圈,一本《点击》,足以对付。你考的,我才教,练习一年也不厌倦;你不考的,哪怕书上有,质量很好,我也不教!

还有什么话好说?!

我早已不迷信中招语文的120分、130分,更不会凭此成绩判断学生的语文能力、语文素养。

让学生做一套我依据初中教材命制的试题,再写一篇作文,我立马知道他的水准了。

2018年1月4日

十五、新作旧文

前阵子写学期小结,写着写着竟动了真情,信手写出一首小诗,聊作结尾。诗曰:

  执教半生情已深,
  历风经雨不移心。
  最喜崎路遇同道,
  如切如磋共歌吟。

徒弟代读,惊诧不已。在余只是情之所系,兴之所至,信手拈来耳。

忽忆十几年前,余尚在郑,年尚轻,力尚足,做班主任,办文学社,尝试教改,胆子大到敢偷偷带学生去春游。常有学生跑我家里玩甚至将我的军让我做饭,自行车篓里、办公室门前也时见小鬼头们送的金嗓子喉片抑或鲜花。当然也有不写作业的调皮捣蛋的逃了课钻入网吧被我抓出来的……

那时,也曾脱口而出,以诗言志:

  栽桃育李费苦心,
  浇水施肥步紧跟。
  恨不分身千万个,
  逐一点化后学人。

新作带旧文,不胜感慨。十几年过去了,我依然故我。除了鬓微霜、力渐衰,更不喜将精力消耗在人事应对上,我那颗喜读书、喜教书、喜欢与相对单纯的孩子们在一起并努力在他们心中播下真善美之种子的心,永远不变。

我大概是以此活在我终生捍卫的桃花源里!

2018 年 3 月 30 日

十六、考试随想

有些东西永远无法靠试卷来考查。

当学生,我参加过无数次考试;当老师,我不止一次命制考题。

正因为此,我深知,有些东西是永远无法在试卷上考查的。换言之,一张试卷所能考查的是极其有限的。同样考 80 分,实际能力未必相同;甚至有时候,考 70 分的实际能力反高于考 80 分的。

命制试题,要兼顾,要和平。兼顾与和平就是平庸。我知道我教给学生的很多东西无法在试卷上考查,但我不会因此不教。就如不会有人考你怎么呼吸,但谁都知道呼吸之于生命的意义。

我想我所给予学生的,就有比考试更重要的东西,一种有温度、有情感、很柔软、又很滋润的能通过文字感知另一个生命的能力。这种能力将让学生终生受益。

2018 年 4 月 19 日

十七、斗胆一问

前一阵子听了华东师范大学崔教授做的报告,内容是有关新课标解读的。崔教授的报告当然很精彩:简洁、清晰、深入浅出,也不失幽默风趣。

作为事先已认真读过语文新课标的人,我特别想在报告中听到更具体、更实在的东西。当然,崔教授涉及的不单是语文学科,还有数学、英语、地理、政治等其他学科。

我对教授所讲的每一学科都要找到最适合它的学习方式深有同感。比如语文的学习,就要在听说读写的语言实践中去学;政治的学习,最佳方式不是背诵,而是辩论、模拟法庭等。

语文的 18 个任务群、整本书阅读既是亮点,也是难点。

而到最后,我只想问一个问题:教育部在制定各科新课标、规定各科必修内容的时候,有没有进行学习时间的测算?再明白点,就是每一学科,要完成规定的学习任务,达到规定的学习标准,一个中等资质的学生至少需要投入多少时间学习?再细分,课上需投入多少时间?课下又需要投入多少时间?

由此追问:语数英理化生政史地体音美信息劳技外加社会实践等,一个中等资质的学生要修完必修内容达到规定标准,课上共需投入多少时间?课下又共需投入多少时间?

再进一步追问:所有学科课上共需投入的时间分配到 5 天工作日内,每天需排多少课时?目前的每天 9 节课、每周 44 节(周五 8 节)课够用吗?

所有学科课下共需投入的时间分配到每周 7 天内,每天需投入多少时间?除去吃饭、洗澡、上厕所、走路、参加必须参加的各项活动等时间,一个学生还剩多少时间可用于睡眠?

我以一个深爱学生的高中教师和一个深爱女儿的高中生母亲的双重身份,斗胆发此一问。可惜崔教授很难给予明确的回答。我理解他的难处。我只恳求有机会在教育部说上话的专家学者们考虑一下我这个一线教师提出的问题。浅陋如我,也知道教育首先是一门科学,其次才是一门艺术。而科学,是必须经得起论证与检验的!

建议一场关系到千家万户、关系到国家未来的教育改革,在制定课程标准、规定必修内容时进行一下学习时间的测算,不算过分吧?

2018 年 4 月 19 日

十八、你为什么不能安静地思考？

对脑力劳动者而言，谁都不能否认思考的重要性。而思考，尤其是深入的思考，需要一个良好的环境。

毋庸讳言，无论北京还是上海，这些特大城市的大多数学校往往是办公环境远不如开会环境。稍加留意即可发现，会议室一个接一个，装修高档，设施一流；而教工办公室往往是十几人挤在一起，且不说同一办公室内部的相互干扰，就是隔壁，咳嗽一声也听得一清二楚。

或许我个人抗干扰能力较弱，一般情况下无法听着别人的音乐办公，也无法在你一言我一语的聊天中深思。于是便找安静的场所：图书馆、大厅角落处的沙发、咖吧，甚至人迹罕至的楼梯，我都曾去过。但我最喜欢的还是图书馆，那么大，那么空，桌子大得可以打开电脑、铺开书、放好水杯、摊开作业本……

图书馆成为我最喜欢的开放办公室。在那里，我可以安安静静地一坐半天，享受着思考的乐趣和成就感。

然而，这种安静也时常受到干扰：周一下午，周二下午，周三下午，每当有大量学生被安排至图书馆自修而他们又叽叽喳喳说个不停时，我的思考便往往被打断。起初，我逃，收拾了电脑逃到大厅里；后来，我说，看到说个不停的学生原来来自我任教的班级时，便提醒他们。得承认，这些孩子还是很给我面子的，一提醒，他们就会安静一阵，虽然只是安静一阵。

今天下午，当嘈杂声再次在耳畔响起、在内心翻腾时，我站起来责问了他们一句："你们为什么不能安静地享受思考的乐趣和成就感？如果聊天，外边沙发上更舒服。"这句话使大多数孩子安静下来，还有两三个如麻雀般叽叽喳喳直到下课铃响。

下课铃响似乎宣告了喧哗的合法性，叽喳声再次沸腾，他们忘了这是在图书馆，也看不到还有几位老师在办公。我忍住不响，另一位老师忍不住了："你们能不能到外边去聊天?"

　　叽叽喳喳,在教室,在图书馆;在听讲时,在自修时。这绝不是一个孩子的毛病。我想,为什么你就不能安安静静地独立思考、独自看书、独自完成作业呢?一个边聊天边写作业的孩子,他到底有没有自己的思考呢?

　　现代社会,比以往任何时代都更需要"会学习的人"而非"会刷题的机器",而"会学习",首先就得"会思考"吧?

2018 年 4 月 23 日

十九、真话：等级考带来哪些变化

上海高考实行"3+3"之后，等级考带来哪些变化？我以一个亲历者的身份，实话实说，感受尤深者为以下几点：

一是课时不够用了。学校被迫每天上午增加一课时。

二是生物、地理老师不够用了。要么引进，要么由现有教师超负荷运转。

三是学生"兴趣"突然转移了。原来选地理、生物者寥寥，现在超过一大半。照此，若将政治放高二考，学生必将蜂拥而上"爱"政治。

四是高考战线拉长了。原来，高一、高二打基础，高三冲刺。现在，高一即考虑选科，备战高考，高二即开始高考（5月生物、地理等级考），高三还有数次高考：英语一考，春考，政、史、物、化等级考，最终的语数外高考！高考已成马拉松。

五是考试次数增多了！不仅如第四条所示高考次数增多，学生要应对的还有各科合格考以及由这些考试带动衍生的几乎每周都有的各种小考，当然还有必不可少的每学期期中、期末考。考试已成主旋律，考试已成教学常态。

六是考试科目增多。不仅是高考科目增多，合格考全覆盖，就是期中、期末考，高一学生都要考10门。

七是学生作业增多。凡考试科目必有作业，与考试科目增多、考试次数增多相匹配的，当然就是每天作业的增多。

八是教学节奏、密度突变。无论高二还是高三，等级考前几天，课表调整，语数英为等级考让路。等级考之后，等级考老师没课了，课表再调整，语数英三科必须冲上去，将空出的课表填满。

九是班级组织形式多样化、复杂化。传统意义上的行政班只适应语数英等少量科目，其他科目则要根据全年级学生选科情况重新编班、走班，是为教学班。

十是师生课下沟通时间变少。原来，要么学生找我，要么我找学生，师生沟通时间还有。现在,学生忙着上课、考试、赶作业,没时间找我,我也很难找到他们。他们像飞速运转的陀螺,我无法狠下心加一鞭上去。

写至此,我很困惑。学生负担加重了,还是减轻了?"蛙声一片"中,我很怀疑自己的感官出了问题。

2018 年 5 月 8 日

二十、这才是青春

早读,测试。步至教室后角,突然发现了这个小小图书角,是孩子们自筹的。书不多,但品质不低;有借有还,居然管理得有模有样。心中一股暖流涌过:这才是青春,要为孩子们捐几本好书,在他们心智迅速成长的时候。

《繁星》?一本期刊?好奇地抽取来,一下子惊呆了:是孩子们自创的班刊!打开来,"爬格子的流光""镜头下的角落"——闪现。原来,孩子们精心挑选了上学期的专题作文、读书笔记、即兴随笔、活动创作等,创设了这本班刊《繁星》。

我特别喜欢封面上的这句题词:"散如满天繁星,聚则其利断金。"散聚本平常,聚散两依依。然而,无论聚散,你们每个人都是那满天繁星中的一颗,闪闪的,亮亮的,在那碧蓝的天幕中,看似孤独,却有无数同道。

这才是青春啊,如诗,如歌!

也很意外地发现了学生笔下的我,还有朱柳波老师。原来我是这样的,原来朱柳波老师是那样的。写了我们,选入班刊,印刷成册,传阅良久,而我,我们,竟然浑然不知!

问之于班长,曰:"就印了几本,是我自费的。"

愕然!这样的创意,这样的投入,这样的历久弥新、随着时间发酵愈加芳醇的青春记忆,要到多久,孩子们才能充分认识它的意义和价值?

青春如诗,青春如歌。

青春亦如枝头繁花,溪中流水啊!

2018年5月9日

附: **白丽老师**

喻 蝶

读书人是幸福人。

白老师在第一节语文课上,就这样说道。而我认为,能上白老师语文课的人,是幸福人中的幸运儿。

白老师不仅用心在育人,更是用生命在教书。她的课循循善诱,由浅入深,并不会生搬硬套什么中心主旨,而是引导我们抓住文中的细节,从文本出发,品味作者的匠心。此外,她还提倡以读促写,以写促读。这怕是我数语文教师都达不到的境界。

从不为了应试而上课,而是以自己的理念来教授治学之道,不急功近利。当别人都在布置一行原文、一行注释、一行翻译的死作业时,白老师让我们自主整理;当别人都在发愁作文互评怎么应付时,白老师在引导我们写读书笔记的互评;当有大学教授在感叹作文不可教之时,白老师给我们带来了一节节精彩绝伦的作文课。学语文不是应付考试,这是她的理念。不会迫于什么考试或者什么人的压力就改变,因为顺心适性是白老师的毕生追求。她认真地批阅每次作业,为了寻找合适的地方,同学们经常在图书馆捕捉"野生"白老师,有时她甚至铺一张报纸,坐在楼梯上批。据她说,是为了找一个安静的地方批改作文。我十分惊讶,批作文还要精心挑选地方?好像只有做大事的时候,才会想到挑地方啊。

在作文课上,你能领略白老师的深度,她可能不是我遇见的最漂亮的老师,但她绝对是最有学度的一位,最用心且最有灵性的一位。当用心、苦工、智慧与灵性碰到一起时,就变成了白老师的语文课。那节公开课,她的"串糖葫芦式"的写作方法,让我们明白了惊艳是什么,从形到实,虽有结构、条理,却不拘泥于外在的形,我们都听得如痴如醉。当我们不再疲于应对考试,离开了那些枯燥无味的阅读题,才发现语文原来这么好玩。作文专题讲座,一个专题,一位老师,一套PPT,一节语文课,一群渴望已久的学生,一讲就是一个礼拜,顶着课时进度的压力,在繁重的学业下营造一个能安心写作的伊甸园。这将成为我们最最美好的回忆。

能做白老师的弟子,是我们的幸运。

选自2020届11班班刊《繁星》

二十一、才子张含

中午,在图书馆忙到很晚,也不想吃饭。到办公室取东西时,楼下大厅传来悦耳的钢琴声。一看,是才子张含,他又沉浸在自创的乐曲里了。

大厅里三三两两的学生,或聊天,或背书,或写作业;图书馆里,此时也有大批赶作业的学生;窗外,割草机的声音嗡嗡直响。

算了,我且丢掉手头的活计,去听听张含的钢琴曲。

张含熟练地弹着,我在离他不远的沙发上坐下来,后悔忘了带一杯咖啡。

张含很特别。

我早想写一写"才子张含",但一直没静下心来。

今天,他坐在我不远处,心无旁骛,手指在琴键上飞舞。

我记起第一次关注这孩子,缘于他课堂上的专注。他是那种能用眼神、表情、肢体动作与老师在课堂上对话的学生。这种学生通常自学能力很强,听课效率很高,作业写得认真且快,考试成绩通常很好。

一言以蔽之,这种孩子通常都是学霸。

而我,面对这样的孩子,欣喜之余,往往会怕,怕他们什么都懂了,还在认认真真地听;怕自己唠唠叨叨浪费他们的时间,误人子弟。于是只有更加勤勉,苟日新,又日新,日日新,充实并完善自己。

让我对张含刮目相看的则是他之后的举动。

相识没多久,张含带了 U 盘找我,说要我看份东西,是他初三自创的小说《情系霜月林》,近 12 万字。

这 12 万字我还没看完,张含又给了我一份 PPT,封面页写着"林雨夜诗词自辑",林雨夜是其笔名。打开浏览,古诗 31 首,词曲 46 首,每一首都配了画面,做一张 PPT。

我震撼于张含的才华横溢。

某日经过大厅,听闻琴声,一看,竟是张含在弹。止步,聆听。待其弹完,问:"刚刚弹的什么曲子?""我自己谱的曲子。""你还会谱曲?专门学过?"我吃惊地问。"没有学过,自己有感觉,就写下来了。"

填词,谱曲,写长篇小说,这个张含,兴趣真是广泛得可以,才华也真是止不住地横溢。

"你可以不听我的课的,如果都懂了,就去图书馆看看自己喜欢的书。"我真心诚意地说。

然而,张含还是坐在我的课堂里,认认真真,从不松懈。

他何止不松懈,简直如上了发条,不停地逼自己。

我后来又知道他曾一度参加了三科(数学、物理、化学)竞赛辅导,忙得一再压缩睡觉时间和创作时间。不能创作,张含很痛苦。他有太多的东西在脑子里东奔西突,逼得他必须写出来才安生。

张含又写了。暑假的时候,我看到他在微信中宣告又一部小说的完工。前几天,他宣告又一部小说开工了。

才子张含!

往往有出人预料的举动。

有一次,在东方绿舟,我吃完饭从二楼下来,快走到门口,听到后边有人叫:"白老师!"我一扭头,是张含。"什么事?""这是我女朋友。"张含带着一文文静静的女孩走近我。"哦!好。好。你要对人家小姑娘好一点……"我几乎语无伦次,慌乱中一下子搞不清自己的身份了。

碰到班主任施老师,她说张含也把女朋友介绍给她认识了。

到南京考察时,张含已经是班长了。雨花台前祭完烈士,突然发现他正脸红脖子粗地指着一个女生训斥,而当时,本校的、外校的,很多学生来来往往。我急奔过去喝止。张含气呼呼地说:"我让她拍照的,结果她镜头盖都没开,什么都没拍上,我怎么向周老师交差?"那个小姑娘脸红红的,低着头,不断地说"对不起"。"你骂她能解决问题吗?""不能。""现在最要紧的是什么?""解决问题。""怎么解决?""问别人讨要照片。"说完他就急匆匆地去讨要照片了。

在南京,还有一事不得不记。赴南京前,我特意为学生讲了辛弃疾的《水龙吟·登建康赏心亭》,自由考察那天,张含小组是唯一一组特意奔去考察、凭吊的小组。对了,他们在那里排成一列,齐做怒拍栏杆状,还录下来传给了我。才子张含,当然即兴填词一首,以抒心意。

张含还主持开创了班级图书角,创设了班刊。第一期只印了几本,连我都没看到。张含说是他自掏腰包印的,所以只给了班主任一本。

　　才子张含,还有很多趣闻,今天就说到这儿吧。

2018 年 5 月 21 日

二十二、没有反思就没有进步

我一直认为：对于大人包括大一点的学生来说，最有效的教育其实是自我教育。而有效的自我教育来自深刻的自我反思。从这个意义上来说：没有反思就没有进步。

我很高兴看到2017届毕业生罗杰读大学一年后的反思，反思不长，却真诚、深刻，是夜深人静直面自我、深刻剖析的结果，全文如下：

> 我一直在想大一这一年我到底做了些什么。好像除了学习，还真的没什么其他可以拿出来一说的事情。
>
> 在大众价值观里，学习是我们学生的天职，从这个角度来说，我该做的都做到了。但是从大学生活是否精彩、是否过得符合我的预期这个角度来说，又似乎缺少了点什么。
>
> 我可以说我加入了学生会，加入了校级组织，我也可以说我参加了很多晚会，体验了艺术的魅力和激情等等。但我仔细想想，加入学生会是以没有下文为结果的，参加晚会也不见得就提升了我的思想和鉴赏力，现在想想还真的不如多读几本书来得实在。
>
> 可以这么说，除了学习和适应大学的生活，其他的我什么都没做好。
>
> 是时候改变了，不幸的是我已经浪费了1年，幸运的是我还有3年。

窃以为这篇反思有普遍意义，应该给更多的人读到。

再补充两句：修行是一辈子的事。你想上进，鬼都拦不住；你想堕落，神也救不了。你要喜欢躺在床上做白日梦，现实会让你明白：梦里走了许多路，醒来依然在床上。

要做的，就做起来。做着做着就起来了。

2018年7月5日

二十三、这个世界总要有一些理想主义的人

最近读胡适，难免想到陶行知。此二人皆师从美国大教育家杜威，皆有教育救国的理想主义情怀和立足脚下的行动，所不同者，一个自上而下，发起"文学革命"，从上层入手，通过文学革命促进教育的改良、社会的进步；一个自下而上，立足乡村，搞乡村教育实验，晓庄学校至今还是令人景仰的丰碑。

近世关心教育的人很多，也都在努力给教育开药方。钱理群教授的药方如下："我们要推动教育改革，也可以考虑从组织读书会开始。现在教师中组织读书会，校长也以普通读书人的身份参加。定期共读一本书，边读边讨论，不仅读教育的书，还要读文学、社会、历史方面的书。一本一本读，就会形成某种共识，然后大家商量着共做一些关于教育改革和乡村建设的事情，把读书与实践结合起来。"

读书，读书共同体，形成共识，与实践密切结合，一点一点地推动教育的进步，社会的进步。钱理群教授也是一个理想主义的人。

这个世界，总要有一些理想主义的人，哪怕全世界都低头捡六便士，他依然醉心于天上的月亮。教育，尤其需要这样的人。

2018 年 8 月 28 日

二十四、重读《逍遥游》，想起李新建老师

> 北冥有鱼，其名为鲲。鲲之大，不知其几千里也；化而为鸟，其名为鹏。鹏之背，不知其几千里也；怒而飞，其翼若垂天之云……

当我在异国他乡打开 Kindle 重读《逍遥游》的时候，禁不住想起李新建老师，我的大学古代汉语老师。

想起他，是因为他是大学里唯一逼着我们背书且要求我们课堂上当众背诵的老师。他教我们的第一课就是《逍遥游》，那带有浓重地方口音的普通话连同那瘦削的形象伴随着严厉的当众背书深深地刻在我的脑海里。

其实李老师除了逼我们背书时严厉，其他时候都是相当和蔼的。我还记得他兼管我们年级期间，多次私下询问哪个同学生活困难，农民生活是否得到改善。言语中充满了关切。

李老师时常邀同学谈心，有时候会到他家里去。师母待人也和蔼可亲。记得有一次，在他家闲聊，他问及我毕业后的打算，我说："想当老师。"他说："好啊，学以致用。想到哪里发展？"当时的我想都没想，脱口而出："到哪儿不是混碗饭吃？"

没想到刚才还谈笑风生的李老师一听此语，马上板起面孔："什么？混碗饭吃？你堂堂大学生，十几年书读下来竟是混碗饭吃？……"那严厉的目光穿过厚厚的眼镜片直刺过来，我的脸上火辣辣的："老师，我说错了。刚才……"

多少年过去了，李老师那严厉的目光依然留在我心里。"读大学不容易，哪能只是混碗饭吃？一个人要对得起他所受的教育。"恩师的教诲，我从不敢忘记。

毕业 20 年回母校见到恩师，他已年近九旬，瘦骨嶙峋，刚动过手术不久。见我的第一句话就是："这些年在外面过得好吗？"就像父亲牵挂女儿，恩师也一直牵挂着千里之外、久不联系的我。

过得很好。一直很努力,努力对得起自己所受的教育,对得起给予我这种教育的父母师长。

  适莽苍者,三餐而反,腹犹果然;适百里者,宿舂粮;适千里者,三月聚粮。之二虫又何知!小知不及大知,小年不及大年……

深夜,在异国他乡,在逼自己上进、再上进的漫漫修行途中,重读《逍遥游》,想起您,李新建老师。

2018 年 12 月 8 日

在英国研修期间,研修之余,见缝插针,会读一点古典文学。本文即为深夜重读《逍遥游》引发的感受。

二十五、关于"爱"

爱是什么？我们该如何去爱？

苏霍姆林斯基说："没有对人的同情心，就不可能有仁爱精神。爱全人类容易，爱一个人难。去帮助一个人，比宣称'我爱人民'要困难得多。"

罗曼·罗兰说："现代最大的罪恶，是抽象的人类之爱——在遥远某处的非人格之爱。爱不认识的人，爱绝不会碰面的人，其实是很简单的，不仅没有任何牺牲的必要，同时还可以完全满足自己良心的虚荣！这就是良心吗？不！不是这样，而是应该去爱邻人，爱与我们共同生活且为我们带来麻烦的人。"

由此我想到：爱全人类容易，爱具体的人难；爱自己容易，爱他人难；爱陌生人容易，爱身边人难；爱弱者容易，爱强者难；爱拍马屁者容易，爱提意见者难；爱同道者容易，爱异趣者难；爱一时容易，爱一世难；爱到想抓牢容易，爱到需放手难；爱，说起来容易，做起来难……

爱，这个永恒的话题！

2019年1月5日

二十六、彼岸花开

三三两两的家长牵着孩子们的手从一条小胡同里走出。幼小的孩童叽叽喳喳,背着小书包或拎着个薄薄的文件袋。

放学了?好奇的我拐进去。看到更多的孩童,更多的家长。两个穿着黄绿色荧光服的大人手里举着一个写有 stop 的大牌子站在马路中、寒风里。南来北往的车子自觉停下,等待一列又一列小朋友在家长的陪护下穿过马路。每一列为首的一个小朋友往往也穿着黄绿色荧光服。

原来这里是一所小学。下午 3 点 40 分,孩子们放学了。

是否觉得似曾相识?

然而,这是我在英国博尔顿看到的寻常一幕。

跟着人流往前走,慢慢进入居民区。街道两边,尽是两层楼的小房子,每栋房前,有几平方米的小院子。有的植有草皮,有的铺成地砖,还有的荒草破盆,疑无人住,然晃动的窗帘又提示你此处有人。

人行道上,时见垃圾。偶尔有一两个顽皮的孩子脚踩滑板车从身边掠过,行动迟缓的老人提着从超市买的大包小包东西悠悠地走在寒风中,怀抱婴儿的母亲裹紧了身上的大衣……

我这个异乡人用双脚丈量这片陌生的土地,用双眼观察这肤色、语言迥异于我们的此地居民,用我的心感知这同一个星球上大洋此岸的普通人的追求与希望,欢愉与哀伤……

此岸非天堂,彼岸亦非地狱。同一个星球上,阳光普照处,必有阴影地。若想沐浴温柔的月光,就得忍受太阳的隐退……

遐思如风,飞向远空。

彼岸花开,近处无景。

曾经,我也像很多人一样,站在此岸,眺望遥不可及的彼岸,想象那里繁花似锦,四季长春。看脚下,千疮百孔,寒流夹冰。

现在，我明白：此岸亦是彼岸的彼岸。你所谓的千疮百孔、寒流夹冰，在如你一样痴痴遥望的彼岸人的想象中，也是繁花似锦，四季长春。

问题是：我们各自站在此岸，遥想彼岸花开，而忽略了脚下幽香。

其实，世上没有完美的体制、完美的教育，正如世上本没有完美的人。想把所有体制、所有教育的优点都汇集到一起，正如想把所有人的优点汇集到一人身上一样困难。

我们能做的，不过是取彼之长，补己之短，攻坚克难，优化完善。为孩子，也为国家的未来。

彼岸花开。我站在异域，遥望上海，曾经的此岸，此时已是灯火摇曳、繁花似锦的彼岸！

2019 年 1 月 9 日

在英国研修期间，研修之余，会走访观察当地居民区。本文即为走访观察的感受。

二十七、在曼大听课

今天起个大早赶去曼大听了一节有关宗教教育的教师培训课。

拿到的资料中有一张类似咱们国内的"课程标准"或"教学基本要求",我觉得很有意思。

虽然听得似懂非懂,但我能感觉到英国的宗教教育并非引导学生去信或不信某种宗教,而是引导学生去了解宗教以及宗教对人的巨大影响,引导学生理解、尊重、包容不同宗教信仰的人和没有宗教信仰的人,引导学生去认识:科学之外,还有更关乎心灵的学问——宗教。

还听了半节"历史教育"教师培训课,相当精彩。那个大胡子老师简直是天生的表演艺术家,上课时,好像全身的细胞都在飞舞。肢体语言相当丰富,声音也很有磁性,高低快慢、抑扬顿挫被他拿捏得恰到好处。作为听众,你的视线会紧随他的走动而移动,你的心会紧随他的讲述而紧张或放松。桌上摆的教具有1813年甚至更早的报纸,还有一些类似古钱币、老唱片、旧物件等。这个老师是两个月来我碰到的讲课老师中最有意思的一个。

利用午饭时间,我一个人跑去参观了曼大博物馆,居然发现了1.25亿年前生活在中国的长有翅膀的迅猛龙的模型。越来越喜欢博物馆了,远古的信息扑面而来,知古鉴今,越知人类之渺小,生命之可贵。

2019年1月16日

在英国研修期间,其中有五天在曼大听课,本文即为在曼大听课感受之一。

二十八、难忘英国小学生的诗

2019年1月18日,曼彻斯特大学国际教育会议主会场,十几个可爱的小学生轮流朗诵他们自己创作的诗歌。

> Just go away,
> I have nothing to say.
> I can do what I want.
> I am just myself!

这,是一个可爱的小姑娘的宣告。

> My loneliness belongs to me,
> Nobody can touch,
> nobody can see.
> I feel lonely.
> I feel sad.
> My loneliness belongs to me,
> Nobody can touch,
> nobody can see.

这,是另一个可爱的小姑娘的倾诉。

充满童稚的声音,略显夸张的动作,闪光的直击人心的诗句。我为之叫好,我为之陶醉。

回家路上,这几句诗一直盘旋在我的大脑。

细思慢品,惊奇于人类这种奇怪的动物,不分老少,无论男女,超越国界,跨越语言障碍,在心底,有着相通的情感密码。

解密的一瞬,你会感动得想要流泪。

2019 年 1 月 20 日

在英国研修期间,其中有五天在曼大研修,本文写于参加曼大国际教育会议之后。

二十九、没有轻松的教育

今天到一所学校连听了六节课，很累，但感觉这里的（英国某学校）老师比我们更累。

我们去的这所学校类似于国内完中，学生从七年级到十三年级不等。今天听的课主要是英语语言课，只有一节是英语文学课。六节课由两位教师一天之内完成，也就是每人三节课，而且这三节课隶属于七、九、十二这三个不同的年级。跨度之大，超出想象。

这还不算，当我们询问她们一周需上几节课时，她们的回答更是令人惊掉大牙：25节，这样的劳动强度你能想象到吗？！

就授课方式而言，属于传统的讲授式。教师一刻不停地讲，学生几乎一刻不停地记，每节课上，能与教师呼应的学生也不过几个。

我借来一位学生的笔记翻了翻，A4纸大小、厚厚的一本写得密密麻麻，很认真，也很用心。授课老师讲学生正在准备夏季即将到来的全国统一会考。

难怪这里的学生上课刷刷刷记笔记，原来是备战会考啊！

看来天下没有轻松的学生，似乎也不会有轻松的中小学教师。

想想也是。要想卓越，不脚踏实地、勤勉努力，那不是痴人说梦吗？

2019年2月4日

本文写于英国研修期间。

三十、暖流

"一阵阵暖流心中激荡。"

走在飘雨刮风的博尔顿大街上,我的脑海中不断地回荡着这句话(或许是歌词)。

背着沉重的电脑,我加快了脚步。

我要快点回到宿舍,记下今天的经历,铭记生命中每一次温暖的感动。

由于中英教育体系、考试体系、课程设置、文化背景、话语体系等的不同,研修课题进展并不顺利。

大学里听课只有助于大体了解英国的教育体系、政府对学校的评估检查、教师培训体系以及大学授课方式等,对我的研修课题本身帮助有限。

深入学校听课、访谈师生,是最有效的研修途径,可在英国,进班听课远不如在国内容易。截至目前,在多方努力之下,我们到两所 Sixth Form(相当于国内高中)听过四天 16 节课、一所 college(学院,里边有成人教育、高中生、初中生、职教生等)听过一天 6 节课、一所小学听过一天 3 节课、一所中学听过 1 节课。其中,与我的研修课题相关的有 16 节课,密切相关的 4 节课(小学 1 节,高中 3 节)。

而且,听课之后,会有更多的困惑想与对方交流,可接待方往往不会安排专门的交流时间。见缝插针的交谈总是言不尽意,想了解的情况不一定得到解答,想要的资料对方也不一定提供。

于是,只有返而求诸己,想方设法搜集资料,做点文献研究。查找有价值的文献并不容易,因为首先你得明确自己该要什么,第二才是从哪儿可以找到,第三是找到之后如何下载,第四是下载之后如何读懂,第五是读懂之后如何运用。

我知道自己该要什么,但该要的资料从哪儿可以找到,找到之后如何安全下载,对我都是一种挑战,因为我生怕面对满屏的英文,一不小心点错某个按钮,电脑中毒,那我就没法工作了。

Worry about making mistakes,我不敢随意下载。

背着书包走进博尔顿大学学生中心,试图寻求帮助。

在众多学生中,我选择了一位黑人女孩求助。她帮我看了半天也不敢确定,但她指点我到图书馆电子阅览室求助。

走进电子阅览室,看到一个个认真盯着屏幕的人,不忍打扰,退出,转而求助于门口两位工作人员。

其中一位男士帮我看了半天,也不敢确定,但他告诉我另一个网址可查。

他旁边的女同事听到我的求助、看到我的焦虑后,拨打了一个电话。没多久,一位二十多岁的小姑娘来到我身边,关切地问:"Can I help you?"我立马明白,这个小姑娘是那个工作人员打电话叫来帮我的,一股暖流瞬间涌遍全身。

小姑娘带我到旁边沙发上坐下,关切地询问我需要什么帮助,耐心倾听我的诉求。我的并不标准的也不一定合文法的英语她竟然都听懂了,她一边安慰我"No problem",一边按我的需求帮我下载资料,下载之后还按我的意思重新命名。而且,细心的她还专门新建了个文件夹,将今天的资料尽放其中。

我感谢她的热心、耐心、细心,为占用她的时间深表歉意。她问我在哪个大学,教多少年了。我说我在中学教书,It's a hard work, but I enjoy it very much,我喜欢和学生在一起。

我们聊文学的功能,我说我喜欢文学,文学可以帮助我的学生更好地成长,让他们思想丰富,内心柔软,关心贫弱……所以我重点研究英国的文学教育。小姑娘告诉我 A-level 与 GCSE 的区别,告诉我她哪一年通过 A-level 考试,告诉目前她在博尔顿大学、曼彻斯特大学图书馆工作。

看着她,就像看到我很多已经毕业的学生,她们的肤色不同、语言不同,可她们眼中闪烁的善与爱的光辉相同,她们的内心经过文学的滋养,同样柔软而丰盈。

小姑娘还不曾到过中国。我留了我的 E-mail 和手机号给她,告诉她中国是一个美丽的国度,上海及其周边的苏州、杭州都是深受中外游客喜欢的城市,如果她到上海来,我一定请她吃饭,带她逛逛。

小姑娘也留了她的 E-mail 和手机号给我,她叫 Lorna Dawson,她有一个美丽的名字,她写一手清秀的字。

我掏出一个小小的中国结送她,告诉她这火红的中国结在我们中国人看来象征着幸运。

是的,幸运!能邂逅这么多善良的陌生人,得到他们的帮助,是我的幸运!

走的时候,我专门去向那个打电话的女工作人员道谢。她看到我的问题得到解决,脸上也露出欣慰的笑容。

今天的博尔顿虽然阴着天、飘着雨,但这些陌生人的帮助驱散了寒意,带给我阵阵暖流。

我必须得写下来,记住这个温暖的日子,记住这来自陌生人的善意。这,是我对抗严寒的利器,给予我坚定前行的勇气!

2019 年 2 月 20 日

本文写于英国研修期间。

三十一、想念正常的生活

新冠疫情期间,停课不停学。

教师和学生都宅在家里上网课。我们以这种方式参与战斗!

台上一分钟,台下十年功。

为了一节二三十分钟的网课,我要准备好几天,课件做好后一遍又一遍地录语音,这时候真心佩服那些主播。

录课录到眼睛干涩嗓子哑,脖子发胀颈椎疼,晚上睡觉不踏实。

总觉得自己生病了,可又不敢上医院。

1月22日至今,因为新冠疫情,已经宅在家里一个多月了。

窗外的玉兰花都已经开了,我只能站在楼上往下望。

每天,卧室、餐厅、厨房、卫生间、大阳台、小阳台、客厅,兜几趟。

不知道学生在家怎么上网课,会不会用心?

看着空荡荡的马路,我想念正常的生活。

2020年2月25日

三十二、常识告诉我

常识告诉我，一般而言，断章取义、随意给人扣大帽子甚至搞人身攻击的都不是好东西。

从这个意义上，我反感正能量、负能量之说。因为有人把唱颂歌等同于正能量、把指出问题等同于负能量，照这个逻辑，扁鹊就是最大的负能量传播者，杜甫也是，鲁迅也是……

而在我看来，正能量不等于唱颂歌，指出问题更不等于不爱国。

对很多脑残喷子而言，爱国就是他们打压别人的大旗，也是他们捍卫私利、发泄私愤的遮羞布。

屈原爱不爱国？杜甫爱不爱国？鲁迅爱不爱国？

正因为爱，才不能对损害国家机体健康的问题视而不见、保持沉默。

其实，真正的爱国者，是不会把爱一天到晚挂在嘴边的。

就像我们爱父母，有谁会一天到晚绕着父母说"我爱你"？有谁会看到父母生病而无动于衷、不去救治呢？

从这个意义上，谁一天到晚把爱国挂在口头上，并且拿爱国打压别人、诅咒别人，谁就越值得警惕。

诗人艾青说："为什么我的眼中常含泪水，因为我对这土地爱得深沉。"

杜甫说："尔曹身与名俱灭，不废江河万古流。"

从来都是清者自清，浊者自浊。

也让盲者自盲、明者自明吧！

2020 年 3 月 29 日

三十三、每一个努力奔跑的孩子,都值得尊重

每一个努力奔跑的孩子,
都应得到掌声。

三年了,
我见证他们,
跨过一道栏杆,
又一道栏杆,
又双叒叕一道栏杆……

我见证他们,
汗流浃背。
我见证他们,
满脸疲惫。
我见证他们,
刷了一套又一套试卷,
写了一篇又一篇作文。
我见证他们,
哭过,笑过,
打过,闹过。

我见证他们,
青春的倔强与羞涩。
我见证他们,
强忍的泪水,

不甘与执着。

今夜,或许,
孩子们还在跨栏,
跨一道难忘的
人生之栏。

或许含着笑,
或许噙着泪。

每一个努力奔跑的孩子,
都值得尊重。

2020 年 7 月 23 日

三十四、无用的话

昨天下午，我先到市三女中参加教研活动，之后匆匆赶往长宁中心医院打吊针。一边打吊针，一边担心两个班的学生。好不容易找到两次看《大师》（陈寅恪）（央视纪实频道节目）的机会，上一次放上集，刚看个开头，高一（2）班像中了彩票似的被拉去体检而没有看成。这一次我很上心，除了给学生讲上一次很遗憾，这一次一定要好好看外，中午还专门打电话给高一（2）班班主任，请她帮忙安排课代表和班长维持好纪律，组织大家认真观看。因为我午饭后得赶到市三女中参加教研活动，之后还得赶到长宁中心医院打吊针。

听完课，没参加评课即打车赶往医院，一边打针，一边担心学生。担心高一（12）班会不会忘了打开电视，担心高一（2）班会不会不认真看。好不容易打完吊针，匆匆返回学校已是4点半。在办公楼下，先是碰到了小胡老师，她说他们两个班的学生看得挺认真，我稍感欣慰。后即碰到前来找我的高一（2）班课代表，她说，老师，我们班今天又没有好好看《大师》，因为第三节是数学课，老师讲课，底下学生没什么反应，老师发火了，课没上完，就有同学说第四节课接着上，反正看《大师》也没意思，陈寅恪是谁呀？还不如做数学题呢。于是，数学老师"应学生之邀"继续讲数学题。于是，高一（2）班在其他11个班都认真观看《大师》（陈寅恪）的时候，认认真真钻研数学。因为，陈寅恪是谁呀？看他还不如做数学题有意思呢！

浓重的悲凉从心底升起。我想起了郁达夫一篇散文《怀鲁迅》。在那篇文章中，郁达夫先生说："没有伟大的人物出现的民族，是世界上最可怜的生物之群；有了伟大的人物，而不知拥护，爱戴，崇仰的国家，是没有希望的奴隶之邦。因鲁迅的一死，使人自觉出了民族的尚可以有为，也因鲁迅之一死，使人家看出了中国还是奴隶性很浓厚的半绝望的国家。"

因为这件事，我又忆起这么一篇沉重的文章。或许有的学生还会说"郁达夫是谁呀？鲁迅是谁呀？了解他们还不如做数学题有意思呢！"

我得承认，我的内心像压着一块巨石，有着无法驱遣的浓重的悲凉。

但还是忍不住说两句、喊两声，尽管我早就知道自己并非一个振臂一呼应者云集的英雄，自己的声音很快会消逝在 ABC、XYZ 中。

忍不住写下以上一段无用的话，一堆在很多人看来无比可笑的文字。

2010 年 11 月

三十五、边走边唱

其实没有边走边唱,事实上我也不会唱歌。但说起游学,我心里最真实最强烈的感觉却是边走边唱。我想:走,描述的是一种方式;唱,传递的是一种心情。这次游学很快乐,快乐得我想用"边走边唱"来形容。

参观北大、清华校史馆,听到志愿者热情、认真的讲解,想到战火纷飞的年代西南联大"刚毅坚卓"的精神,深深感受到名校深厚的文化积淀和精神的薪火相传,我快乐。

未名湖畔,博雅塔前,水天一色,秋林尽染,学哥学姐学弟学妹个个绽笑颜,我快乐。

急匆匆走进人大附中校园,抢拍下柿树上的鸟窝和一串串黄澄澄的

大柿子,我快乐;聆听67岁的刘彭芝校长一个接一个的精彩小故事,感受"执着也能创新""爱能催生奇迹",领悟到"大胸怀才有大境界",我快乐。

游走于武大校园,看到李四光骑毛驴的雕像,想到介绍"百年武大"的教授戏称他是中国最大的风水先生,我快乐;看到一排排民国老建筑依山就势掩映于绿树丛中,有的房舍窗外还飘着学生的床单、衣服,我快乐;偷偷地拍下师友们边走边聊的样子,看到参天大树下悠闲走过的学子,静静地聆听风从树叶中穿过,我快乐。

坐电瓶车游览东湖,听师傅用湖北话自豪地介绍东湖比西湖大几倍,还适时地询问我们要不要下去拍照,我快乐;大叫一声不远处的师姐,趁她还没明白,按动快门抓拍她一张,我快乐;你一言我一语地开开玩笑,突然发现平时不苟言笑一脸严肃的大师兄(张广录老师)两只眼睛也眯成了一条缝,嘴角微微

上扬，我快乐！

北京街头，你一支，我一支，"冰糖葫芦甜哪，甜里边它透着酸"，吃完了，贴心的小师妹递上一张餐巾纸，相视一笑，我快乐。

晚上聚餐，一盘菜上来风卷残云，不善吃辣的一口下去，满脸通红；素不饮酒的抿一口，直伸舌头，我快乐。

……

如果不是这次游学，我可能永远不知道平时听课研讨时我的这些正襟危坐、表情严肃的师哥师姐师弟师妹们有多可爱！见惯了他们的严肃，听多了他们犀利睿智的发言，我以为那就是他们。而游学，让我看到了他们更为多彩的一面。鲜活、灵动、幽默、风趣、多才多艺、善解人意……多少词，都说不尽你，而我知道，那是你，又不完全是你。正如你知道的那个我，是我，又不完全是我。

边走边唱，期待着，下一次，在路上。

仅以此文献给上海市第三期"双名"工程中语五组的学哥学姐学弟学妹们，也献给辛辛苦苦带我们访学的老师们！

2012 年 11 月

三十六、"国培"杂记(五则)

1. 认识你们,真好

2013年10月23日,"国培计划(2013)一线教师培训技能提升研修项目"正式开班。为了让来自全国各地的学员们尽快认识,经验丰富的老师们采取了游戏的形式。首先,让学员按1到7的顺序报号,数字相同的编为一组;然后小组成员围坐一圈自我介绍;接着,每个学员都必须依次站起来大声说出我是××老师边上的×××,后说的必须把前边的几位组员姓名全报上来,如我是××老师边上的××老师边上的×××……

欢声笑语夹杂着震惊伴随着掌声,在不长的时间内,在轻松愉悦的氛围中,来自北京、上海、天津、重庆、浙江、内蒙古、山东、山西、广东、黑龙江、辽宁、吉林、内蒙古的50多位朋友们初步认识了!

每个人脸上都带着微笑,每个人脸上都写满了期待。2013年金秋,通过"国培"这个平台,我们——这一群教育追梦人相识了!

认识你们,真好!

2. 三个专题,一片苦心

在聆听了王意如教授对本次培训设计的介绍之后,我们发自内心地报以热烈的掌声。三个专题,凝聚着培训团队的一片苦心。

为了给参培学员更加切实有效的帮助,王意如教授带领她的团队精心设计了三个既触及理论又接地气的专题:现代文学作品的教学,古代文学作品的教学,校本课程的建设。

在"现代文学作品的教学"专题中,先请罗岗教授解读《〈呐喊〉自序》《藤野先生》,再由倪文尖教授讲"鲁迅作品的教学",最后带学员走进育才中学,听特级教师李强讲"鲁迅作品中的细节",自上而下,一步步落在实处。

在"古代文学作品的教学"专题中,则以李密《陈情表》为样本,先集体备课,再进行教学设计交流,然后走进教学现场,三位老师同课异构,最后进行课堂教学研讨。

而在"校本课程的建设"专题中,则精心选择了苏州十中为样本,请徐思源老师介绍"校本课程与教师的成长",张扬老师谈"做中学,学中做——校本课程开发与自我发展",袁佳老师上一节课:《壬申级石刻》访读。

可以看出,华师大培训团队的老师是非常用心地设计这次培训的,我们对王意如教授的介绍报以热烈的掌声。

我们期待着精彩的培训一幕幕拉开。

3. 小小简报不简单

出一期简报,这还不简单?

第一组的简报一出,大家震惊了!报头、文字、插图像模像样。简报?不简!

第二组组长不动声色,发出如下指令:"舒晓玲老师负责上午的课堂实录,黄平老师负责评课相关环节,张秀莺老师对上午的活动作一综述,下午的活动王瑞雪老师归纳小结,岳建华老师提交一份学习心得,尹玲老师负责拍照,提供活动的有关图片资料,何冠南、白丽老师负责汇总、审核。"

上午7点30分发车,到育才中学听李强老师讲课。下午12点30分开始听叶丽新老师报告!

认真听,忙着记。

下午5点30分,舒晓玲老师打电话给我:"我今天拍的有些资料丢了,能否把你的给我?我急着写课堂实录。谢谢!"

晚上6点20分,何冠南老师:"白老师,其他几位的资料都已交到我这里,等舒老师的写好一起发给你。"

晚上7点,舒晓玲老师:"写好了,发不走,宾馆网速太慢,我分开发。"

晚上11点,舒晓玲老师:"还有一部分资料发不走,急!"

晚上12点,舒晓玲老师:"很多人都在帮我发,何冠南组长就在旁边,很着急。"

晚上12点30分,文字资料基本汇总完毕,图片发不过来不要了。

我从手机、iPad中调出几张能用的图片,开始排版。

网上下载国培标志,华师大标志,育才中学标志性图片……

排版,插图,修饰,做好,发走。

看看表,凌晨1点35分。

这一份小小简报,不简单!

4. 把语文教得明白些

听了三位老师执教的《陈情表》,禁不住又想起郑桂华教授的讲座:把语文教得明白些。

"明白"看似很低的要求,其实是很高的境界。正如孔子所谓"辞达而已矣"之"辞达"是极高的境界一样。

三位老师执教《陈情表》,基本都做到了目标明确、集中,路径清晰,运用多种手段激发学生思维的热情,引导学生不断地浸入文本,从文本中发现之前不曾发现的东西,从而顺利实现教学目标。我认为这就是明明白白教语文。

5. 通,才能透

通,透。融会贯通,方能透彻领悟。若无开阔的视野与做学问的机敏睿智,岂能融会贯通?若不通,只是抱残守缺,又岂能有透彻的领悟?凡大家,必是聪慧之外又肯下苦功夫,博采众家之长,融会之后形成个人独到的理解。陈军老师对《论语·学而篇》的理解即给我这样的感受。

通透才能开合自如。大学之课打开的多,而中学之课还嫌拘谨、拘泥。但要培养一流的学生,必得有打开的课堂。不如此,难以开阔其眼界,激活其思维,开启其智慧。而这样的课堂又须依赖于这样的教师。虽不能至,心向往之。始于足下,哪怕路途万里。

2013年10月

三十七、最喜崎路遇同道,如切如磋共歌吟

——"基于高阶思维培养的高中写作微型课程开发的实践研究"团队历程

2018年3月13日,我先后收到区教科室两位老师的微信,她们在第一时间告诉我,我所带领的团队历时五年精心开发的"促进学生高阶思维发展及写作水平提升的高中议论文写作微型课程"进入"2017上海市基础教育教学成果"拟获奖项目一等奖名单!几乎同时,华东师范大学出版社的编辑老师发来了我们团队的研究专著之一《高中议论文难点突破》的封面设计以征求意见。喜讯连连!我一方面与团队成员分享最新信息,一方面在第一时间向把我领上了科研之路并一直给予我莫大支持与鼓励的程红兵老师、王天蓉老师报喜。

是的,六年前,2012年5月,当我着手从思维的角度、课程的角度寻求高中议论文教学突破时,压根儿也没有想到我会申报到区级重点课题,进而市级项目;我更想不到三年多后,我所领衔的课题会以"良好"等第结题,会在长宁区教科研成果评优中荣获一等奖第一名;而五年之后,我又梳理出两本研究专著;六年之后,它们将先后面世;尤其让我想不到的是,研究专著《高中议论文难点突破》能得到于漪老师、程红兵老师、郑桂华老师、金中老师等人的厚爱:于老师慨然写序,其他三位老师热情写推介语。

我在感动和感奋中时常自问:"你一介草民,何德何能,一本小书,博得如

许厚爱?!"我深知：唯有更加努力，才对得起这些领路人，才对得起那些追随我、支持我、与我甘苦与共的青年教师!

没错，我是一个市级项目的领衔人，但我更是一个在科研路上摸着石头过河、需要高手引领的学习者。回首来路，我无比清晰地看到几年来我和我的团队成员或深或浅或直或歪的成长足迹。

（1）逼上梁山

说起我领衔课题，还真有点儿逼上梁山。2012年3月，我有幸进入上海市第三期"名师培养"程红兵基地，八大任务之一便是主持一个课题（至少区级）。虽然之前我参加过校长领衔的国家级课题并担任语文学科主笔，但自己主持课题，我还是犯了愁。怎么办？总得完成任务吧。导师说"可以选自己擅长的做"。而我当时正受困于以下问题不能自拔："制约学生写作水平提升的关键因素到底是什么？写作教学，除了教技法外，还可以或者说应该教什么？为什么长期以来都没有一套操作性强的写作教材？面对现状，我可以做些什么？"某种程度上，申报"双名工程"，就是期待通过培训解决教学困惑的，没想到导师也没有现成的法宝，他只是鼓励我把困惑变为问题，再把问题变成有价值的课题，通过研究，自己解决。

就这样，我，被逼上了梁山！

（2）喜逢同道

基地同伴大多和我一样对做课题有点发怵，导师一眼看穿了我们的心思，特意为我们请来了做课题的高手——宝山区特级教师王天蓉老师传经送宝。

王老师很年轻，她的报告是《问题化学习——我们在路上》。我至今还记得听报告时的震撼：王老师说，她和她的团队八年就做了这一个课题，而且还将继续做下去，因为一个有生命力的课题会吸引你一直走下去，乐此不疲，永远在路上。说这话时，王老师浑身都发着光，这光点燃了我的研究热情。

回到家，看看自己积累的资料，想想还不成熟的框架，犹豫再三，拨通了王老师的电话。忐忑不安地做自我介绍，说困惑，也为冒昧打扰深表歉意。没想到王老师说了一句让我终生难忘的话，她说："没有人会主动去教一个人，但也很少有人会拒绝一个主动求教的人，把你的资料发给我看看吧。"就这样，我和王老师有了邮件往来。几次三番，王老师居然给了我一个高大上的课题名称——基于高阶思维培养的高中写作微型课程开发的实践研究。她说:"我觉得你的写作教学很扎实,看你的资料,可以把它做成微型课程;聚焦思维,这是没错的,但对高中生来说,最重要的是不是高阶思维?"

什么是高阶思维?微型课程又是什么?带着这些困惑,我读书、查资料。回家与同为语文教师的先生魏新磊聊,在学校与同一备课组的青年教师王黎明、顾立颖、胡亦佳聊,他们很快被我的课题吸引,成为我的课题组成员。在导师程红兵、金中和王天蓉老师的指导下,我带领团队成员发动已经读大学的学生帮我们查找资料,下载文献。五个月后,我写出了《"基于高阶思维培养的高中写作微型课程开发的实践研究"情报综述》(荣获上海市二等奖),完成了区级课题申报,2013年3月获批区级重点课题,同年9月获批市级项目。

导师,同伴,爱人,崎岖研究路,喜逢同道,更兼校领导重视,委我以语文教研组组长之重任,几次三番嘱托我"以课题为引领,带动青年教师成长,尽快为学校培养几个能独当一面的备课组长",前路似乎一片平坦。

(3) 山重水复

然而,我后来才知道,立项,只是进了山。能否绕出来,还有很多考验。

首先,是开题,我要撰写开题报告,接受专家评议。市里要求12月完成,而我不巧生病住院。拖着病体,完成报告,逃出医院,主持开题。所幸请到的几位市、区专家都很有水平,提了许多宝贵而中肯的建议,我及时整理后对研究方案的技术路线作了重大调整。

本该趁热打铁,然而被迫中止。首先是我因支扩感染被误诊而住进医院,三个月后才继续上班;其次,因工作调整,我和我的课题组成员被分离到两个年级;再者,课题组成员王黎明、顾立颖先后怀孕请假,胡亦佳老师调离延安中学。后来加入的梁玉洁老师不久也身怀六甲,黄韬老师身兼数职应接不暇,只有田醇麟老师和我在高三相互切磋但工作繁重,时有冷言冷语背后袭来。

山重水复,我,几乎是闯入了迷宫!

(4) 柳暗花明

好像是心电感应,王天蓉老师发来了微信:"课题进展得怎么样?有什么问题需要帮忙?"我几乎哭出来。有什么问题?最大的问题就是我不想做了,带队太难!可我怎么说?我写了一封长达 2 000 余字的信给王老师诉苦,王老师开玩笑说:"找优秀的科研同伴比找老公都难。只要有一个人,就要坚持。会好的!"

会好的!我也暗暗给自己打气,同时以己之心推人之想,管理团队,"严以律己,宽以待人",尽可能地体谅课题组同伴的困难,每个人能干多少干多少,绝不强求;而我自己则坚持"活多干,书多读,成绩共享",努力通过"四个引领"把课题组同伴凝聚在一起,坚定不移地走下去。

一是问题引领。

学生的问题千千万,我们能解决的确实有限。按照郑桂华老师等人的指点,2014 年 4 月,我召集课题组成员召开了"聚焦问题"研讨会,围绕"学生的问题有哪些?与高阶思维有关的又有哪些?我能解决的有哪些?"进行了研讨。由于团队老师事先都做了充分准备,这次研讨很有成效。会后我将老师们提出的问题用思维导图的形式进行了梳理,建议每位成员围绕自己迫切需要解决的问题开设专题研究课并将教学设计提交给课题组。

二是书籍引领。

读相同的书,更容易交流,理念上也更容易趋同。本着这样的认识,我为课题组同伴购买了大量书籍,有写作方面的《高等写作思维训练教程》《批判性思维》《论证是一门学问》《简单逻辑学》《创意写作》等,也有非写作领域的《现代教师读本·教育卷》《中国美术史》《中国人史纲》等。通过阅读、讨论,不仅提升了课题组教师的认识,把大家的理念统一起来,更关键的是,用这些理念指导行动研究,无形中,大家的步调一致了,走得也更稳健了。

三是专家引领。

即便如此,我们还是有太多的困惑。当阅读书籍、查阅文献、团队研讨都解决不了问题时,我便通过各种途径邀请市、区知名专家答疑解惑。科研方面,我们求教过王天蓉老师、熊立敏老师以及区教科室的宋建军、曹素芬、张萌、戴申卫、汪泠淞等老师,他们从科研方法、技术路径、资料搜集与整理方面给了我们很多宝贵的建议;学科方面,我们求教过程红兵、金中、郑桂华、孙宗良等老师,他们从写作与思维、思维与表达、课本与课程等方面给我们提供了宝贵的建议。尤其是郑桂华老师,不仅高度肯定了我们研究的价值,而且将我的教学课例推荐到《中学语文教学》发表,邀请我参加"海峡两岸写作过程指导"大型论坛并做专题发言。

每一次,专家引领,于我们,都是拨云见日。我们深切地感受到,离开了高水平专家的引领,我们这些一线教师做科研,无异于在黑暗中摸索前行!

四是行动引领。

说一千道一万,得有行动。作为课题负责人,我深知行动引领的重要性。

第一,我自己勤学好问,积极进取。不管是"基地培训""国培",还是"赴美培训",我都主动分享自己的培训心得或读书收获;第二,率先开展扎扎实实的

行动研究,及时将自己的研究成果、教学课例分享给课题组同伴;第三,亲自完成开题、中期、结题三个报告,连复印、分类、装订、盖章这些跑腿的活也亲力亲

为,尽量不劳烦他们,但结题证书、获奖证书、出版专著则不落下任何一个有所贡献的成员名字;第四,根据每位老师的特点,有针对性地予以帮助。对青年教师黄韬、梁玉洁,把课题资料给他们,鼓励他们以大课题为基础辟出分支,申报上海市青年教师课题;对青年教师顾立颖、田醇麟,推荐、鼓励他们参加市、区级教学比赛并多次帮他们磨课;对青年教师王黎明、田醇麟,推荐、培养他们担任备课组长;此外,还多次带领团队成员外出听课,参加大型论坛等。

身教胜过言传,通过自身行动感染、带动一批青年教师奋然前行。我也在做事情中、与他们的反复切磋中日益提升。又逢学校加大科研投资力度,鼓励教师开展课题研究,科研室几次请我在全校教工大会上专题介绍如何做课题,区教科室也请我参加区级优秀课题的经验交流。

走过山重水复,终于柳暗花明。

(5) 硕果累累

我们谁都没有想到,经过几年努力,居然取得了以下成果:

一是厘清了学生议论文写作中的 13 个突出问题及其背后隐含的亟须培养并提升的 10 项具体思维能力。

二是探索出两条以发展学生思维来促进其议论文写作水平提升的有效教学策略与途径:"问题解决型专题写作"与"问题引领式以读促写"。

三是开发了两套有序列、系统化、操作性强的高中写作微型课程体系:"问题解决型专题写作微型课程"与"问题引领式以读促写微型课程"。

相关数据及案例显示,以上研究不仅有效提升了学生的高阶思维能力与议论文写作水平,对他们思考问题的方式方法产生了积极有益的影响,而且有效提升了教师的专业理论素养和写作教学水平,促进了教师写作教学理念的转变、方式方法的革新和教学效果的改善。

短短几年,王黎明、田醇麟成长为独当一面的备课组长,顾立颖荣获"上海市语文教学之星"称号,我被评为长宁区教科研先进个人,黄韬、梁玉洁顺利完成市级青年教师课题,魏新磊评上特级。除此之外,我们几乎每个人都在市、区级教学比赛中获奖,在期刊上发表论文,我们共同完成的《高中议论文难点突破》顺利出版。我代表团队两次参加大型论坛,2017 年又作为全市唯一一名一线教师代表受邀参加市教科院组织的"基础教育科研优秀成果培育经验调研座谈会"。

不仅如此,我们的研究成果还依托长宁区"作文创新团队",迅速辐射、影响到区域内其他七所高中。而借助大型论坛演讲、期刊发文、出版专著等,则在更大范围内得到宣传和推广。

回首崎岖来路,内心百感交集。然而,我最想说:"六载研究情益深,历风经雨不移心。最喜崎路遇同道,如切如磋共歌吟。"

2018 年 4 月

读书静思

一、会飞，绝不仅仅是为了吃
——读《海鸥乔纳森》有感

《海鸥乔纳森》这本书是我的导师推荐给我的，我看了之后，又推荐给我的孩子、我的同事，我的孩子又推荐给她的同学，我的同事又推荐给她们的孩子……

没错，这本书就是这样：大人可以看，小孩也可以看；大人看有大人的发现，小孩看有小孩的看点。它是那种超越时空，从1970年的美国开始走红，一直穿越到2015年的今天，在中国、在美国、在法国、在日本、在英国、在德国……都进入中小学甚至大学课本的一本书。而在课本之外，还有无数的读者从书店（网络的或实体的）、图书馆、朋友手里购买或借阅这本书。

这样的书，足以称得上经典！而它，只不过是一个小小的寓言故事，薄薄的一本书，翻译成中文，也不过2万字！

这2万字，我读了不下三遍！每一遍都会在我内心激起强烈的震撼，激发出新的感悟！这些震撼、感悟，被我用各种符号、色彩彰显着。夹批、旁批写在书的空白处，更刻在自己的心里。每当我身陷烦琐的事务，被撕扯，被挤压，感觉自己快要被庸常的生活的激流吞没的时候，一个声音就在我脑海中响起：是海鸥，就要会飞！而会飞，绝不仅仅是为了找口吃的！

而这，就是《海鸥乔纳森》的主角乔纳森·利文斯顿的信念，也是整本书中最最震撼我的一句话。

是海鸥，就要会飞。而"会飞，不过是为了吃"这就是乔纳森·利文斯顿的父母的想法，也是绝大多数海鸥的想法。每天，他们拍着翅膀，从海面扑扇到岸边，到码头上、渔船边去争抢一点臭鱼、烂虾、面包渣。对他们而言，双翼只是寻找和争抢食物的工具，"来到这个世界就是为了糊口，并且想方设法延长寿命"。他们只会站在地上，唧唧啾啾，彼此争抢。他们连自己的翼梢都看不清。

海鸥乔纳森·利文斯顿是个另类,他热爱飞翔胜过一切!他不能理解为什么他的同类仅仅把双翼当作寻找和争抢食物的工具,而不去体验飞翔的乐趣,不去体验刻苦练习、超越自身极限的乐趣。

没错啊,是海鸥,就得会飞。可会飞,绝不仅仅是为了吃啊!我们要经历多少轮回才能领悟,生命除了吃饭、打架和争权,还有更重要的事情?我们要经历多少万世,才能明白,生活的目标在于追求完美,并且示之于众?

这些话,一字字、一句句,不是写在纸上,而是敲在心里!

它让庸常的我从庸常的生活中抬起头,扒开那些差点把我淹没的烦琐的杂草,去审视自己的生活,去叩问自己的灵魂!

吃,是为了活着。可活着,就是为了吃吗?

是教师,就得教书。可教书,仅仅是为了吃吗?

乔纳森,孤独的乔纳森,卓越的乔纳森,提醒我:是海鸥,就得会飞。可会飞,绝不仅仅是为了吃!

这句话怎么这么熟悉啊?我搜索着自己的记忆库:一个清瘦的老人出现在我脑海,他正严厉地看着我:"你一个堂堂大学生,怎么能说到哪儿都是混口饭吃!"我不敢吱声了。大三时,年级主任李新建老师找我到家里谈心,问起我未来的打算,我随口说道:"到哪儿不是混口饭吃?"没想到老师一改之前的和颜悦色,把我训了一通。这一幕,刻在心中,从没有忘记,也不敢删去!

我继续搜索自己的记忆库:一张充满激情然而并不年轻的脸浮现在脑海,他是上海市名师基地中语五组的导师程红兵。面对我们这群40岁左右的学生,他语重心长地提醒:"后中年时代,大家该静下心来想一想,自己最想做什么。不要为名,也不要为利,就为着自己的兴趣,找一件让自己痛苦并快乐的事情做下去。痛苦是需要付出,快乐是因为成就感,只有建立在痛苦基础上的快乐才是持久的……"后中年时代,超越功利,为着自己的兴趣,扎扎实实做一件事情。导师的话,我没敢忘记,也不会忘记!

"我们这一代小时候缺吃少穿,现在吃饱了,也穿好了,总得想一想,做点什么超越吃穿的事情。"我的母校——郑州大学,年轻的70后中文系书记在我们前不久的毕业20周年聚会上,指着肚子,扯起西服对我们说。

生活中不能仅仅有吃,吃是为了活着,可活着绝不是为了吃!

大学老师,名师基地的导师,现在的中文系书记……一张张脸汇集起来,渐渐模糊,幻化出海鸥乔纳森的影子:那是一只孤独的、卓越的、以毕生精力在抗拒平庸,并且克服狭隘和偏见,带着悲悯和慈爱,把自己习得的飞行技巧和悟到的人生真谛毫无保留地传递给曾经驱逐过自己、孤立过自己的群鸥的海鸥!

他,叫乔纳森。他,又不叫乔纳森。不是吗?

2015 年 11 月

二、别忘了我们为什么出发

——读怀特海《教育的目的》有感

寒假里回老家过年,断断续续读了怀特海的《教育的目的》。理论的抽象和翻译的艰涩使我很难一下子将书中的七个章节融会贯通,因此我只能挑自己最感兴趣的印象最深的一些片段谈谈阅读感受。

教育的目的是什么?

我国《教育法》的解释是"教育必须为社会主义现代化建设服务,必须与生产劳动相结合,培养德、智、体等方面全面发展的社会主义事业的建设者和接班人"。

而在近百年前,怀特海则一针见血地指出:"学生是有血有肉的人,教育的目的是为了激发和引导他们的自我发展之路。"

很难说以上两种定位和表述哪一种最好,只是我个人认为怀特海的表述更令人震撼,因为它提醒我停下匆匆的脚步,去思考"教育的目的"是什么,或者说它提醒我回头看,看看自己出发的原点,想一想当初为什么出发。

是的,为什么出发?这个问题我已淡忘了很久很久。

我忘了当初送孩子上幼儿园、上小学,自己内心最强烈的愿望不是让孩子考高分、拿奖状,而是让她快快乐乐健健康康地在群体中成长,在成长中永葆好奇心与求知欲。我开始纠结于她的学习成绩、年级排名,我开始担心不在校外给她补课会使她在激烈的升学竞争中处于劣势,我开始琢磨要不要说服她让她放弃一周一次的素描练习,我权衡来权衡去,没送她去参加羽毛球训练……

我忘了当年自己走出校门,与同学一起讨论多年以来学校教育给予我们的东西时,竟然是丢掉课本、离开老师和同学后沉淀到血液中的某种抽象的东西——在受教育过程中养成的思维习惯以及运用知识解决实际问题的能力。我研究考点琢磨题型,教学生怎么掌握答题技巧以便在考试中拿到高分。我开始像保姆一般盯着学生陪着学生，逼着他们把该背的课内名句课外名句尽量背会默对。当我这样做的时候，我也很累很不情愿，可是我知道这是短期内提高成绩的最有效途径，而学校也好，家长也罢，包括学生本人想要的就是成绩。

瞧，成绩，已经成了教育的目的，不知不觉中，我们忘记了出发的初衷，手段异化为目的，我们偏离了最初的航向。

不知道导师推荐这本书的初衷是什么？反正我在读的时候不自觉地想到了导师在"创新思维与作文"中讲到过的原点思维。当你觉得迷茫、困惑、找不到方向和出路的时候，回到原点，有时候会豁然开朗。读怀特海的《教育的目的》，我就有回到原点之感，就有豁然开朗之感。

拨开纷繁复杂的教育乱象，教育的目的是什么？就是"激发和引导学生的自我发展之路"。因为"自我发展才是最有价值的智力发展"（怀特海《教育的目的》，文汇出版社2012年版，第1页）。以此衡量人类的教育行为，"填鸭式灌输的知识、呆滞的思想不仅没有什么意义，往往极其有害"（第2页）。怀特海甚至指出："在人类历史的长河中，除了某些时候思想活跃、具有创新之外，其他时候都背上了沉重的知识的包袱。"（第2页）"在古代的学校里，哲学家们渴望传授智慧，而在现代的大学里，我们卑微的目标却是教授各种科目。从古人向往的追求神圣的智慧堕落为现代获取各个学科的教材知识，标志着在漫长的时间里教育的失败。"（第39页）但"教育从整体上来说，是为了使受教育者做好准备，去迎接现实生活中的种种经历，用相关的思想和适当的行动去应付每时每刻发生的情况。教育如果不以激发首创精神开始，不以促进这种精神而结束，那么它一定是错误的。因为教育的全部目的——就是使人具有活跃的智慧。"（第49页）但对精确知识漫无目的的积累且不加利用的结果，就是导致学生思维的僵化。怀特海认为："如果要避免思想上的僵化，就要特别注意两条戒律：（一）不要同时教授太多科目；（二）如果要教，就一定要教得透彻。"因为："教授大量的科目，却只是蜻蜓点水的教授一点皮毛，只会造成一些毫不相干的知识的被动接受，不能激起任何思想的火花。"（第3页）

尽管怀特海说的是百年前英国教育的情况，可是与我们当今的教育现实何其相似乃尔！看看小学生沉重的书包，密密麻麻的课程表，浏览一下复旦大学千分考的题目，你不觉得今天我们的孩子我们的学生需要学习的需要记住的知识太多太多，而他们很多时候除了被动地接受、适应这种教育要求外，别无他途。

　　说到这里,有点沉重。可还有比这更沉重的事实逼着我去思考教育的目的,反思我们的教育行为。今年,这一学期,开学初,上海某初三一女孩跳楼自杀——从21楼一跃而下,只因开学摸底考考得不理想,父女谈话出现了冲突。我不想去回顾更多血的教训,我只是在想我们教育的初衷是什么?是让孩子考高分吗?是让孩子上个好大学吗?如果是,那么考不了高分就是目的未达成,上不了好大学就是愿望落空,家长责骂,孩子决绝地选择走上不归路也在必然之中。可是,我们教育的初衷本非如此,有谁把孩子送进学校的时候不是希望孩子快快乐乐、健健康康地成长?而作为老师,我也在想学校应该给予孩子什么?不是具体的知识、刻板的思想,而是终身学习的愿望、能力以及融入社会养活自己也服务他人的技能。

　　这样说,当然还略显狭隘。按照怀特海的说法:"我们的目标是,要塑造既有广泛的文化修养又在某个特殊方面有专业知识的人才,他们的专业知识可以给他们进步、腾飞的基础,而他们所具有的广泛的文化,使他们有哲学般深邃,又如艺术般高雅。"(第1页)

　　哲学般深邃,艺术般高雅,显然不是靠课程表中的几门学科以及几本教辅书、几十乃至几百张考试卷所能给予学生的。

　　是时候该反思我们的教育行为了,感谢怀特海让我停下匆匆的脚步,回望原点,去思考当初为什么出发。

　　然后,带着理想主义的热情与宗教般的虔诚,投身到危机四伏的教育中。

2013年2月

三、读约翰·怀特《再论教育目的》有感

寒假读了怀特海的《教育的目的》，看到百年前的怀特海一针见血地指出"学生是有血有肉的人，教育的目的是为了激发和引导他们的自我发展之路"时，我曾深感激动，以为自己找到了最佳答案，对教育目的的了解已经比较清楚了。

今年暑假再读约翰·怀特的《再论教育目的》，一下子就被以下三个问题吸引了：

（1）如何理解教育目的这个概念？

（2）教育的目的应该是什么？

（3）这些目的应该由谁来决定？

此时再来看怀特海有关教育目的的回答，便会发现这也仅仅是答案之一，教育目的问题远非我先前想象的那样简单。

果然，约翰·怀特在其《再论教育目的》一书中，不厌其烦地介绍了世界上最有影响的教育目的论派别的主要观点、来龙去脉，使我深感教育目的问题复杂的同时又能跳出惯常的思维，比较立体地全面地看待教育问题。

教育的中心目的到底应该是什么？

约翰·怀特认为，这个问题已不仅仅是教师和父母，而且是每个公民都有责任考虑的问题，它与"我们的社会应该是什么样子"这个问题息息相关且包含着深远的现实意义。

从亚里士多德到黑格尔，都认为教育的目的应该是知识本身，杜威认为除了意识成长外，教育别无其他目的，麦金太尔把让学生沉浸在自身目的之中作为教育目的……

通读了约翰·怀特有关教育目的的梳理，我发现教育目的有"内在目的"，也有"外在目的"；有"以学生为中心的目的"，也有"以社会为指向的目的"；教育目的既关系个体，又关系群体；教育目的与经济、道德扯不断关系；与个体幸

福、群体利益交织在一起。

啊,这么复杂!

最本源的问题原来也是最复杂的问题!

一个孩子被送到学校里接受教育,家长有其目的,孩子慢慢也会有其目的,学校自然也有其教育目的,掌管学校的政府也会站在一个更高的角度看待教育,确立其教育目的,对教育做出干预。

教育不是孤立的,正如每个个体也不是孤立的一样。

所以,个体目的必然受到群体目的或者说政府目的的制约,受到个体经济条件与整个社会经济状况的制约,当然也受个体、社会群体道德水准的影响。

由此,再来看我国《教育法》有关教育目的的阐释:"教育必须为社会主义现代化建设服务,必须与生产劳动相结合,培养德、智、体等方面全面发展的社会主义事业的建设者和接班人。"便能够理解了:这是一个国家立足群体利益对教育目的的精要阐释,虽然这个阐释中个体隐没不见了,但我们不能忽略其合理性,正如我们也不能忽略怀特海有关教育目的阐释的合理性一样。

约翰·怀特的阐释使我对教育目的的思考和认识从一元走向多元,由平面变为立体。

我第一次发现教育目的问题看似很简单,其实蛮复杂。

我对这个问题的认识似乎糊涂了,也似乎清楚了。

这就是我读约翰·怀特《再论教育目的》的感受。

2013 年 9 月

四、重读《教育的目的》有感

重读怀特海《教育的目的》第七章"大学及其作用",很多以前不曾注意的话引起了我的关注,激发了我的思考与共鸣。分享几点如下:

(1)

想象力是一种传染病。

它只能由那些用想象力装点自己学问的教师来进行传播。

大学组织的全部艺术,就在于供应一支用想象力点燃学问的教师队伍。

感悟:中小学也应如此!

要想学生有想象力,教师首先得有。一个教师永远不可能教给学生他自己没有的东西。

这里的想象力,有点类似于打破束缚与隔阂,建立联系的能力,这是创造的源泉,创新的引擎。

(2)

想象力和知识的融合通常需要一些闲暇,需要摆脱束缚之后的自由,需要从烦恼中解脱出来,需要各种不同的经历,需要其他智者不同观点不同才识的激发。还需要强烈的求知欲以及自信心。

感悟:深以为然。

以上条件有些可以自己创造,有些可以努力争取。你只要想做,没有人能拦得了你。阻止你进步的,往往是你自己!

(3)

你不能一劳永逸地拥有想象力,然后无限期地将其保存在冰箱里。

感悟:想象力是会枯竭的。

它最大的敌人是故步自封、因循守旧、夜郎自大、偏守一隅。跨界!跳出语文看语文,才能真正教好语文;跳出教育看教育,才能真正理解教育!

(4)

知识的保鲜有如鱼的保解,不更新就会腐烂。

对于成功的教育来说,传授的知识必须有一定的更新。要么是知识本身的更新,要么是知识在新时代新世界中新颖的应用。

你可能正在学习一些陈旧的知识种类,伴随着一些过时的原理,但是尽管如此,要努力使这些知识对现实有即时的重要意义,就像刚从大海里捞出来的鱼一样新鲜地呈现在学生面前。

感悟:首先自问:你收纳了多少臭鱼烂虾?你又向学生兜售过多少臭鱼烂虾?

苟日新,又日新,日日新。世界不是一潭死水,只要不是僵死的生命,万事万物分分秒秒都在吐故纳新。对陈旧知识、过时原理的更新,一则淘汰之,二则在应用中激活之。

知识只有在应用时才能被更深刻地理解,也只有在被有效地运用时,才能产生力量。

教育,必须注重知识的应用,尤其是结合生活实践的应用。

2018 年 8 月

五、一群理想主义者的高歌

——读《问题化学习·教师行动手册》有感

一个暑假读了将近20本书,然而坐下来真要写点什么的话,我还是最愿意谈谈这本书:《问题化学习·教师行动手册》(华东师范大学出版社2010年版)。并不是因为它是我的一个朋友王天蓉老师领衔撰写的,更不是因为它是学校科研室暑期推荐的一本书,而是因为这本书独特的编写体例、话语形式使它从众多理论书中脱颖而出,吸引我像看小说一样往下看,像读哲学一样去思考,像吟咏诗歌一样去感慨,像品评散文一样去回味。这本书,名字曰"教师行动手册",我却从中聆听到了一群理想主义者的高歌。

没错。教育本来就是一场充满了理想色彩的探索历程。然而,有多少人在现实的困境中磨平了棱角,随从了流俗,推诿于制度,然后,心安理得甚至理直气壮地行走在千疮百孔的教育现场,不思改变,还美其名曰"适者生存"。

然而,教育从来不是现实主义者的游乐场,它是理想主义者的试验田。从孔子到蔡元培,从杜威到陶行知,这些理想主义者在教育的试验田里播种、试验,为后来者留下了宝贵的教育财富。而今,我看到《问题化学习·教师行动手册》的作者王天蓉、徐谊、冯吉、唐秋明、张治等老师在纷繁复杂的教育现场不抱怨、不推诿、不从俗,而是高举理想主义的大旗,脚踏实地地开展"问题化学习"系列研究。他们就像卷起裤腿深入稻田的农民,弯下腰,插下秧,满脸汗水,满身泥水,然而脸上挂着灿烂的微笑。那微笑似乎在告诉你:他们正在摸索插秧的规律,他们的目标是让秧苗循着自然天性茁壮成长。

你还真别以为我在忽悠你。不信,你抽空读读这本书,我相信本书的导言部分"有没有这样的职业困惑?"就会裹着你不由自主地往下走,使你在不知不觉中认识安姐、路客、景秋、辛怡、吉吉、东晓、张斯坦、海星、朱丽、倪军等各位朋友。他们时而带你走进"研修沙龙"如"感知问题化学习",时而带你聆听"专题讲座"如"认识学习中的问题系统",时而邀你观摩"伙伴互动"如"问题化学习与新课程",时而带你"进入课堂"去"认识教学组织的几种类型",时而请你参加"说课大赛"看"基于问题系统优化的学习过程设计",时而教你"撰写课例",时而教你应用"思维导图"。更主要的是,每一个环节,你都可以写下自己的问题和思考,就像你已经是他们团队中的成员一样,不必在乎自己的幼稚,因为书中也有像你一样幼稚的伙伴;不必担心自己说错,因为书中伙伴也经常在讨论中出错纠错;不必担心自己跟不上他们的节拍,因为书中的核心人物"安姐"会非常照顾大家的耐受力,总会在你还未疲倦时就设置一间茶室或咖啡厅,带你在清新优雅的环境中开启思维的新旅程。你可以趁机偷偷向安姐学几招:比如"研修活动记录表"的设计,比如发动"头脑风暴",比如布置"在线作业",比如设置"互动平台",比如画好玩的"思维导图",比如说幽默风趣的话语……

真的,这本书就有这样一种说不出的魔力。安姐在"后记"中说:"我们设置不同类型的教师角色,以便更好地起到移情、共鸣与感同身受的作用。""通常情况下,角色的教学实践都经历了一个从粗浅到成熟的过程。""我们呈现那个类真实的过程,远比告诉读者一个既定的答案更有意义。"

"类真实",没错,这就是《问题化学习·教师行动手册》的魔力所在,独特性所在。它不像高高在上的理论书,板起面孔教训你,也不像只在低空飞行的书报杂志,在庸常琐碎中消磨你。它裹着你往前走,使你从书中找到你自己,你会惊叹:"啊!原来,我的困惑他也有。"你会惊呼:"问题化学习,简直抓住了学习的牛鼻子。"你会明白,原来长久以来,你并没有真正分清"学科的问题""学生的问题""教师的问题"。你经常会以"教师的问题"代替"学生的问题"甚至"学科的问题"。而《问题化学习·教师行动手册》告诉你"问题化学习"必须始终贯彻"三位一体"问题观。"学科的问题"为引领,"学生的问题"是起点,"教师的问题"是主线。但前提是:三者必须统一。

你明白了吗?你关注过"学科的问题"吗?你研究过"学生的问题"吗?如果没有,作为教师,你的问题又从何而来?凭什么让学生去思考去解答?

我这样问你,你是不是额头出汗了?呵呵,没关系,我已经汗出几回了。你以为安姐他们一开始就是搞"问题化学习"的?你以为安姐他们一搞"问题化学习"就门儿清?你以为安姐他们的"问题化学习"走得就一帆风顺?我已经提醒过你:他们就像卷起裤腿深入稻田的农民,弯下腰,插下秧,满脸汗水,满身泥水,然而脸上挂着灿烂的微笑。那微笑似乎在告诉你:他们在摸索插秧的规律,他们的目标是让秧苗循着自然天性茁壮成长。

你明白了吗?这是一群理想主义者的高歌。诚如安姐在"后记"中所言:"如果说你在书中与我们不期而遇是一种偶然的话,那我们共同追求理想的教育则是我们相遇的必然。"你听——理想的教育!由一群充满理想的行动者高歌!我愿意加入这高歌的队伍,亲爱的朋友,你呢?

2014 年 10 月 27 日

六、我们还会思考么

——读李镇西老师《教有所思》有感

很早就看到了华夏教育出版社推出的这套教育书系,在琳琅满目的书架上,寂寞地哀吟。我的心中一阵窃喜,伸出手,顺手抽出的就是李镇西的《教有所思》。是因为他是位有思想有个性而又成就斐然的特级教师(自己对他仰望已久),还是这个《教有所思》的书名吸引了我?或许两者兼而有之吧。

一卷在握,俗务顿抛,我随着作者"边教边想""胡言乱语",感念"师恩难忘",回顾"心动时刻",与他一起"说语论文""凝望窗外"。我每每从李镇西老师的文章中读到自己。读得热血沸腾,读得长叹唏嘘。热血沸腾的是看到了同道,长叹唏嘘的是感到了差距。我不禁问自己:为什么李镇西老师坚持了下来而我却经常会放弃?为什么李镇西老师20年如一日,任你雨打风吹我自岿然不动,而我却经常在这理念那理念这课改那课改中迷失自己的航标?我想,我痛苦地想。终于明白了自己对环境对权威对流行的盲从,对自己教育思想的一种不自信。

谈到盲从,谈到不自信,话题便回到了标题:我们还会思考么?

可能有人会说:废话!我们每天都在思考,不会思考怎么当老师?你看,我们备课,要思考这道题怎么做,我怎么讲给学生听。我们命题,要思考怎么考学生,怎么有区分度。我们做班主任,要思考怎么管理调皮的学生,怎么把领导布置的任务完成好。我们不是在思考么?

是的,这些都是思考,但都不是我要说的思考,也不是李镇西老师在《教有所思》这本书中所作的思考。

那么,我要说的思考是什么?李镇西老师所进行的思考又是什么?

我认为,经常被我们忽略了的而李镇西老师经常在进行的思考,便是对教育本质的思考,是对教育规律的思考,是对自己教学实践的反思,是对自己教学个性的追问。

这一点说出来可能会被很多人不齿,他们会说,你吓唬谁呀,这些东西,老调子了,上大学时我们就知道,用不着你饶舌。且慢,都知道是一回事,能否践行是另一回事;知道践行是一回事,能否结合学情践行是另一回事;能结合学情践行是一回事,能否形成鲜明的个性又是一回事。

以"教学民主"为例,教学民主的一个核心便是"以人为本"。"以人为本"的"人"在教师这里就是学生,而不是你自己。但反观我们的教学实际,真正以学生为本的又有多少?

比如布置作业,你也压,他也压,每一科都认为自己的作业量适中,却不知集中到一个学生身上,就是挤掉他双休日的大半,我们的老师还口口声声说"我是为了你好""我也不比你轻松"等等。试想,如果真是着眼于学生的长远发展,会一心一意、死心塌地、忠贞不渝地匍匐在"应试之神"的膝前,无视学生的身心发展,大量制造作业垃圾来扼杀学生的学习热情和本来就有的灵性吗?

教育的终极目标是立人,立什么样的人?立身心健康的人,立有思想的人,立有理想的人,立有道德的人,立有爱心的人,立懂奉献的人,立有智慧的人……

可教育专制、教育无知、教育盲从却恰恰在扼杀这样的人!君不见课业负担沉重导致中小学生身体素质大面积下降,国家三令五申减负,却丝毫不见成效!厌学情绪在不少学生身上存在,为什么?原因之一就是教学专制、教育无知、教育盲从扼杀了他们的求知欲、好奇心,越学越呆,越学越厌倦也就不足为奇了。

教学民主体现在管理上又是怎样的状况呢?以集体备课为例来看,集体备课本来应该是集大家之智慧的备课活动,可在很多时候却变成了将大家聚集在一起听命于一人一家之言的备课活动,本来极具个性、极富特色的教学行为变成了统一的齐步走,稍越雷池一步便会被视为不合作不听话另搞一套等等。于是听话的人多了,教学的个性少了。暮气沉沉的教学只能教出暮气沉沉的学生,缺乏思想不敢思想的老师只会教出没有思想不会独立思考也不敢独立思考的学生!

可是,我们不是经常在说,我们需要有思想的老师吗?问题是这所谓的"思想"到底是老师的教育教学思想还是某个权威的思想?我们的教育教学管理在多大程度上能容纳思想上的异己?

在一个动辄得咎、盲从一片的环境中,我们还会思考吗?我们还敢思考吗？

感谢李镇西老师，感谢他的《教有所思》，他点燃了我胸中的教育理想，促使我去反思自己对外在环境对所谓权威的盲从，激励我大胆勇敢地坚持自己的教育思想、追求自己的教学个性。更为关键的是，它提醒我不管吹东风还是吹西风，不管受冷嘲还是受热讽，一个有教育理想的老师，一个立志终身献身教育的老师，一个把个人的幸福与学生的发展紧密联系在一起的老师，一定要不迷信、不盲从，敢于思考，善于思考，坚持思考，挺直腰板做一个有思想的人，也引领我们的学生做一个有思想的人！

最后，引用李镇西老师的一段话：

"既然是思想者，我们就应该是一个心灵自由的人，拥有自由飞翔的心灵。心灵自由，就意味着独立思考，意味着不迷信权威，意味着让思想的火炬熊熊燃烧。"

愿以此自勉，更愿与同道者共勉！

2010年1月22日

七、夜读鲁迅(五则)

1. 关于《父亲的病》

因为写《我的母亲死于庸医之手》,忆及鲁迅先生的一篇散文《父亲的病》。印象中,鲁迅先生是相当恨中医的,曾说"中医不过是一种有意的或无意的骗子"。这话当然有过激之处,当与先生少年时目睹父亲的病故有关。然而深夜翻读先生的《父亲的病》,我竟无比震惊于先生文笔的克制,遂于书眉上做如下批注:

〔对中医,对所谓名医,明明极怨恨,然文笔极收敛,极克制。如为人画像,只寥寥几笔,看似绘其行,然"神"已毕现,无所遁逃。又如置人于舞台。不做过多评价,且让他去表演,妍媸自现。〕

如第一位名医出场,先生只是讲了一个故事:

他出诊原来是一元四角,特拨十元,深夜加倍,出城又加倍。有一夜,一家城外人家的闺女生急病,来请他了,因为他其时已经阔得不耐烦,便非一百元不去。他们只得都依他。待去时,却只是草草地一看,说道"不要紧的",开一张方,拿了一百元就走。〔且看这几句,架子摆得多大,费用收得多高,看病却只是草草!如此名医!〕那病家似乎很有钱,第二天又来请了。他一到门,只见主人笑面承迎,道,"昨晚服了先生的药,好得多了,所以再请你来复诊一回。"仍旧引到房里,老妈子便将病人的手拉出帐外来。他一按,冷冰冰的,也没有脉,于是点点头道,"唔,这病我明白了。"从从容容走到桌前,取了药方纸,提笔写道:〔注意此处"冷冰冰的,也没有脉",与上文"不要紧的"呼应。医死人了,且看该名医如何表演?"点点头","从从容容",脸皮之厚,堪比城墙!]

"凭票付英洋壹百元正。"下面是署名,画押。

"先生,这病看来很不轻了,用药怕还得重一点罢。"主人在背后说。

"可以,"他说。于是另开了一张方:

"凭票付英洋贰百元正。"下面仍是署名,画押。

这样,主人就收了药方,很客气地送他出来了。

但不幸的是,先生的患病的父亲就由这位名医医治,而且是整两年,隔日诊一次,诊金一元四角! 名医用药与众不同,药引也非轻易可得。

"生姜"两片,竹叶十片去尖,他是不用的了。起码是芦根,须到河边去掘;一到经霜三年的甘蔗,便至少也得搜寻两三天。

这样有两年,渐渐地熟识,几乎是朋友了。父亲的水肿是逐日利害,将要不能起床;我对于经霜三年的甘蔗之流也逐渐失了信仰,采办药引似乎再没有先前一般踊跃了。正在这时候,他有一天来诊,问过病状,便极其诚恳地说:["几乎"一词用得多妙,别小看它,断不可少!]

"我所有的学问,都用尽了。这里还有一位陈莲河先生,本领比我高。我荐他来看一看,我可以写一封信。可是,病是不要紧的,不过经他的手,可以格外好得快……"[见势不妙,要溜了。话说得多"诚恳",事做得却未免伤人。]

第一位名医既已溜走,只好请第二位名医了。第二位名医如何呢? 看看他的表演:

陈莲河的诊金也是一元四角。……用药也不同。……一个人有些办不妥帖了,因为他一张药方上,总兼有一种特别的丸散和一种奇特的药引。

芦根和经霜三年的甘蔗,他就从来没有用过。最平常的是"蟋蟀一对",旁注小字道:"要原配,即本在一窠中者。"似乎昆虫也要贞节,续弦或再醮,连做药资格也丧失了。[故弄玄虚,连一向克制的作者也禁不住微讽一下。]但这差使在我并不为难,走进百草园,十对也容易得,将它们用线一缚,活活地掷入沸汤中完事。然而还有"平地木十株"呢,这可谁也不知道是什么东西了,问药店,问乡下人,问卖草药的,问老年人,问读书人,问木匠,都只是摇摇头,〔用繁笔(连用六"问"),极言药引之难寻!〕临末才记起了那远房的叔祖,爱种一点花木的老人,跑去一问,他果然知道,是生在山中树下的一种小树,能结红子如小珊瑚珠的,普通都称为"老弗大"。〔爱种花木的叔祖知道,该名医难道不知"平地木"乃俗称之"老弗大"?!〕

"踏破铁鞋无觅处,得来全不费功夫。"药引寻到了,然而还有一种特别的丸药:败鼓皮丸。这"败鼓皮丸"就是用打破的旧鼓皮做成;水肿一名鼓胀,一用打破的鼓皮自然就可以克伏他……〔多么荒谬!〕

"我有一种丹,"有一回陈莲河先生说,"点在舌上,我想一定可以见效。因为舌乃心之灵苗……价钱也并不贵,只要两块钱一盒……"〔愈加荒谬!!〕

"我这样用药还会不大见效,"有一回陈莲河先生又说,"我想,可以请人看一看,可有什么冤愆……医能医病,不能医命,对不对?自然,这也许是前世的事……"〔荒谬至极!!!〕

名医如此,父亲的病自然一日重似一日,"父亲终于躺在床上喘气了"。

父亲的喘气颇长久,连我也听得很吃力,然而谁也不能帮助他。我有时竟至于电光一闪似的想道:"还是快一点喘完了罢……"立刻觉得这思想就不该,就是犯了罪;但同时又觉得这思想实在是正当的,我很爱我的父亲。便是现在,也还是这样想。〔是真爱,是深爱,故有此矛盾而复杂的心理。有哪位道学先生敢据此责先生不孝,当棒杀之!〕

然而精通礼节的衍太太来了,她指挥当年年少的先生这样做:

"叫呀,你父亲要断气了。快叫呀!"衍太太说。
"父亲!父亲!"我就叫起来。
"大声!他听不见。还不快叫?!"
"父亲!!!父亲!!!"
他已经平静下去的脸,忽然紧张了,将眼微微一睁,仿佛有一些苦痛。

"叫呀！快叫呀！"她催促说。

"父亲！！！"

"什么呢？……不要嚷。……不……"他低低地说，又较急地喘着气，好一会，这才复了原状，平静下去了。

"父亲！！！"我还叫他，一直到他咽了气。

我现在还听到那时的自己的这声音，每听到时，就觉得这却是我对于父亲的最大的错处。

［别的不说，且看标点！衍太太的催促，我一声比一声紧一声比一声高的呼喊，父亲的难得安息的痛苦，历历如在眼前。］

［"可医的应该给他医治，不可医的应该给他死得没有痛苦。"多年以后，学了西医的先生懂了，然而饱受折磨的父亲已经不在了。料想先生忆及当年那声音，当声声刺耳，默然写下这文字，当字字锥心。然多克制！非有一定阅历之人不能体悟。］

附：22年前，我的母亲死于庸医之手

其实，我一直不愿意想起母亲，可母亲还是会在我不经意时闯入梦中。有时面容清晰，更多的时候，面容模糊，留给我一个记忆中熟悉的身影。

我的母亲死于22年前，那一年我18岁。

今年我40岁了，母亲去世的时候我18岁，她还不到48岁。

母亲死于突发性脑溢血，更确切地说，母亲死于医生的救治不当。我的母亲是被庸医治死的，这个事实随着我们姊妹几个年龄的增长，知识的丰富变得越来越清晰，但我们都不愿意提，都不愿意提。

然而就在前几天，我打开电脑，鬼使神差想查一查脑溢血怎么回事，结果就从百度上看到了很多资料，总结起来，对脑溢血患者的急救有三点是必须注意的：

第一，保持患者情绪稳定，不要刺激他。

第二，就地急救，不要轻易搬动患者。

第三，若患者已经昏迷，发出很大的鼾声，说明舌根已经下坠，这时要用纱布裹住患者的舌尖，轻轻往外拉以避免患者窒息。

回忆22年前庸医对我母亲的急救，是一件非常痛苦的事情，因为我眼睁睁地看着医生的一句话毁了我的母亲。

凭良心说，被发现时，我母亲的脑溢血并不算严重。当时的她已上床休息，灯还没有关，她还如往常一样等着我晚自习回家。那一晚，一打下课铃，我就急不可耐往家赶，打开大门，就听到母亲哎哟哎哟的呻吟声，我跑进她房间问怎么了，她说她一条腿动不了了。当时我心里一惊，本能地预感到是中风（那一阵，农村常见中风的病人），"没事，可能是转筋了，我去叫大姐"。我一边安慰母亲，一边跑到厢房里叫姐姐。姐姐们都赶紧穿好衣服跑到母亲身边。她们显然也感到了异常，一边安慰母亲，帮她轻轻地揉腿，一边派人去请医生。那个时候的母亲除了一条腿、一条胳膊不会动外，其他都正常，意识也很清晰。

　　然而去请离我家最近的一个医生，不在家；只好跑去请我的一个本家爷爷（他很年轻，当时大概只有20来岁吧，因为年轻，我们叫他小爷），他也是医生，住得稍远。

　　医生终于来了，我们像盼来了救命稻草，母亲眼中也流露出热切的渴望。

　　然而医生说："脱掉袜子。"

　　我姐姐赶忙帮母亲脱掉袜子。

　　医生又说："拿根小棍子来。"

　　姐姐赶忙找来一根小棍儿。

　　医生用小棍儿在母亲脚心划了两下，问："有感觉吗？"

　　"没有。"母亲清晰地答。

　　"偏瘫！"医生断然宣布道，"赶紧收拾收拾，送医院去。"

　　"这可怎么办哪，我这手干不成活了呀，我还有70多岁的老娘和一群孩子哪……"受到刺激的母亲用一只手端着自己不会动的另一只手失声痛哭。我清楚地看到母亲的嘴角慢慢歪了起来、歪了起来。我多想抱住母亲告诉她："妈妈，你不是偏瘫！"我多想狠狠地抽医生一个嘴巴，告诉他："你不应该这样刺激她！"然而我什么也没有做，只是呆呆地看着慌乱的父亲去院子里收拾架子车，二姐、三姐扶起妈妈，而大姐弯下身子将母亲紧紧地托在了背上。我怯怯地带着哭声叫了一声"妈"，妈妈看着我给了一简短的回应："嗯。"这就是我和妈妈的最后一次对话，这个"嗯"就是妈妈对我的最后回应！

　　妈妈被放到架子车上，在漆黑的夜晚，在坑洼不平的乡村土路上，大姐拉着车飞快地向医院跑去，父亲、二姐跟在车两边跑。据姐姐说，她们一边跑一边喊着"妈——妈——"，开始妈妈还能答应，但不久妈妈就不作声了，在去医院的路上，妈妈已经小便失禁。恐慌的二姐顾不上害怕又跑回家取被子。

妈妈昏迷不醒了，躺在医院的急救室里。受到惊吓内心充满极不好预感的我放声大哭，那一夜，我、三姐、弟弟挤在一张床上等待天亮。

天亮了，是阴天，下着雨。三姐做好早饭，催促我和弟弟吃完后赶紧上学。我神思恍惚地走到学校，木偶一样坐过一节又一节课，老师和同学都发现了我的异常，问怎么了。我只说了句"我妈脑溢血，在急救室里"就泣不成声。"那还不快去。"老师的眼中充满爱怜。

一路小跑到医院，找到急救室，母亲就躺在那里，昏迷不醒。她的鼻子、下身都插着管子。偶尔有医生进来扒开她的眼皮用手电照照，然后说："没事，正常。"当时的母亲鼾声如雷，我紧张地问姐姐怎么回事，姐姐说医生讲了，脑溢血病人都这样，一个星期后就好了。"都这样，一个星期后就好了。"我仿佛得了安慰，在姐姐的劝说下回家了。

然而，半夜，咚咚咚的敲门声使我和三姐一下子坐起来，急匆匆地穿衣服，叫醒年幼的睡得迷迷糊糊的弟弟。"你妈不行了，去接你妈回家。"父亲说完这句话，再没有说话，只是默默地收拾架子车，我们哭着奔向医院。

妈妈走了，再没有回来。

我曾经恨妈妈，在我青春期叛逆的时候，在我考上大学而她已经看不到的时候，在我举行集体婚礼看到别人都有母亲坐在那里接受拜谢的时候，在我生了孩子无人照料的时候，在我回到老家推开门再也不能喊出一声"妈妈"的时候，在我看到别人给妈妈打电话买衣服的时候……我恨妈妈，这么多年，我刻意压制着自己不去想妈妈，可是妈妈不是不去想就可以不想的。也许这么些年妈妈一直住在我的心里。

今天给大姐打电话终于控制不住讲了"妈妈是被庸医治死的"这话，大姐也说是。大姐也想妈妈，她说母亲节那天看到别人给妈妈打电话她都很嫉妒，她心里特别难受。"如果不是医生处理不当，妈妈不会死。"我在电话中反复说，这句话我憋了这么多年，终于给大姐说出来了，"如果放到今天，我就去告他！"这么多年，那个庸医——我的本家爷爷——可曾为当年的失误产生过一丁点的良心上的不安？！我真想当面告诉他："是你，治死了我妈妈。"

"别说了，再说妈妈也不会活过来。"

可是，可是当时妈妈本不会死，事实上，即便在医生宣布她中风后，她也只是担心自己日后干活不便，并没有想到救死扶伤的医生会把她推向黄泉路啊。

妈妈死了，死于庸医之手。

她到底抛下了她放心不下的70多岁的老娘和五个孩子。

妈妈是被庸医治死的。

我恨庸医,恨那些说话不注意,只知医身不懂医心的冷面医生,更恨那些既不懂医身又不懂医心的杀手医生。

鲁迅因了父亲的病故而一辈子恨中医,认为那只不过是骗人的玩意儿;我也因了母亲的病故而恨一切庸医,认为庸医是打着救治幌子的杀手。鲁迅愤而学西医,希望平时救治像父亲一样饱受病痛折磨的人们,战时则当军医;我一则没有鲁迅的勇气,二则缺乏像他那样的天分,我躲开医学院,想读经济法,替穷人打官司。经济法没读成,进了中文系,毕业后机关板凳坐了三个月,感到太无聊,就跳到中学做了老师。

这些,母亲当然都不知道,也不可能知道了。

每当有学生报考医学院的时候,我都会忍不住提醒:医术固然重要,但懂点心理学更不可少。医者仁术,三分医身,七分医心。

22年前已经故去的母亲当然不会知道我的心里会如此之痛,如此之痛,痛得我不愿意去触碰。

可是今天,我终于直面这一切,将憋了这么多年的话写了出来。那个庸医,我的本家爷爷,如果看到,如果还有良心,也会承认是他的处置不当导致了我母亲的死亡吧。

我相信,比法院的审判台更为严厉的还有一个良心的审判台,一切有意或无意的恶行制造者只要还有一点点做人的良知,都逃不过这个审判台的审判!

妈妈,22年了,你还好吗?

想你,妈妈!

2. 关于《从百草园到三味书屋》

假期研读金中老师编写的《闵行区高中语文"写作"学业质量标准》,深受启发。特别是"篇章结构·主体"部分,金中老师谈到的"衔接转换"给我启发很大。以前我关注的比较多的是句与句的衔接与转换,而对段与段的衔接与转换似乎不够重视。但金中老师提出:"承接与转换,是文章中间部分联系各段之间关系的两种相反相成的组织方法。有承接才能使文章顺理写下去,有转换才能开拓思路,文章才得以展开。"

对呀,学生作文经常苦于写不下去,是否在承接与转换方面出了问题呢?

带着这样的"发现"去读鲁迅先生的《从百草园到三味书屋》,果然读出了新的趣味。先生的衔接与转换可谓自然流畅,细读之,揣摩之,对我们当不无启发。

比如第一段先生这样写:

> 我家的后面有一个很大的园,相传叫作百草园。现在是早已并屋子一起卖给朱文公的子孙了,连那最末次的相见也已经隔了七八年,其中似乎确凿只有一些野草;但那时却是我的乐园。

这一段当然是开篇扣题,紧扣题目中的"百草园"展开。最后一句重心毫无疑问落在"但那时却是我的乐园"上。

第二段就自然地紧承"但那时却是我的乐园"展开,用了一连串的具体的描写突出百草园于"我"是一个充满趣味、充满吸引力的乐园。

第三段:"长的草里是不去的,因为相传这园里有一条很大的赤链蛇。"

这一段很短,只有一句话,但这句话在行文上很重要。前半句"长的草里是不去的"是"果",扣住百草园,照应第一段"其中似乎确凿只有一些野草",后半句"因为相传这园里有一条很大的赤链蛇"是"因",自然地转换到第四段对故事的叙述。

第五、第六自然段都承第四段展开。

第七段又转换了。这个转换也很自然:"冬天的百草园比较的无味;雪一下,可就两样了。"从全文看,由春夏的百草园转换到冬天的百草园,从这一段来看,由这一句转换到对冬天百草园趣事——"捕鸟"的描述。

第八段,"这是闰土的父亲所传授的方法"又是紧承上段展开。

以上一至八段,写的是"我的乐园"——"百草园",衔接与转换非常自然。

第九段往后开始写"三味书屋"。看先生如何从"百草园"转换到"三味书屋":

> 我不知道为什么家里的人要将我送进书塾里去了,而且还是全城中称为最严厉的书塾。也许是因为拔何首乌毁了泥墙罢,也许是因为将砖头抛到间壁的梁家去了罢,也许是因为站在石井栏上跳下来罢,……都无

从知道。总而言之：我将不能常到百草园了。Ade，我的蟋蟀们！Ade，我的覆盆子们和木莲们！

这一段写得的确相当精彩。当年读初中时，老师都要求我们背诵。"我不知道为什么……"一句自然地将文章从写"百草园"过渡到写"三味书屋"，三个"也许是……"的推测既符合儿童心理，又照应上文百草园的相关内容，还透出对百草园的无限依恋。到了"Ade，我的蟋蟀们！Ade，我的覆盆子们和木莲们！"这种感情达到了高潮。

关于"三味书屋"这一部分内部的衔接与转换我不再一一赘述，只总体上谈谈我的另一种阅读感受。

初中时读《从百草园到三味书屋》，不知为什么，总无端地认为百草园是充满趣味的，于儿童是相宜的，而三味书屋是枯燥乏味的，扼杀儿童灵性的。许是受了当时某种解读思潮的影响吧？

而今再读，感觉竟大不相同。百草园固然充满乐趣，三味书屋也不是扼杀儿童灵性的囚笼。鲁迅先生于字里行间表露的是对童年生活包括读书生活的无限留恋。

鲁迅先生幼时的读书生活当然不是毫无趣味的。且看他和伙伴们逃到书屋后面的小园去"折腊梅花，在地上或桂花树上寻蝉蜕"，或是"捉了苍蝇喂蚂蚁"，多么有童趣！即便被先生叫回去读书，那种内容可以自由选择，师生共读、人声鼎沸的场景也不无乐趣吧。更何况，先生读得出神时，"总是微笑起来，而且将头仰起，摇着，向后面拗过去，拗过去"。而"我们"则可以趁机做些小动作，"用纸糊的盔甲套在指甲上做戏"，"用'荆川纸'蒙在小说的绣像上描画……"这些，或者与之类似的小动作怕是每一个少年心底永存的温馨的回忆吧？

朝花夕拾，总有一点留恋的温情，也有一点回不去的感伤。

3. 关于《琐记》

《琐记》这篇散文紧跟在《父亲的病》之后。我认为读此篇，一看先生写衍太太，一看先生写自我求索。

从整篇看，写衍太太，用墨不多，然极有趣。先生写她，极复杂，极真实，又极立体。抑扬、对比、善恶、好坏，交织在一起。也许你会觉得衍太太不好，但你绝不至于恨她,当然也不会爱她!也许你会觉得衍太太其实就是我们身边再熟悉不过的一个小人物而已。

当然,从全篇看,衍太太又和先生对故乡的失望密不可分,因失望而离开,因失望而求索,《琐记》重点写的就是先生年轻时在国内求索的历程:

失望(对故乡)——寻找(南京水师学堂)——再失望(水师学堂乌烟瘴气)——再寻找(南京矿务学堂)——又失望(接受了新思想,然于谋生,却一无所能)——又寻找(到国外去)

我以为读《琐记》,不可不注意到这一点。人生就是一个不断的失望,寻找,再失望,再寻找的过程,看看先生的经历,便可明了这一点。

另外,从先生的求索来看,学得知识是必要的,但习得谋生的技能更为重要。家道衰落,又身为长子的鲁迅先生深知这一点。

这一点,于当今学子难道无益吗?!于当今学界难道无益吗?!

4. 关于《藤野先生》

读《藤野先生》这篇散文,格外有一种亲切感。因为小学时就学过这篇散文的一段节选,"大概是物以稀为贵吧……",初中又学了整篇的《藤野先生》。弃医从文啦,欲扬先抑啦,都曾给我留下深刻的印象。

而今翻开再读,亲切之余也有一点陌生,有一点新奇。比如读到开篇第一句"东京也无非是这样"就觉特别突兀。以前怎么没注意到呢?或者说注意到了而没有深究?这次深夜重读,读到这第一句竟难以放下。为什么劈头盖脸就说"东京也无非是这样"?"这样"指哪样?"无非是"带有怎样的情绪?带着这样的疑问读下去,便发现作者紧接着写的是东京也到处可见成群结队的"清国留学生",他们白天赏樱花、晚上学跳舞,此种风气和作者在南京水师学堂感受的"乌烟瘴气"有何区别?如此看来,"东京也无非是这样"当紧承上一篇《琐记》离开南京"到外国去",又开启本篇后文将要提到的舍东京而赴仙台。

当初离开南京是缘于失望,到国外去继续求索是寻找希望,没想到到了"东京","也无非是这样"!"无非是"带有一种明显的失望情绪。既失望,则离开;既失望,则继续寻找希望。人生不就是由"希望——失望——再希望——再失望……"串起来的一段历程吗?

那么,此篇当与上一篇连起来看,首句才不觉突兀。这一篇的写作时间当与上一篇非常接近。带着这种猜测,我去查阅这两篇文章的写作时间,果然,这一篇写于1926年10月12日,而上一篇《琐记》写于1926年10月8日,前后只差四天。作者行文时,当是紧承上一篇而写。换言之,我们读《藤野先生》,若能与上一篇《琐记》连在一起去看,一则能更系统全面地了解作者年轻时的求索经历,二则也能体味作者运用语言的巧妙。

当然,循着这点发现,我对《朝花夕拾》这本不知看过几遍的小书有了新的体悟,此处先不赘述,还说《藤野先生》。

这一篇,作者依然是在回忆自己的求索历程:从南京到东京,而"东京也无非是这样",失望之余,走,到仙台去,学医。"我的梦很美满,预备卒业回来,救治像我父亲似的被误的病人的疾苦,战争时候便去当军医,一面又促进了国人对于维新的信仰。"(鲁迅《〈呐喊〉自序》)遇到的老师当然是好的,藤野先生即是其中最令作者难忘的一位。作者的成绩也是不错的,一百余人,位居中等。然而,日本同学的歧视,自己同胞的麻木却深深刺激了作者,"呜呼,无法可想!但在那时那地,我的意见却变化了"(《藤野先生》)。意见发生了怎样的变化?《藤野先生》一文没有明说,但我们都知道是弃医从文了。这一点或许是从老师的讲解中知道的,或许是从文章结尾"再继续写些为'正人君子'之流所深恶痛疾的文字"一句中感悟到的(我希望是后者)。《〈呐喊〉自序》中却写得明明白白:"这一学年没有完毕,我已经到了东京了,因为从那一回以后,我便觉得医学并非一件紧要事,凡是愚弱的国民,即使体格如何健全,如何茁壮,也只能做毫无意义的示众的材料和看客,病死多少是不必以为不幸的。所以我们的第一要著,是在改变他们的精神,而善于改变精神的是,我那时以为当然要推文艺,于是想提倡文艺运动了。"

看来,鲁迅先生从南京到东京,又由东京到仙台,再从仙台返回东京,一路走,一路失望,一路求索。当然,从文的经历也不是一帆风顺的,看《〈呐喊〉自序》就知道,先生返回东京之后办《新生》失败,心情也是无比的懊恼!这一点也不展开。

还说《藤野先生》。读此文,我认为有三点不可不注意:一则继续了解作者的求索历程,特别是弃医从文的心路历程。二则要鉴赏作者写人的艺术,对藤野先生,抓住主要特点,选取几件小事,绘其形,更传其神;爱之,不避其缺点,颂之,不刻意拔高。三则揣摩其表达方式的自然转换,夹叙夹议,议总以叙为基础,有所依托,水到渠成,自然流露,绝无刻意拔高或贬低之嫌。正应了作者所说:"有真意,去粉饰。勿卖弄,少做作。"

《藤野先生》,值得一读再读。

5. 有关《朝花夕拾》

读此书,固可分开看,然连起来看,更有趣味。尤喜后五篇,先前只是把它们各自分开了看,并无过多地注意到前后之间的关联。今又读,突然发现了篇与篇之间关联甚密,特别是《父亲的病》《琐记》《藤野先生》这三篇。发现这个玄机是从《藤野先生》的第一句话"东京也无非是这样"开始的。因为这句话初读之下,颇觉突兀,甚至莫名其妙。为什么说"无非是"? 这里边隐含着怎样的情绪? 联系上一篇(《琐记》)一看,顿感豁然开朗:从故乡到南京,从水师学堂到矿务学堂,一路寻找,一路失望。到了东京,也无非是这样! 清国留学生随处可见却不学无术,失望之情溢于言表。由此回看书前"小引",查看每一篇的写作时间、地点。果然发现后五篇乃创作于一时一地也。特别是后五篇之中间三篇乃于同一月之六天内完成(《父亲的病》1926年10月7日,《琐记》10月8日,《藤野先生》10月12日),难怪《藤野先生》第一句就来个"东京也无非是这样"。《朝花夕拾》以前也看过,但多翻到哪看哪,比较随意。今连起来看,竟读出了新的趣味!

2012年8月

八、红楼絮语(七则)

1. 由学堂之风观家国之运

读毕《红楼梦》第九回(《恋风流情友入家塾,起嫌疑顽童闹学堂》)脂砚斋评语"此篇写贾氏学中,非亲即族,且学乃大众之规范,人伦之根本,首先悖乱,以至于此极,其贾家之气数,即此可知……"颇有感触。

由学堂之风气观家国之命运,可谓见微知著,本人深以为然。

然而常言道"上梁不正下梁歪",弟子悖乱,群小恶逆,难道不是缘于长上之不正乎?

听其言,观其行。若自身说一套而行另一套,弟子必效仿其行的一套而鄙弃其说的一套。

己身不正,欲令而行,其可得乎?恐办多少学校都枉然!

是为诫!

2017年9月1日

2. 机灵丫头林红玉

《红楼梦》真真好看且耐看!今日重读第二十四至第二十六回,尤觉有趣。

有趣之一乃红玉这丫头。红玉乃贾府旧仆——专司收管各处房田事务之管家——林之孝之女,按说在贾府众仆中也算得有些根基之人,要不也进不了怡红院。可在怡红院中,她又近不得宝玉,做不得端茶倒水这些"眼面儿前落好的活",而只能受袭人、晴雯等上等丫头之驱遣做些洒扫院落、提洗脸水、描画花样等粗活笨活,还要看她们的脸色、听她们的奚落,可以说是丫头的丫头、仆人的仆人、奴才的奴才。

偏偏这个丫头的丫头、仆人的仆人、奴才的奴才凭着三分姿色,说话利落又不甘久居众丫头之下，做那奴仆之奴仆，于是一有机会就宝剑出鞘，冷光袭人：她单是给宝玉倒了一盏茶就引起了宝玉的注意、秋纹等人的恐慌及联手排挤。且看宝二爷那有趣的问话："你也是我屋里的人么？""既是我屋里的，我怎么不认得？"废话！你哪里认得？！难怪红玉冷笑一声回他："认不得的，岂只我一个！从来我又不递茶递水，拿东拿西，眼面前的事一点儿不作，爷那里认得呢！"更可笑者，是宝玉的接下来一问："你为什么不作那眼面前的事？"余读至此，不觉喷饭。批曰："此话好无理！然细思之下，宝二爷必不知其中端的，这样问于他这个公子哥儿又在情理之中。"红玉也不愧机敏之人，以"这话我也难说"岔开了宝玉这一问，其实我以为此时非但难说，即便说了，宝二爷也未必信。搞不好红玉还为自己惹一身臊。果不其然，话未说完，秋纹、碧痕说笑而入，看到小红，先是"诧异"，再是"进房东瞧西瞧"，而后便"心中大不自在"，再而后便是追到小红屋内责问她方才在宝玉屋里说什么，待听到小红适才为宝玉倒了一盏茶时，两人便忍无可忍，你一言我一语地挤兑谩骂小红"下流东西"，"你也拿镜子照照，配递茶递水不配？"

呜呼！余读至此，心中涌起无限悲悯，止不住感慨："同为奴才身，相煎何太急？"

其实，可恨者往往不是主子，而是那自以为做稳了上等奴才的主子身边的奴才！

鲁迅说："中国历史上只有两个时代：做稳了奴才的时代，欲做奴才而不得的时代。"

余只觉奴才可悲，可鄙，可怜，可叹，尤其是欺压奴才之奴才。君不见晴雯之结局：逐出贾府，凄惨死去。而红玉，逮着机会，离开怡红院，奔了琏二奶奶去了。

千红一哭，万艳同悲。此一节只是洋洋红楼中一小插曲而已。

2017 年 9 月 4 日

3. 尴尬人物赵姨娘

《红楼梦》第二十四至第二十六回中，有趣之二则是赵姨娘这个尴尬人物。

赵姨娘乃贾政之妾，生有一女探春、一子贾环。按说在子嗣并不繁盛的贾家，育有一儿一女的赵姨娘但凡有点正经能耐、眼力见儿，也不至于受欺负。

但赵姨娘不单不受王夫人待见,就连晚一辈的凤姐,又何曾把她放在眼里?更可悲者,连自己的亲生女儿探春也巴不得赶紧与她划清界限:"我只管认得老爷,太太两个人,别人我一概不管。就是姊妹弟兄跟前,谁和我好,我就和谁好。什么偏的庶的,我也不知道。"(第二十七回)所以赵姨娘这个人在贾府是相当尴尬的,而尴尬之人必有其可恨之处。

赵姨娘之可恨关键在于其不自知。她不明白自己的身份、地位和能力,不明白自己可依赖处与应收敛处。于是有一环儿而不懂教导,有一探春又不知爱惜。恨凤姐、妒宝玉而又惧凤姐、怕宝玉,欲其死而畏其生。难自处,亦难处人。非独为众人瞧不起,也被亲生女儿所鄙弃。悲哉!然联手马道婆,做法害宝、凤,则又毒辣过甚,为人不齿。所谓可怜之人必有可恨之处,信夫!

2017 年 9 月 4 日

4. 可怜篱下林黛玉

《红楼梦》第二十四至第二十六回,有趣之三还是黛玉。

第二十五回写凤姐当众人面开黛玉玩笑:"你吃了我们家的茶,怎么还不给我们家做媳妇?"众人听了一齐都笑起来。黛玉红了脸,一声儿不言语,便回过头去了。李宫裁笑向宝钗道:"真真我们二婶子的诙谐是好的。"黛玉道:"什么诙谐?不过是贫嘴贱舌讨人厌恶罢了!"说着便啐了一口。

余读这一段,喜中有悲,然悲终吞没了喜。何哉?

盖玩笑话不可尽当玩笑话听,此中有真意,然此真果真乎,能行得久乎?余谓贾府之中,盖不少人都看出宝黛两人你情我意,也必以为两人皆贾母所爱,故能成就一段好姻缘,即宝黛两人何曾不这样想?然宝钗呢?置其于何处?何况金玉之缘说人人皆知,且黛玉体弱多病又久治不愈,而宝钗体态丰盈又善解人意。贾母、王夫人能无想法乎?看贾母高寿之人为晚辈宝钗做寿,元妃宫中赏赐,独宝钗与宝玉礼同,明示如此,以黛玉之机敏,能不察觉乎?

然察觉了又如何?无父无母、无兄无妹、体弱多病、寄人篱下之黛玉苦矣!余简直不忍再写下去。

偏又在第二十六回,与宝玉闹矛盾前往怡红院的黛玉被晴雯挡在门外,无端惹了一肚子气。心高气傲的黛玉待要高声质问晴雯,回思一番:"虽说是舅母家同自己家一样,到底是客边。如今父母双亡,无依无靠,现在他家依栖,要如此认真淘气,也觉没趣。"一面想,一面又滚下泪珠来。读者诸君,敢问读至此,能不堕泪乎?偏偏此时"里面一阵笑语之声,细听竟是宝钗、宝玉二人"。伤心人偏闻笑语声,想那黛玉岂不痛煞?余读至此,真想责问曹公何至下笔如此之狠?!

可叹黛玉"不顾苍苔露冷,花径风寒,独立墙角边花阴之下,悲悲戚戚呜咽起来"。不期这一哭,惊起了柳枝花朵上的宿鸟栖鸦,鸟鸦不忍再听,忒棱棱飞起远避。

写鸟乎?写黛玉也。真真奇笔奇文,古今一曹公也。

2017年9月4日

5. 琐细物牵出细碎人

《红楼梦》第六十回、第六十一回从琐细物牵出一大堆人,乱纷纷事,真可谓鸡飞狗跳,一地鸡毛。

而挑起这鸡飞狗跳、喜看这一地鸡毛的恰是那些细碎小人。

先是"茉莉粉替去蔷薇硝",引出赵姨娘大闹怡红院,芳藕蕊葵荳(五个戏子)厮缠,生生是一个撒泼打滚(芳官),四个胡搅蛮缠(藕官蕊官一边一个抱住左右手,葵官荳官前后头顶住),搞得赵姨娘是相当狼狈相当不堪。而扇阴风点底火挑唆赵姨娘放胆一去闹的,恰是细碎小人夏婆子,她要借赵姨娘之手报自己私仇。可怜赵姨娘被五个戏子手撕头撞团团围住,晴雯竟假意去拉实看笑话,偏派丫头去回了探春,让赵姨娘又在女儿面前丢一回丑落一堆抱怨。

赵姨娘不自知、不自重,轻与丫头论短长,固失身份,但那拿茉莉粉当蔷薇硝糊弄贾环的麝月、芳官就不可恨吗?那扇阴风点底火假赵姨娘之手泄私愤的夏婆子就不可恨吗?那撒泼打滚联合起来围裹赵姨娘的五个戏子就不可恨吗?那假意去拉架实则看笑话的晴雯就不可恨吗?

一场赵姨娘大闹怡红院,真真是群小竞演图。

这还不是极致。

堪称极致的是"玫瑰露引出茯苓霜",柳五儿被污是盗贼。16岁的孱弱女子被交与上夜的媳妇看守,众媳妇抱怨不休,"又有素日一干与柳家不睦的人见了这般,十分趁愿,都来奚落嘲戏她"。余读至此,已叹人性之丑恶,不意读至下文,更是惊心咋舌,无话可说。

原来很多人心内都明白王夫人房内的玫瑰露是彩云偷了与贾环的，只是不愿点破而已。林之孝家的拿了柳五儿顶缸也是急于给凤姐交差。凤姐的"将她娘打四十板子，撵出去，永不许进二门。把五儿打四十板子，立刻交给庄子上，或卖或配人"固然与其一贯的刻薄寡恩吻合，但有平儿在，也未尝没有挽回的余地。可谁知"和她母女不和的那些人，巴不得撵出她们去，唯恐次日有变。大家先起了个清早，都悄悄地来买转平儿，又送些东西，一面又奉承她办事简断，一面又讲述她母亲素日许多不好。平儿都一一地应着，打发她们去了……"

诸位可看到，素怀不满、伺机下石者竟不惜起大早、送钱财给当权者，以促成当权者对五儿母女的不当裁决。

人心固善乎？人心固恶。至少在这几个细碎小人身上如此。

好在平儿宽厚睿智，最后巧妙地处理了这件事，没让五儿蒙冤。但那一起陷害她而不得的细碎小人却也好好地活着，且繁衍生息，子嗣不绝。

其唯红楼乎？

2017年9月12日

6. 两场丧事看贾珍尤氏

今读红楼第六十三回贾敬升天一段，颇感尤氏之干练、贾珍之机变大异于之前两位在秦可卿丧事上的表现。

各位如果没有忘记的话，秦可卿之死当在《红楼梦》第十三回，这也是整部《红楼梦》中第一起轰轰烈烈的丧事。当时身为可卿婆婆的尤氏"正犯了胃疼旧疾，睡在床上"，诸事不理，而身为可卿公公的贾珍"哭得泪人一般"，"恨不得代秦氏之死"，竟至"不大进饮食"，"也有些病症在身上""过于悲痛，拄了拐踱了进来"。此时的贾珍除了心心念念"尽我所有"，给秦可卿买万年不坏的昂贵棺木，把丧礼办得风风光光外，竟无心无力统揽全局，料理其他事情，只好请了凤姐来协理。

可是在第六十三回贾敬的丧事上，尤氏、贾珍与之前比简直判若两人。先是尤氏闻言老爷升仙，见贾珍父子并贾琏等皆不在家，马上"卸了妆饰，命人先到玄真观将所有道士都锁了起来，等大爷来家审问"；后又"一面忙忙坐车，带了赖升一干老家人媳妇出城，又请太医看视到底系何病"；三是命人飞马给贾珍等人报信；四是看道观窄狭不能停放，"忙妆裹好了，用软轿抬至铁槛寺停放"；五是算算贾珍赶回得半个月，而天气炎热不得相待，"遂自行主持，命天文生择了日期入殓"，"三日后便开丧破孝，一面做起道场来等贾珍"；六是见凤姐有病出不来，遂将外头之事暂托了几个家中二等管事人，家里之事将其继母并两个妹妹接来照看；七是担心贾珍父子星夜驰回，无人照看并护送贾母，遂又派二人赶去照顾护送老太太……

诸位请看，尤氏可是体弱脑昏不能任事者？非也！此一节尤氏之表现可谓头脑清晰、处事果断，无一处不妥当。难怪贾珍听了下人汇报"称赞不绝"，"连说了几个妥当"，便是我也要盛赞尤氏能任事了！（其实尤氏之能任事，在第四十三回奉命为凤姐操办生日一节已显露）

得知老父仙逝，贾珍有何反应？一是"即忙告假"，"星夜驰回"；二是路遇家丁，打听家中如何料理；三是直奔铁槛寺，"同贾蓉放声大哭，从大门外便跪爬至棺前，稽颡泣血，直哭到天亮，喉咙都哑了方住"；四是"按礼换了凶服，在棺前俯伏，无奈自要理事，竟不能目不视物，耳不闻声，少不得减些悲戚，好指挥众人"……

诸位看此一节中贾珍如何？丧父更悲还是失儿媳更悲？放声大哭更悲还是流泪拄拐更悲？哪一哭是演给人看的？哪一哭又是情难自禁的？

前后对比，真真趣味无穷。

别忘了尤氏的胃疾！

2017 年 9 月 13 日

7. 还是再读前 80 回为妙

比较用心地读完脂评《石头记》前 80 回，再读高续第 81 回，竟真真读不下去：人物性格、说话语气与前 80 回比，竟如换了个人，或曰抽掉了魂。

别的不说，且说宝黛。

宝玉见迎春被孙绍祖派人接走，又要去过那人间地狱的生活，心中不乐，当属常情。先做小儿语在王夫人面前大谈把二姐接回来仍住紫菱洲，任孙家接一百回也不放过去，此话尚说得过去，然被王夫人驳回之后闷闷不乐，走入潇湘馆"刚进了门，便放声大哭起来"则绝非宝玉行径。

其一，此前也经可卿亡、秦钟死、金钏逝、晴雯殁……哪一次宝玉不是锥心刺骨，但何曾见过他放声大哭？宝玉之悲之伤之痛之悔自有其表现形式：如可卿亡时吐血，秦琼死时痛哭，金钏逝后五内摧伤偷空遥祭，晴雯殁时哭了怔了痴了笑了亲撰芙蓉诔……多情公子怜香惜玉护爱女儿自有其异于常人处，然一入高鹗笔下便"放声大哭"且是在黛玉屋内。黛玉一向体弱多病，悲秋伤春，敏感多疑，动辄流泪，宝玉心疼还来不及，哪一次不是陪着小心生怕惹妹妹伤心，怎么今儿个就不怕了？

其二，黛玉何等聪敏之人，难道迎春回娘家哭哭啼啼自诉苦情黛玉能不知晓？便在高鹗笔下，也是明确指出黛玉是看到的听到的。以黛玉对宝玉之了解，能不知其难过是因为迎春遭际？怎么见了宝玉哭，竟会问出"合谁怄了气了""还是我得罪了你"这样的鬼话？此时之黛玉简直又呆又傻一点灵气也无，哪里是之前那个机灵聪敏与宝玉心有灵犀的知己？！

余读至此，便觉黛玉已死，宝玉已痴，不想再看下去。

是我瞎说，还是果真如此？

还是回头再读前80回为妙。

2017 年 9 月 18 日

九、细读《促织》

毕飞宇说:"塑造人物其实是容易的,它有一个前提,你必须有能力写出与他(她)的身份相匹配的劳动。——为什么我们当下的小说人物有问题,空洞,不可信,说到底,不是作家不会写人,而是作家写不了人物的劳动。"(《小说课》)

这就让我想到蒲松龄的《促织》。1 700字的《促织》之所以经得起推敲、耐得住咀嚼,除了小说的内在逻辑无懈可击外,窃以为还有一点就是真实——细节的真实,尤其是主人公捕促织与斗促织两段细节之真实。

不妨先看有关捕促织的描写:

第二段写成名接受妻子的建议"自行搜觅"时,"早出暮归,提竹筒丝笼,于败堵丛草处,探石发穴,靡计不施",惜"迄无济"。

注意这里提到的工具"竹筒丝笼",场所"败堵丛草处",方式"探石发穴"。凡是有过抓蛐蛐、逮蚂蚱经验的读者,读到这里都会唤起亲切的回忆吧?

之后第四段,蒲松龄则以详尽的语言描述了成名捕促织的完整过程:

> 乃强起扶杖,执图诣寺后,有古陵蔚起。循陵而走,见蹲石鳞鳞,俨然类画。遂于蒿莱中,侧听徐行,似寻针芥。而心目耳力俱穷,绝无踪响。冥搜未已,一癞头蟆猝然跃去。成益愕,急逐趁之,蟆入草间。蹑迹披求,见有虫伏棘根。遽扑之,入石穴中。掭以尖草,不出;以筒水灌之,始出,状极俊健。逐而得之。审视,巨身修尾,青项金翅。大喜,笼归……

请看"循陵而走""侧听徐行""冥搜未已""急逐趁之""蹑迹披求""遽扑之""掭以尖草""以筒水灌之""大喜,笼归"这一系列短语,蒲松龄像不像一个高明的摄像师,用文字记下了一个个特写镜头?这几个特写镜头连起来就是饱受杖责、走路尚不利索的读书人成名被迫去捕捉促织的整个过程。

多么逼真!逼真得让人心酸。

因为逼真来自娴熟,来自连贯。如果之前没有多次捕捉促织的经验,成名断不会这么做,说不定出门不是忘带竹筒就是忘带丝笼,或者即使带了也不知什么时候用,比如促织钻到洞里后他或许不知用竹筒装水把它灌出来,再比如促织出来后他一手扣下去手心未虚、用力过猛反使促织"股落腹裂"(后文写他9岁的儿子不就这样么?)。

一个迂讷的"操童子业"的读书人竟被逼成了捕捉促织的能手,是社会之大幸还是不幸?蒲松龄写到这里也是心中含悲、眼中含泪的吧?

当然,这是与人物身份(读书人)不匹配的劳动,正因为不匹配,人物做这项劳动时,越娴熟,越让人心酸,越让人感到社会的荒诞,比如曾经的知识分子扫厕所!

同样是捕捉促织,成名9岁的孩子可远没有成名那么娴熟、老练、有经验,否则他就不是孩子而是老子了。

蒲松龄的描写完全符合一个9岁小男孩的特点,这一段写得精彩极了。先看原文:

> 成有子九岁,窥父不在,窃发盆。虫跃掷径出,迅不可捉。及扑入手,已股落腹裂,斯须就毙。儿惧,啼告母。母闻之,面色灰死,大惊曰:"业根,死期至矣!而翁归,自与汝复算耳!"儿涕而去。

蒲松龄的时代应该还没有说周岁的习惯,文中"九岁"当为虚岁,按周岁计,可能也就"七八岁",也就是今天一二年级小朋友的年龄。

一个七八岁的小男孩"窥父不在,窃发盆",说明什么?至少说明其父在家的时候,是不允许他去碰这只促织的。但是小孩的天性偏偏是"你越不让我碰,我越想碰",于是"窥父不在",就偷偷打开了养促织的盆。这一打开不要紧,这只"状极俊健"的促织"跃掷径出,迅不可捉",小男孩一定吓坏了,他一定不会忘记父亲饱受杖责后"两股间脓血流离"的惨状,他一定不会忘记捉到这只促织后父亲"大喜,笼归,举家庆贺"的场面,小小年龄的他一定懵懵懂懂地知道这只促织之于他们家的意义,于是他失急慌忙,赶紧去抓,可惜"及扑入手,已股落腹裂,斯须就毙",我不敢说小男孩的手是乒乓球拍似的拍下去的,但至少,他小小的手在扣那只"巨身修尾,青项金翅"的促织时,是有难度的,更重要的是作为孩子的他是掌握不好准头控制不好力度的,促织在他手下"股落腹裂"简直是一定的。你看,蒲松龄写得有多真切!

更真切的还有促织死后孩子的反应:"儿惧,啼告母。"孩子害怕了。不害怕才怪!害怕了会有什么表现?哭。哭着找谁?找母亲。显然,七八岁的孩子也知道自己闯了大祸,闯了大祸的孩子想从妈妈那儿得到点安慰,寻求点庇护。可惜"母闻之,面色灰死,大惊曰:'业根,死期至矣!而翁归,自与汝复算耳!'"

母亲的反应过激吗?一点也不。如果我们没有忘记"此物固非西产",没有忘记"不终岁,薄产累尽",没有忘记"靡计不施,迄无济",没有忘记"杖至百,两股间脓血流离",没有忘记"具资以问……大喜,笼归,举家庆贺,虽连城拱璧不啻也"的话,成妻的反应就完全在情理之中。年幼的孩子也不傻,他看得懂母亲的表情,"面色灰死",就是面如死灰呀。母亲也吓坏了,也感到大祸临头了;他听得懂母亲的话,"业根,死期至矣!而翁归,自与汝复算耳!"不用等父亲回来算账,孩子自己去还债了。那个哭着离开母亲离开家的七八岁的孩子投了井!

写到这里,我的心一阵又一阵抽紧、疼痛。母亲不爱孩子吗?成名不爱儿子吗?那为什么"得其尸于井"后"化怒为悲,抢呼欲绝"?为什么"夫妻向隅,茅舍无烟"?为什么"相对默然,不复聊赖"?为什么"目不交睫,僵卧长愁"?

在一个人比虫贱的社会里,父母之爱竟会被一只"促织"消解掉,蒲松龄就这样表达他对荒诞社会的控诉!

还说捕捉促织。在"僵卧长愁"中,成名"忽闻门外虫鸣,惊起觇视,虫宛然尚在"。什么叫"宛然尚在"?就是好像还活着。已经"股落腹裂,斯须就毙"的促织怎么可能死而复生?显然这是深陷绝望、一夜未曾合眼的成名的一种幻觉、一种希望。

于是"喜而捕之",这只促织"一鸣辄跃去,行且速"。大家不要忘了,这是在成名家屋外,院子里,而非"蹲石鳞鳞"的古陵间;成名也是僵卧一夜后"惊起觇视",而非"竹筒丝笼"提在手。

这一次怎么捉促织?"覆之以掌,虚若无物",也就是扣下去的手心里空荡荡的,好像没什么东西。于是"手裁举",也就是把扣下去的手再抬起来,没想到刚一抬起头"则又超忽而跃",原来扣下去的手心里不是没有促织,而是它太小了,小到成名根本感觉不到。既然又发现了,那就抓吧。

> 急趋之,折过墙隅,迷其所在。徘徊四顾,见虫伏壁上。审谛之,短

小,黑赤色,顿非前物。

这几句同样精彩,简直像捉迷藏,然而历经波折的成名并未体验到发现的喜悦,连读者也跟着他失望。这只"短小,黑赤色"的促织哪里是之前那只"巨身修尾,青项金翅""状极俊健"的促织啊!会不会又"劣弱不中于款"?我似乎听到成名失望的叹息,我似乎看到成名欲转身而去的举动。

然而,不可思议的事儿发生了。这只小促织竟然自投罗网、自寻死路地主动从墙上跳到了成名的衣袖上。这是多么不合逻辑的一件事,因为促织见人就躲是天性啊,就像之前那只"青项金翅"的促织躲到石洞里保命一样,这只小促织的"忽跃落襟袖间"简直就是主动送死!

这显然不合自然界中促织的逻辑,但它符合小说的逻辑。蒲松龄的这只促织是独一无二天下仅有的,它,是那个可怜的孩子变的。

成以其小,劣之。视之,形若土狗,梅花翅,方首,长胫,意似良。喜而收之。将献公堂,惴惴恐不当意,思试之斗以觇之。

这只独一无二天下仅有的小促织打败"蟹壳青"只是前奏,躲过鸡的"逐逼",爪下逃生,"力叮不释"乃是序曲。进于宰后,"试与他虫斗……又试之鸡"是复沓。既入宫中,打败天下无敌手是高潮,"每闻琴瑟之声,则应节而舞"是高潮后的又一高潮。天哪,这哪里是虫,分明是人嘛!

果然,"后岁余,成子精神复旧,自言身化促织,轻捷善斗……"此乃尾声。

成名两次捉促织,成子一次捉促织,写来各各不同。蒲松龄的艺术功力于此可见一斑。

2017 年 12 月 9 日

十、毕飞宇小说的个性与局限

关注毕飞宇,始于微信上读到他几篇分析小说的文章,如对《林教头风雪山神庙》《故乡》《促织》等传统篇目,他基于作家视角与修养的抽丝剥茧的分析都能给人以耳目一新之感。我曾把这些推荐给学生看,也专门买了他的《小说课》来读。

之后便读他的《推拿》(长篇小说),近期又读他的《玉米》(含《玉米》《玉秀》《玉秧》三个中篇)、《平原》(长篇小说)。

读完《玉米》,即有一个感受:毕飞宇小说有一种强烈的节奏感。但这种节奏感是什么,怎么来的,我一下子又说不清楚。读完《玉秀》《玉秧》和《平原》,我感觉自己明白了,能说清楚了。

我认为,毕飞宇小说的节奏感来自他的分析。没错,毕飞宇喜欢分析,也擅长分析。他不仅喜欢分析(此处用"解剖"更好)别人的小说,而且喜欢在自己的小说中进行分析;他在小说中,不仅描述人物,而且分析人物:正是这种时不时的分析形成了毕飞宇小说奇特而强烈的节奏,这一点,对比一下他的《玉米》与鲁迅的《故乡》即可明了。

正如喜用排比造成气势是莫言小说的个性之一,这种奇特而强烈的节奏感也是毕飞宇小说的个性之一,毕飞宇小说的个性之二是"色",起码以上几本无一例外。

不过,个性这东西也真怪:没有它,不成风格,难成大家;有了它,却囿于此、跳不出,也难成大师。

窃以为,毕飞宇的小说,读多易厌,以我看,三姐妹中,《玉米》写得最好,《玉秀》次之,《玉秧》则得硬着头皮看完。之后再读《平原》,便觉拖沓,厌倦之心时有。而读鲁迅之《呐喊》,十四篇,篇篇不同,各具面目,便常读常新。

当然,这样比,对毕飞宇或许不够公平,但这确实是我作为一个普通读者的真实感受。

2018年5月2日

十一、感恩命运让我们遇见

——读冬颖《何处觅得桃花源》有感

我时常庆幸并感恩命运,它让我遇见那么多善良而睿智的人,丰盈而有趣的人,进取而超拔的人。

张冬颖,就是其中的一位。

上午收到她的散文集《何处觅得桃花源》,一口气读到现在。

这位东北美女兼才女再一次以她的文字吸引了我,打动了我。我跟着她跋山涉水走西藏,颠沛流离到沅湘;跟着她重读孔子、老子、柳宗元,跟着她从小镇到省城,一次次地试图逃离东北,又一次次地被这片土地、这片土地上的亲人、这片土地上的事业留下。我能读懂她文字背后的辛酸,当她在南国的土地上下定决心回去不再逃离的时候,我的心和她一样疼;当她在西藏318国道放逐自己给家人发出一条类似遗嘱的微信时,我的心和她一样疼;而当她站在窗前面对漫天飞雪整理思绪自我超拔的时候,我的心和她一样升腾……

我庆幸,茫茫人海,能偶遇这样的灵魂:丰盈,有趣,进取,超拔,善良,睿智……努力挣脱向下的牵坠而向上、向上、再向上。这是不甘平庸的灵魂,也是不甘平凡的灵魂,更是不甘百年之后什么也留不下的灵魂。

我为这样的灵魂高歌!

其实,在被冬颖的文字吸引之前,我早已被她的课堂、书法及摄影吸引。

与冬颖结识于2013年的华师大"国培班",那一次,冬颖在市北中学上了一节《陈情表》,巧妙的设计、灵活机智的课堂调控、激情幽默的教学语言无不给人留下深刻的印象。

后来在微信中看到她的瘦金体书法作品,更是赞叹不已,歆羡不已。

再后来,看到她的摄影作品,看到她一个暑假二三十天跋山涉水奔波在外,除了钦佩,还是钦佩。

再后来,看到冬颖的散文集出版了。

再后来,看到冬颖到长春十一高中当校长了,她微信中的内容也随之而有不同。

语文教师,作协会员,书法协会会员,摄影协会会员,旅行爱好者,校长;女儿,妻子,母亲,朋友,公民……

这是一个多么丰富的灵魂!还有,看得到的美丽,看不到的坚韧。

致敬,冬颖。

2018 年 5 月 12 日

十二、致敬茨威格(二则)

1. 回望昨日的世界

两天前,当我深夜读完茨威格《昨日的世界》,关上床头灯,睁眼瞧向漆黑的四周时,恍然刚从遥远的时空穿越回来。

我不得不定定神,告诉自己:这是 2017 年的中国上海,我正躺在自家床上,全球几十亿人都和我一样正生活在一个和平安宁的时代。

可是,可是我的思绪还是萦绕在茨威格描述的"昨日的世界"里,闭上眼睛,似乎又随他回到上个世纪的欧洲、美洲:

回到奥地利维也纳、法国巴黎、俄罗斯莫斯科、英国伦敦,还有他最后的流亡地巴西;

回到上个世纪初奥地利沉闷的中学校园,热闹的皇家剧院,充满艺术气息的维也纳街头;

回到第一次世界大战以及战后 10 年的快速发展,然后人类的恶魔逃脱上帝的控制,第二次世界大战的阴霾迅速笼罩欧洲并且极速蔓延;

回到罗丹的雕塑室,看罗丹如何忘我地工作;回到新生的苏维埃社会主义共和国,看一片喧嚣中的宁静;

回到巴西,看那个失去了欧洲失去了家园的世界主义者和平主义者茨威格如何一字一字写下"一个欧洲人的回忆"……

突然,一声枪响,茨威格倒在深深的绝望里。

那是 1942 年 2 月 22 日,在巴西。

1945 年,二战结束。

不知茨威格是否魂归故里。

只是觉得,他已获永生,在他的作品里。

2017 年 7 月 21 日

2. 良知对抗暴力

去年 8 月,当我在暑期的酷热中读完茨威格 1942 年流亡巴西期间完成的自传体巨著《昨日的世界》时,我深深地庆幸自己生活在 21 世纪的中国,这里没有战争,没有种族迫害、物质匮乏。一切风平浪静。岁月静好,只要你内心平和、与世无争。

今年 3 月,在料峭的春寒中,当我见缝插针,用不到一周的时间,读完茨威格 1936 年流亡伦敦时完成的巨著《良知对抗暴力》时,我还是深深地庆幸,庆幸自己没有生活在中世纪的欧洲,庆幸自己不必忍受来自宗教斗争的极端迫害,庆幸自己生活在 21 世纪的中国,还有思考的自由,说话的自由,选择穿什么衣服的自由……周围没有密探,墙上没有电幕,高兴就笑,不高兴就哭。

我无比深刻地意识到:和平,自由,你以为如空气一样司空见惯生来就该享有的东西,其实都是无数人经历了艰苦卓绝的流血斗争才赢得的。

记得茨威格曾说:"'过自己的日子并且也让别人过自己的日子'曾是维也纳人的著名原则,在我看来,它至今仍然是一个比一切绝对的命令更富于人性的原则。"

我认为,这个原则即便到了今天也不过时,甚至对国与国、人与人,都有重提的必要。

致敬茨威格,强烈荐读《良知对抗暴力》。

2018 年 3 月 12 日

十三、读《茶花女》随感

近读《茶花女》,脑子里突然蹦出一个奇怪的问题:为什么古今中外那么多文人甚至学者都喜欢写妓女?

于外国而言,小仲马笔下有茶花女,大仲马笔下有费尔南特,雨果塑造了马里翁·德·洛尔姆,莫泊桑塑造了羊脂球,缪塞塑造了贝尔纳雷脱……

于中国而言,白居易笔下有琵琶女,韦庄诗里有满楼红袖招,冯梦龙笔下有怒沉百宝箱的杜十娘,孔尚任笔下有痛斥阮大铖的李香君,老舍笔下有先后沦为暗娼的韩月容母女,沈从文笔下有在吊脚楼里痴痴等着远方人归来的边城女子……就连大师陈寅恪,晚年费尽心力完成的一部著作《柳如是别传》,其传主柳如是也是一个妓女……

为什么古今中外那么多文人甚至学者都喜欢写妓女?是关注一个特殊的群体,反映她们的喜怒哀乐,还是要借妓女串联社会的各阶层,甚至在拿某些人与妓女的对比中,讴歌良善与正义,揭下伪善者的面皮,榨出他们皮袍下的"小"?不得而知,但这确实是一个有意思的课题。

附: 朋友圈的回复

东北师大附中王玉杰老师:曾经看到一个说法:男人的普遍心理,落魄时候需要狐狸精,成功之后想要救风尘。

大学同学李文霞女士:妓女能满足男人文艺和爱情……的需要啊。

高中同学蔡利锋:妓女在道德判断上社会地位低于所有底层谋生者,是一个社会批判的好素材;其经济地位和生活水平乃至精神世界方面又往往远高于多数底层谋生者,容易被文人感知。两方面结合变成优秀文学作品的理想素材,而伟大的作品就需要更真实的底层谋生者体验了。一点推论而已。

学生耿珺：代表了生活在某一个阶层的人，又见过下至社会底层上至上流顶层形形色色不同的人，从而揭露和表达所想要揭露的人性抑或是社会现象等。

2017 年 7 月 24 日

十四、读毛姆随感（三则）

1.《月亮和六便士》

尽管早就知道《月亮和六便士》，尽管第一次打开，前三节并没有吸引我，但这次，当我硬着头皮读到第四节，那个没有什么风趣的证券经纪人查理斯·思特里克兰德先生终于被提及的时候，我便知道好戏来了。医生出身的毛姆真是一位讲故事的高手，他拿着放大镜和手术刀观察人生、解剖人性，然后冷静地写下诊断报告：我们每个人生在世界上都是孤独的。每个人都被囚禁在一座铁塔里，只能靠一些符号同别人传达自己的思想；而这些符号并没有共同的价值，因此，它们的意义是模糊的、不确定的。我们非常可怜地想把自己心中的财富传送给别人，但是他们却没有接受这财富的能力。因此我们只能孤独地行走，尽管身体互相依傍却并不在一起，既不了解别人也不能为别人所了解……

2017 年 7 月 16 日

2.《人性的枷锁》

持续加班两个礼拜后，能静下心来读一本好书实在是再惬意不过的事情。十几天来，跟着毛姆《人性的枷锁》中的主人公菲利普，一起经历其成长历程中的险滩激流，看他落魄，看他阔绰；看他软弱，看他坚韧；看他善良，看他险恶；看他被人欺，看他欺自身；看他爱别人，看他被人爱；看他信上帝，看他信自己；看他看穿生活，看他洞悉人性；看他与自我对立，看他与世界和解；看他最终意识到世界就是一个医院，每个人都是病人；看他最终告诫自己：原谅他们吧，因为他们也不知道自己的所作所为。

我的心也随之释然，之前一知半解的地方突然间都有了答案。

这部60多万字的小说,值得一读再读。

2017 年 11 月 14 日

3.《面纱》

读完毛姆《面纱》,震惊于夫妻、父女、母女、姐妹、情人之间内心深处深深的隔阂。这种隔阂日常被责任、义务等稀释,被当事人一举手一投足刻意地掩盖。但是这种隔阂存在,只有极敏感、洞察力极强的人才能捕捉到它,就如文中的凯蒂,就如冷冷的一直拿显微镜透视、拿手术刀解剖人性的作者毛姆。

带给我类似阅读体验的还有作家刘震云。他的《一句顶一万句》也让我看到即便是父子、母女、兄弟、师徒等看似亲密的人之间,也存在难以言说的灵魂深处的孤独。

只是,这种孤独往往淹没于日常的喧嚣之中。

这个世界,挤撞着的是人的躯壳,漂泊着的是人的灵魂。

2017 年 12 月 14 日

十五、读黑塞随感

看完黑塞的《在轮下》，再看《荒原狼》，感觉两者风格不同，前者更易进入而后者略显吃力。要是我，会推荐学生先读《在轮下》，再读《荒原狼》。前者对我们重新认识学校、认识教育、认识青春期学生的内心世界都有帮助，窃以为也适合教师与家长读。

读黑塞《荒原狼》，深切地意识到：经典之所以不朽，原因之一便是对人性的深刻洞察。文学是一面镜子，让自省的人看到那个最本真的自己。

你的心中是住着狼、狐狸、老虎、豹子、蛇、鹰、猴子、狗、兔子、鹦鹉、猫……还是老鼠？只有你自己知道。而当它们与作为"人"的你争斗时，胜利的是"人"还是那个潜藏的"狐狸"抑或"老鼠"，也只有你知道。

掩卷沉思，致敬黑塞，致敬一切伟大的作家！

2017 年 6 月 29 日

十六、读史札记（二则）

1.

何以消暑？闭门读书。初"识"翦伯赞先生，是在高中课本中读他的《内蒙访古》，胡服骑射，赵武灵王给人留下深刻印象。没想到先生写于解放前的《秦汉史十五讲》更好看，语言通俗简练，脉络清晰，引述恰切，每有识见。一经打开，便欲毕览。如此好书，读之可消暑，可忘食，沉潜其中，不亦乐乎？

2017 年 7 月 15 日

2.

今读邓广铭先生《宋史十讲》，亦颇入定，入静，入神，入味。尤其第三讲《宋朝的家法和北宋的政治改革运动》又把人带到那个遥远的时代：帝王集权、制衡，国家积贫积弱，有识立志改革，多方联手阻挠：范仲淹、韩琦、富弼、欧阳修之庆历新政固遭群犬乱吠，不及一年宣告废罢；王安石之变法虽有神宗支持，也难免群起而攻，终至虎头蛇尾，惨淡收场。新与旧，臣与君，信与疑，友与敌，进与退，己与公，一与众……历史的喧嚣已去，而"天变不足畏""祖宗不足法""人言不足恤"却如空谷足音，在历史的群山回荡！

2017 年 7 月 16 日

十七、《一九八四》与《乌合之众》

闲来重温《一九八四》，新读《乌合之众》，发现人在两种情况下容易变得愚蠢：一为拥有权力，二为置身群体。

拥有权力者尤其是极权主义者很少不膨胀，有的甚至膨胀到自以为可以稳坐权位千秋万代，可以顺我者昌逆我者亡，可以四处安插思想密探与便衣打手，可以随心所欲钳民之口束民之手，可以像阎王一样定人寿限决人生死……殊不知但凡是人都难脱凡身肉胎之限制，铁打的营盘流水的兵，这世上，谁不是匆匆过客?!

历史已无数次证明：权力使痴迷者沉醉者滥用者膨胀且愚蠢。

而置身群体者往往压抑理性泯灭个性以获得群体的认同，为了获得这种认同，有的人甚至不惜出卖人格背叛朋友。党同伐异是群氓惯用的伎俩，他们依仗法不责众而为所欲为。卑微的个体苟活于这样的群体犹如打了鸡血凭空增添了勇气，似乎一瞬间拥有了强大的力量，可以置人死地犹如踩死一只蚂蚁。

一个人置身群体时，他的智商通常不是更高而是变得愈来愈蠢，因为他不得不迁就甚至谄媚他人以获得藏身群体的安全感。这就是乌合之众。

突然想到叔本华的一句名言：伟大的人物往往都是孤独的，只有庸俗的人才需要社交。

2018年1月26日

十八、《西游记》杂感

少时读《西游记》,只知看热闹。及年岁渐长,阅历渐丰,方悟什么妖魔鬼怪、菩萨如来,都是现实生活中某类人的投影。

西天取经不容易,风刀霜剑严相逼。所谓九九八十一难,不过是唐僧师徒修行路上的阶梯。

大凡有非凡成就者,往往能忍常人所不能忍,为常人所不敢为或不屑为、不愿为。他们认准目标,执着前行,百折不挠,愈挫愈勇,就如唐玄奘。

其实少时看《西游记》,并不喜唐玄奘,总觉得他没啥本领,只会念紧箍咒。如今再看《西游记》,方觉玄奘才是西游队伍的主心骨,精神领袖。

悟空本领固然高强,但猴心猴性不持久,一不如意就惦记着回花果山,当那个山中猴王。悟空所求者,不过是一山之中齐天大圣。

八戒原为天蓬元帅,掌管八万天兵,本领自然了得!奈何被贬凡间后依然色心不改,取经路上动辄就喊着回高老庄。八戒想要的只不过是和和美美世俗小日子……

只有唐僧唐玄奘,无论经历多少危险,遭遇多少磨难,始终目标专一,矢志不渝。没有他,这个团队到不了西天,取不了真经!

故曰:持之以恒的目标,坚忍不拔的意志,是成就非凡之业者的重要特质。

回头再想那些妖魔鬼怪,似乎都是命中注定来磨砺他们心性的。西天取经的成功,很难说没有妖魔鬼怪一份功劳。

正如唐僧师徒,我们每个人的生命中注定也会遇到这样那样的人。有的注定是来帮你的,如菩萨、如来,而有的注定是来磨砺你的,如白骨精、牛魔王。我想每个人来到世上与你相遇,都承担着上天赋予他的使命,他们自己也难以抗拒命运分派给他们的角色,哪怕这个角色是个反派。

读书静思

悲悯众生吧，众生皆苦！
效法玄奘吧，一心向佛！

2019年2月27日

十九、反叛与成长

——重读《鲁滨孙历险记》有感

暑假撰写有关整本书阅读教学的论文，琢磨"读什么"的时候，文学经典、史学经典、哲学经典、美学经典、文化经典与学术经典等相继进入我的视野。没错，是经典。

然而，即便是聚焦于文学经典，"读什么"依然是摆在我们面前的一道难题。文学经典浩如烟海，我们在要求学生读某一本书的时候，总不能仅仅因为它是经典，就让学生读吧。也就是说，经典性并不能成为我们要求学生读某一本书的充分理由。那么，除了经典性，还必须考虑什么？我认为就是适切性，即适合学生的年龄、兴趣、理解水平、发展需求，切合特定阶段我们对学生的价值导向与能力培养。

基于这种考虑，《鲁滨孙历险记》再次引起我的关注。重读之，欣喜异常，兴奋异常，时有发现的惊喜、顿悟的快乐。

我发现《鲁滨孙历险记》不是一个简单的冒险故事，而是一个关于反叛与成长的故事，一个人的自我成长的故事。这个故事充满冒险性、趣味性，不仅适合成长中的青年学生的发展需求，也切合中学阶段我们对青年学生的价值导向与能力培养。

其实每个人心中都有一个"鲁滨孙"，只不过，有的只是想想而已，有的则将想法变成了现实。如果要我推荐几本文学经典给中学生的话，《鲁滨孙历险记》毫无疑问将名列其中。

小说总共写到了鲁滨孙的八次出海。鲁滨孙的反叛与成长就体现在这八次出海中。其中，最能体现他的反叛精神的是第一次出海。

出身于中产家庭的鲁滨孙本可以按照父亲的希望学习法律，并在父母打造的富足安宁中平静安顺地度过一生，但他一心只想出海，对出海之外的其他事情毫无兴趣。母亲的苦苦哀求，亲友的好心规劝，父亲郑重其事的忠告，都不能浇灭他心头的火焰。虽然,偶尔,他也会感动于父母的好心,逼迫自己遵从父母心愿,但没几天,这种决心就被忘得一干二净。出海,去海外闯荡,哪怕只一次,这种愿望像巨蛇一样日夜啃噬着他的内心。终于,在19岁那年,鲁滨孙听从内心的召唤,违抗父命,不辞而别,踏上了出海的第一次航程。

那是1651年9月1日,鲁滨孙搭乘一个小伙伴父亲的船,前往伦敦。结果,遭遇风暴,船只沉没,鲁滨孙不顾小伙伴父亲"赶紧回家,别惹恼上帝而自取灭亡"的劝告,改由陆路前往伦敦。这,是他的第一次出海。

不难看出,年轻气盛、血气方刚的鲁滨孙身上有着明显而强烈的反叛意识,他不愿也不甘接受父母为其安排的人生道路甚至安逸生活,他要挣脱父母的束缚,听从内心的召唤,坚定不移地走自己的路。"出海"像一团火,烧灼着他的内心,他必须走。

鲁滨孙的身上是不是有你的影子,我的影子,我们大家的影子?虽然,召唤我们的可能不是出海而是到另一个城市或学自己热爱的专业、牵手自己真爱的人等。但受内心愿望的驱遣,对父母强制安排我们生活的反叛,谁不曾遇到过?只不过,程度有强有弱,结果有成有败罢了。鲁滨孙的大哥不也罔顾父亲规劝,执意投身军旅,结果在与西班牙的作战中阵亡?他的二哥不也执意外出闯荡,至今下落不明?但两个哥哥的教训不足以成为说服鲁滨孙待在父母身边的充分理由,他就是想出海,想按自己的意愿活一回。反叛,构成了青年鲁滨孙的鲜明的成长底色。谁的青春不叛逆?谁的成长不伴随着对父母的反叛与逃离?

没有反叛,就没有成长!或者说,反叛,有时恰恰是成长的催化剂。成长,是我想强调的第二个关键词。

鲁滨孙的成长可谓既惊心动魄又不知不觉。惊心动魄,是因为一直伴随着冒险与闯荡;不知不觉,是因为情势所迫,自发学习,自我成长。其中最能体现他自我成长的是第五次出海。即1659年9月1日,由巴西前往几内亚购买黑奴的出海。这一次,特大风暴使他们偏离了航线,18人弃船逃生,17人遇难,唯一幸存的鲁滨孙被风浪推到一个荒无人烟的孤岛上,一个人在那里生活了28年(最后三年,有礼拜五的陪伴),才回归文明社会。

一个人,一座孤岛,28年,怎么活下来?怎么能在时隔28年后回归文明社会居然毫无违和感?这些问题像磁石一样吸引着我一遍又一遍地阅读他的荒岛求生,我渐渐发现鲁滨孙其实不是一个人在战斗,他的背后是整个文明社会，鲁滨孙其实还是文明社会的宠儿。

当然，我们不能否认，鲁滨孙的 28 年坚守首先离不开他强烈的求生意志以及回归文明社会的强烈愿望，没有这一点，他早就死了；其次，离不开他强健的体魄、聪慧的大脑、极强的动手能力以及在前几次出海中习得的航海技能、生存技能及生活技能；尤其不可忽视的是，他的 28 年荒岛求生，离不开文明社会强有力的支撑——包括物质支撑与精神支撑。不妨来看一下鲁滨孙历时 12 天从那条大船上背回的东西：

第一类：生活用品。包括食物如饼干、面包、荷兰干酪、腌羊肉等；也包括一箱食糖、一桶精白面粉、大米、喂养家禽的欧洲谷物，三大桶朗姆酒、几箱烈酒等；还包括一个吊床以及床上用品，还有几件衬衣，几双鞋子、两三把剃刀、一把大剪子、十来把上好的刀叉等。

第二类：武器弹药。包括三支鸟枪、两支手枪、七支火枪、几桶火药、一大口袋小子弹、一大卷铅版等。

第三类：工具。包括两把锯子、一把大铁锤、一把大斧头、一二十把小斧子，两三袋大小铁钉、一只很大的螺旋千斤顶、一块磨刀石、两三根撬棍、滑车、绳索、船帆、索具、锚链等。

第四类：家畜。一条狗，两只猫。

第五类：文化用品及书籍。包括纸笔墨水、三四个罗盘、几件计算用的仪器、日晷、望远镜、海图，有关航海的一些书籍，三本非常考究的《圣经》。

第六类：钱币。有欧洲的，巴西的，有金币，有银币，有一比索的，总价值 36 英镑。

鲁滨孙借助以上物品开始了孤身一人、28 年的荒岛求生，踏上了他艰苦卓绝而又卓有成效的自我教育与自我成长之路。

他搭帐篷，修梯子，搭掩护墙；他猎杀野羊，捉鱼，捡海龟蛋；他采摘葡萄，晒葡萄干储存备用；他种植谷物，驯养家畜；他烧制陶器甚至瓷器；他砍伐大树，削木板，做独木舟；他观测洋流，巡视孤岛；他做个大十字架竖在最初登岸的地方，刻下"我 1659 年 9 月 30 日在此上岸"；他在方柱两侧用刀刻凹痕，建造自己的日历；他每天记日记，经常反省自我，与自己对话，想不通时就读《圣经》……

可以看出，鲁滨孙已经被严酷的生存处境逼成了一个多面手。鲁滨孙的学习，是与能否生存息息相关的学习；鲁滨孙的成长，是一个人自觉自发的自我成长。

必须认识到,在长达28年的与世隔绝中,鲁滨孙之所以没有沦落为一个茹毛饮血的野人,之所以还保持着良好的语言技能、清晰敏捷的思维,除了之前提到的那一大船物质支撑外,更重要的还有他回归文明社会的强烈信念(这从他从船上带回那在荒岛上毫无用处的36英镑就可以看出)以及从文明社会习得的一些观念、技能,比如制作日历,坚持写日记,每天反省自己,不断与自己对话,特别是《圣经》成了他漫长28年的精神支撑,鲁滨孙由不信上帝、埋怨上帝,到最后相信上帝、感恩上帝,何尝不是历经命运捉弄后的握手言和?而与命运和解,何尝不是一种脱胎换骨的成长?

再说鲁滨孙何以做到时隔28年后重返文明社会居然没有丝毫违和感。我认为,除了他自造日历,坚持写日记,经常读《圣经》,不断地自我反省,与上帝对话、与自己对话外,还有一个很重要的原因就是鲁滨孙生活在17世纪,社会的发展远不像现在这样一日千里,所以,时隔28年,回归文明社会的鲁滨孙没有遇到任何适应上的问题。这是鲁滨孙的胜利,也是一个时代给予他这个自我成长者的机遇!

最后,说回教育。我很认同英国著名教育家怀特海的一句话:"学生是有血有肉的人,教育的目的就是激发和引导他们的自我发展之路。"我还认同这样一种观念:最好的教育就是与生活密切结合的教育,让学生在做中学、在学中做,比空洞的说教要好上很多倍。鲁滨孙的成长恰恰印证了以上两点。虽然他的28年荒岛求生是外在环境的激发、生存需求的激发,我们今天的学生不可能、我们也不希望他们面对这样严酷的生存处境,但是,想法设法激发并引导他们的自我发展、自我成长,把学习和生活结合起来,让学生在经历和体验中成长,难道不是我们教育工作者的追求?我这样说,并不是鼓动学生都去做鲁滨孙,事实上,今天的我们谁都做不了鲁滨孙。起码,在有无烧灼自己内心的强烈愿望这一点上,我们很多人都得惭愧地低下头。正是从这个现实出发,"想方设法激发并引导学生的自我发展、自我成长"才成为教育工作者不得不面对的难题。也是从这个意义上,我认为《鲁滨孙历险记》适合青年学生阅读,无论从他们的年龄、兴趣、发展需求考虑,还是从教育对他们的价值引导和能力培养考虑,都适合。

顺便再说一点:父母总认为自己吃的苦头、走的弯路应该在子女身上得以避免,殊不知,你吃的苦头、走的弯路只是历练了你的能力,对子女而言,他们的人生自有必须要吃的苦头,不得不走的弯路。他们也将如当初的我们那样,在吃苦头和走弯路中历练和成长。看看鲁滨孙的成长经历,虽然在遭遇险境时他也无数次地后悔过对父母的反叛,但是,谁又能说,留在父母身边的鲁滨孙一定能比出海闯荡的鲁滨孙成长得更好?!

这样说,并不意味着我鼓动并赞赏所有孩子对父母的所有反叛,只是认识到这样一个规律:孩子的成长总是伴随着对父母的反叛,特别是青春期的孩子,反叛并逃离父母的束缚,到更广阔的蓝天去练就对抗风雨的翅膀,几乎是每一代每一个孩子的愿望。吃尽苦头,已经为人父母的我们当初不也这样?

所以,对成年人而言,读读《鲁滨孙历险记》,看到的或许是自己,释怀的或许就是孩子的反叛与倔强。

2018 年 8 月

二十、《白鹿原》中的女性意识[①]

——再读《白鹿原》有感

时隔二十余年,当我再次读完《白鹿原》时,心情依然久久不能平静。

这部史诗性的作品,值得述说之处当然很多,但令我感触尤深的还是《白鹿原》中的女性意识。

"白嘉轩后来引以为豪壮的是一生里娶过七房女人。"我想,没有人会忽略这样一个平地惊雷般的开头,这个开头一下子就抓住了读者、镇住了读者,这个开头丝毫不逊色于世界上任何一部经典名著的开头。

然后,陈忠实就顺理成章地沿着读者的阅读期待娓娓述说起白嘉轩与七房女人的故事;然后,你会发现,自然而然地,张弛有序地,陈忠实在读者面前打开了一部波澜壮阔的史诗——一部以白鹿原为核心而上演的上自清末下至新中国成立前的宏阔史诗。

"小说被认为是一个民族的秘史。"这是巴尔扎克的一句名言。陈忠实先生特意将其引述在整部小说的前面:一个句子加上破折号及巴尔扎克的名字,独占一页。作者的用意可想而知。而我,在一而再、再而三的阅读中,的确一次比一次更深切地感受到这部小说的史诗性特点,尤其是《白鹿原》中的女性意识,随着白嘉轩六房女人的抬进抬出(当然还有第七房女人的抬进),随着反叛人物田小娥的登场、抗争与死亡,随着白嘉轩、鹿子霖两家儿女的定亲、娶亲到婚变,随着白灵与鹿兆海的恋爱、分手再到与鹿兆鹏的相知相爱弄假成真结为夫妻……一点点地连缀起来,最终组成一部波澜壮阔的让人既想为之哭也想为之歌的女性意识逐渐觉醒、女人地位逐渐独立的史诗。

不妨先来看看白嘉轩父辈的女性意识。

[①] 所读《白鹿原》乃人民文学出版社2015年4月第8次印刷版本,该版本第681—697页附有陈忠实先生《〈白鹿原〉创作手记(摘录)》,除非特殊说明,本文所有引文均出自该版本。

在白嘉轩的父亲秉德老汉和母亲白赵氏心中，女人是什么？

女人就是那给人传宗接代的工具。父母之命，媒妁之言，不孝有三，无后为大。花钱娶媳妇，最最重要的就是为家族续香火。

为此，秉德老汉和白赵氏不惜卖牛卖马卖粮食，一次又一次地为独子白嘉轩娶媳妇。而当第四个儿媳也未给白家留下任何血脉就撒手人寰后，秉德老汉不顾儿子忧惧、村里传闻，以不容置疑的态度和雷厉风行的作风第二天就卖了骡驹，为儿子订好了第五房媳妇——木匠卫家的三姑娘。可惜未及娶进门，秉德老汉暴病，临死前沉静交代"我死了，你把木匠卫家的人赶紧娶回来"。当嘉轩强调"得三年孝满"的礼仪时，秉德老汉气得破口大骂："不孝有三，无后为大。你把书念到狗肚里去了？咱们白家几辈财旺人不旺。你爷是个单蹦儿守我一个单蹦儿，到你还是个单蹦儿……你守三年孝就是个孝子了？你绝了后才是大逆不孝！"直骂得儿子头上冒虚汗，秉德老汉继续强调："我只说一句，哪怕卖牛卖马卖地卖房卖光卖净……"话未说完，"又扭动起来，眼里的活光倏忽隐退，嘴里又发出嗷嗷呜呜的狗一样的叫声"，而他的手却突然捉住儿子嘉轩的一只手，"那指甲一阵紧似一阵直往肉里抠，垂死的眼睛放出一阵凶光，嘴里的白沫不断涌出，在炕上翻滚扭动，那只手却不放松。"直到儿子嘉轩在母亲白赵氏和长工鹿三的提醒、催促下哭着答应他，他才松手断气。这就是秉德老汉的女性意识：女人就是给人家生孩子续香火的。不孝有三，无后为大。为了续后，哪管它什么"守丧三年"的礼仪？！

秉德老汉如此，白赵氏又如何呢？

可以说，比秉德老汉有过之而无不及。

就在老伴去世以后不到一年，白赵氏张罗着为儿子娶回了第五房、第六房媳妇。第五房媳妇是在秉德老汉去世才两个月时娶回的，可惜半年未过竟连惊带怕、神情恍惚、半疯半癫、洗衣服时栽进涝池溺死了；第六房媳妇是在秉德老汉头周年祭祀到来之前一个月娶进门的，可惜三四个月后也日见沉郁、日见寡欢、日见黑瘦，直至流产下来一堆血肉，卧炕不起，气绝身亡。

白嘉轩完全颓丧乃至绝望了。面对儿子的萎靡不振，白赵氏顽强地不止一次地宣扬她的观点："女人不过是糊窗子的纸，破了烂了揭掉了再糊一层新的……家产花光了值得，比没儿没女断了香火给旁人占去心甘。"

这样的语句由同是女人的白赵氏说出，在今天的读者看来真的是触目惊心：女人不过是糊窗户的纸，女人的命不值钱，一个女人终其一生的价值就是为夫家续香火。

秉德老汉、白赵氏如此,与他们同辈的其他人怎么样呢?

且不说其他人,就看那先后与他们结为亲家的七户人家,哪一家嫁闺女征求过闺女的意见?前四家不提,就说第五家——那个木匠卫家,不顾外界关于白嘉轩体液有毒一连害死四个老婆的传闻,更不顾三女儿的苦乐与死活,就为了高金聘礼,硬是把女儿嫁到了白家。卫家三女儿新婚之夜瑟瑟发抖苦苦哀求:"俺爸图了你家的财礼不顾我的死活,逢崖遇井我都得往下跳。我不想死不想早死想多多伺候你几年,我给你端水递茶洗脚做饭缝连补缀做牛做马都不说个怨字,只是黑间你甭拿那个东西吓我就行了,好官人好大哥好大大你就容让我了吧……"这令人心酸的哀告让人看到不仅是贪财的卫木匠压根没把女儿看成个独立的人,就是那可怜的卫家三女儿也尚未具备女性的独立意识。"在家从父,出嫁从夫,夫死从子",钳制的不仅仅是白赵氏一代,还有卫家三女儿这一代的绝大多数女性,就如嘉轩的第七房媳妇仙草,不也是听命父亲吴长贵的安排而嫁给嘉轩的吗?而吴长贵,在将自己的五女儿仙草许配给本是自己同辈且与自己兄弟相称多年而今已死了六房老婆的白嘉轩做续弦时,又何曾征求过女儿仙草的意见?!

所以,在白嘉轩的父辈眼中,女人是没有独立意识的,她们的命运完全掌握在男人手中,在家从父,出门从夫,夫死从子。一个女人终其一生的价值就是为夫家生儿子、续香火。女人的命不值钱,女人的命由不得她自己!

父辈如此,白嘉轩这一辈又如何呢?

我们来看三个关键人物:白嘉轩、鹿子霖、冷先生。

毋庸讳言,《白鹿原》中有着大段大段的床笫之事的描写,对白嘉轩、鹿子霖这一辈如此,虽然他俩一个是对明媒正娶的媳妇,一个是对在外偷食的相好甚而至于乘人之危、乱伦到本家侄媳妇田小娥身上;对他们的子侄辈,如白孝文与媳妇、黑娃(鹿兆谦)与田小娥,也同样如此。

一开始,我不明白为什么,后来我明白了,陈忠实先生之所以这样处理,绝不仅是为了吸引读者,我想他更重要的一点恐怕还是借此传达那个时代这一辈人甚至几辈人心中的女性意识:女人是什么?女人是男人泄欲以达到个人快感与性福的工具。否则,白嘉轩怎么会在新婚之夜不顾卫家三姑娘的磕头哀告依然扒下她的衣裤满足了自己的私欲,而直到卫家三姑娘去世后才想到"她肯定从未得到做爱的欢愉而只领受过恐惧";否则,鹿子霖怎么会四处找相好、频频偷野食,并借着酒劲、乘人之危,上了本家侄媳妇田小娥的床,而当小娥看清他借刀杀人的阴毒用心,报复性地尿了他一脸时,他一反之前的"亲蛋蛋啊亲蛋蛋,你真是大的亲蛋蛋",而是一巴掌搧到小娥脸上,大骂:"婊子!给你个笑脸你就忘了自个姓啥为老几了?给你根麦草你就当拐棍拄哩!""婊子!你疯了你疯咧!你再喊我杀了你!"各位看看,在鹿子霖眼中,他的其他相好也罢,高兴时视若"心肝肝亲蛋蛋"的侄媳妇田小娥也好,哪个是他心爱的女人,分明都是他泄欲的工具,是他获取个人快感达到个人性福的工具!

当然,耳濡目染,因袭传承,在白嘉轩、鹿子霖、冷先生这一辈人眼中,女人依然没有独立的地位可言:在家从父,出嫁从夫,夫死从子,依然是他们根深蒂固的观念。父母之命,媒妁之言,依然决定着子女的命运。女人的最大价值依然是生儿育女、传宗接代,一个女子若不能生育,被婆家一纸休书赶回娘家是顺理成章的事情。而若男子不会生育,则要想方设法瞒天过海委屈了媳妇借种生育,还要护住那不能生育的男人的脸面!

先说白嘉轩。当他埋葬了第六房媳妇,又巧设诡计换了鹿子霖家的风水宝地并将父亲的骨殖迁安过去以后,就背着褡裢进山找吴长贵去了:"你给我在山里随便买一个,只要能给我白家传宗接代就行了……"听听,随便买一个,只要能传宗接代。在白嘉轩眼中,女人,最重要的价值,当然是传宗接代。不能生养的女人怎么办呢?当然是休回娘家。这一点在其对待三儿媳的态度上,表现得相当分明。

白嘉轩的三儿子孝义婚后多年仍未生育。他的母亲白赵氏领着孙媳妇求遍了原上各个寺庙的神灵,无果;又带着孙媳妇求助于冷先生,费尽周折按方配药连服多剂后,依然无果。白嘉轩绝望了:"看去不休她不行了。"他绝对不能容忍三儿子孝义这一股儿到此为止而绝门。而在冷先生提示毛病可能出在孝义身上并可通过让孝义媳妇上一回棒槌会(当地风俗,明为拜神求子,实为向异地陌生男子借种)来检验后,白嘉轩一面恳求冷先生"先给三娃子治病,全当毛病就在三娃子身上",一面不动声色地构想了一个周密的方案并很快实施:他先委托母亲白赵氏说服孙媳妇向兔娃借种;然后瞅准时机,等二媳妇(冷先生二女儿,孝武媳妇)回娘家参加小弟弟婚礼,就打发孝义带上冷先生为其焙制的药丸药面进山找哥哥孝武;而他自己,则跑到冷先生的中医堂去下棋;于是,白赵氏哄骗兔娃进了孙媳妇屋上了孙媳妇床。

三个月后,三媳妇出现呕吐现象,而棒槌会的日期还遥遥未到。白嘉轩喜气洋洋地送给冷先生一件上好的皮袄,夸他医术实在是好,医好了孝义的病。冷先生在接受奉承和谢酬的同时,也接受一个弄虚当真的事实,这口也就巧妙地封住了。

冷先生的口好封,兔娃的口也好封(白嘉轩为其拾掇房子娶了媳妇,还拨给他两亩"利"字号坡地让他去过自家日月),而白赵氏的心难封:这位亲自导演了为孙媳妇借种的白赵氏看着孙媳妇一天天隆起的肚子,恶心厌恶却又说不出口骂不出声,竟日渐消瘦乃至气绝身亡。

悲夫!女人何苦为难女人?当人家的女儿不能生育时,第一想到的竟是"休去"!而得知原因在自家孩子时,便瞒天过海、借种掩盖。岂不知,孙媳妇才是最大受害者。从白赵氏到白嘉轩,女人之最大价值,就在于生儿育女传宗接代。

再说冷先生,在将两个女儿分别许给鹿兆鹏、白孝武为妻时,可曾征求过女儿的意见?还不是两家大人相互悦意又拉了个媒人说和的?可怜他的两个女儿,在婚姻问题上,完全没有独立意识,自主意识,而只能凭借"父母之命,媒妁之言",走完自己或平顺或凄惨的一生。

冷先生的二女儿嫁给白孝武平稳度日,暂且不说。单说那被鹿子霖相中、白嘉轩做媒、冷先生做主、许配并嫁给鹿兆鹏的冷先生的大女儿,她那短暂而凄凉的一生处处少不了其父冷先生的影子,虽然,我们得说,冷先生也希望大女儿幸福。

是的,冷先生希望自己大女儿幸福,所以当鹿子霖提出想求他把大女儿许给自家兆鹏为妻时,他是高兴的;当他终于得知被逼成婚的鹿兆鹏并不喜欢自己的女儿乃至不愿与女儿同房时,他不止一次地向鹿子霖提出"让兆鹏写纸休书,我把女儿接回来";而当鹿子霖一次次拒绝又一次次保证后,他似乎也燃起了希望。他训诫偶尔来到中医堂的一脸忧郁的女儿:"男儿志在四方。你在屋好好侍奉公婆,早起早眠。"他不惜倾家荡产送出十麻包银元,只为救回自己的女婿(可惜救回了鹿兆鹏,救不回女婿)。他不惜拉下脸面托朱先生带话给鹿兆鹏:"给女人个娃娃。"给个娃,女儿能活下去,自己也能在白鹿镇撑一张人脸。可怜,可叹。他的一掷千金没用,他的苦苦哀求也没用。他的大女儿,在鹿家,守活寡,在被那酒后失德的老公公鹿子霖非礼后,想入非非,反遭羞辱,闭口不语三个月后,竟疯了。为压制女儿犯病后胡言乱语,冷先生一次比一次下药重,最后一包药下去,女儿彻底哑巴了。"她不再喊叫,不再疯张,不再纺线织布,连扫院做饭也不干,三天两头不进一口饭食,只是爬到水缸前用瓢舀凉水喝,随后日见消瘦,形同一桩骷髅,冬至交九那天夜里死在炕上……"

冷先生鲜活的大女儿就这样凋零了、枯萎了,她终其一生也没有享受过被爱的欢愉。小说没有写其父冷先生此时的反应,我想,他一定在想"死生有命,富贵在天。嫁出去的闺女泼出去的水,生是鹿家人,死是鹿家鬼……"是的,在冷先生眼中,女儿哪能由她们自己说了算。在家从父,出门从夫,夫死从子。而自己这有夫无子的大女儿,最终由他推上了黄泉路!

女子命贱乎?贱!贱得不抵冷先生、鹿子霖等一张脸!

这就是冷先生的女人意识!也是白嘉轩们的女人意识!

历史的车轮缓缓向前,终于驶到了白嘉轩们的子女辈。

这是一个更加年轻的群体,也是一个新思想激荡、旧思想仍存的群体。这个群体中的年轻人,有的因袭传统,如白家三兄弟、冷家两姐妹、杂货铺王家又娶的新媳妇等;有的接受新学、参加革命、反叛传统,如鹿家两兄弟以及白灵;还有的只是凭借一种人性本能的冲动去反抗命运的枷锁为自己争自由争幸福争取做人的尊严,如田小娥、黑娃等。这个群体的女性意识也因他们的不同而呈现出明显的分化。

首先,白家三兄弟、冷家两姐妹、杂货铺王家又娶的新媳妇无疑是因袭了祖辈、父辈的传统观念的。

他们的婚姻都是奉"父母之命,媒妁之言"。

他们中男子以白孝文为代表,依然把女人视为满足个人欲求获取个人性福的工具,依然把女人视为传宗接代的工具。白孝文在回答媳妇"你娶我做啥呀"的问题时,直言不讳:"这你都不懂?纺线织布缝衣做饭要娃嘛。""要娃",就是传宗接代。

女子以冷家大女儿以及杂货铺王家又娶的新媳妇为代表,依然没有自己的独立意识,在家从父,出嫁从夫,夫死从子,无子守节。冷家大女儿的故事前已涉及,此不赘述,单说她在发疯后的几句血泪控诉:"我有男人跟没有男人一样守活寡。我没男人我守寡还能挣个贞节牌,我有男人守活寡倒图个啥?"真的是声声泪、字字血啊!可这毕竟是她发疯时的控诉,当她不疯的时候,她又乖乖地按照传统礼俗去做鹿家的媳妇了。

而那个可怜的杂货铺王家又娶的新媳妇,新婚之夜尚未交欢就死了丈夫,她竟一直住在王家为已死的丈夫守节,大有挣个贞节牌坊的念头,后被土匪郑芒儿房上了山。

陈忠实在《〈白鹿原〉创作手记》中说:"一部二十多卷的县志(《蓝田县志》),竟然有四五个卷本用来记录本县有文字记录以来的贞妇烈女的事迹或者名字,不仅令我惊讶,更意识到贞节的崇高和沉重。这些女人用她们活泼的生命,坚守着道德规章里专门给她们设置的'志'和'节'的条律,曾经经历过怎样漫长的残酷的煎熬,才换取了在县志上几厘米长的位置。"

我想,冷先生的大女儿也好,杂货铺王家又娶的新媳妇也罢,都是这旧贞节意识的殉道者,虽然由于种种因素,她们殉得并不彻底。但她们的凄惨遭遇足以让后人心疼,心痛!

其次,我们来看田小娥,"一个纯粹出于人性本能的抗争者叛逆者的人物",也是整部《白鹿原》中塑造最为立体、最为复杂也最为饱满的一位女性形象。

陈忠实在《〈白鹿原〉创作手记》中回顾到田小娥这一形象的诞生时这样说:"我在密密麻麻的姓氏的阅览过程里头晕眼花,竟然产生了一种完全相背甚至恶毒的意念,田小娥的形象就是在这时候浮上我的心里。在彰显封建道德的无以数计的女性榜样的名册里,我首先感到的是最基本的作为女人本性所受到的摧残,便产生了一个纯粹出于人性本能的抗争者叛逆者的人物。这个人物的故事尚无影踪,田小娥的名字也没有设定,但她就在这一瞬跃现在我心里。我随之想到我在民间听到的不少荡妇淫女的故事和笑话,虽然上不了县志,却以民间传播的形式跟县志上列排的榜样对抗着……这个后来被我取名田小娥的人物,竟然是这样完全始料不及地萌生了。"

也就是说,田小娥在《白鹿原》中,是作为一个抗争着、反叛者的人物形象出现的,她不仅迥异于上辈女性白吴氏,上上辈女性白赵氏,也有别于同辈女性中的大多数,如冷先生的大女儿、木匠家的小翠、杂货铺王家又娶的新媳妇。当然,她也有别于与她相比反抗更进一步也更为彻底的女革命者白灵。她,在《白鹿原》中,是独特的这一个。

在她身上,我第一次看到了因袭着传统重担的备受封建习俗与道德摧残的一个女子的"人"意识的觉醒。伴随着这种觉醒的,就是那不惧礼法、冲破习俗、不畏白眼、不嫌贫贱、不怕吃苦的大胆追求自己作为一个"人"尤其是作为一个"女人"的自由与幸福的田小娥式的抗争。这种抗争甚至延续到她死后,以鬼附体的形式借鹿三之口、之行来进行。

这个形象,值得读者为之歌也为之哭。

田小娥的出场即带悲剧色彩。

她是以大财东郭举人的小女人(二房)身份出场的。可以想见,出身田秀才之家的田小娥想必也是奉"父母之命"嫁到郭家的,然而她的一切不幸、一切反抗都是从嫁到郭家开始的。

在郭家,她发现自己"活得连只狗都不如"。原来连郭家长工都知道,已经儿孙成群、年过花甲的郭举人娶她"不是为了睡觉要娃",而是"专意给郭举人泡枣的"。"大女人每天晚上来看着监视着她把三只干枣塞进下身才走掉"。郭举人吃起她的泡枣,似乎返老还童了。而大女人日夜厮守着老头儿,只允许举人每月逢一的三天进她的厢房逍遥一回,事毕立马返回。郭举人稍作淹留,大女人就在窗外催促。

她在郭家的日常功课除了一天做好三顿饭,用条盘托了碗筷伺候郭举人、大女人和那几个长工外(这是郭家定的规矩,之所以如此,是为了最大限度地避免小女人的手指触碰到别的男人的手指),还得为郭举人夫妇"晚上提尿盆,早上倒尿水"。

感慨自己"活得连只狗都不如"的田小娥既不像她的上一辈、上上辈女性一样"出嫁从夫",听天由命,也不像她的同辈人冷先生的大女儿那样压抑到发疯、车木匠的女儿小翠一样一死了之,更不像杂货铺王家又娶的新媳妇那样立志守节。

她,田小娥,要过"人"的生活,要过一个女人的正常的生活。她所想要的,不过是一个正常女性想要的那种日日有人疼、夜夜有人爱的生活,不过是那种安安稳稳、踏踏实实的小日子。

为此,她不惧礼法,冲破习俗,不畏白眼,不嫌贫贱,不怕吃苦,不轻弃世,进行了不屈不挠的抗争。

她的抗争,首先表现在对封建礼法、道德尤其是节操观念的反叛上。

如果说"把干枣掏出来扔到尿盆里,让郭举人吃自己尿泡下的枣"是不甘侮辱的田小娥走出反抗的第一步,那么,试探黑娃、勾引黑娃并最终实现与黑娃的男女交欢、终成相好,就是不甘寂寞与压抑的田小娥在反抗之路上的大胆跨越。我们看到此时的田小娥不仅突破了"出嫁从夫"的古训,而且突破了"女子守节"的禁锢。在追求并得到了一个正常女子想要的性福后,她也萌生了与喜欢的男人日日夜夜长相守的愿望。她对黑娃说:"姐在这屋里连只狗都不如!我看咱俩偷空跑了,跑到远远的地方,哪怕讨吃要喝我都不嫌,只要有你兄弟跟我日夜在一搭……"而当黑娃支吾"我还没想过跑……咱明黑间再说"时,善良的小娥这样宽慰:"兄弟你甭害怕,我也是瞎说。我能给你相好这几回,死了也值当了。"

田小娥,就以这样一种不守节操、不守妇道的封建女子叛逆者的形象走进了黑娃心里,也走进了读者心里。

小娥的抗争,其次还表现在对封建家长、族长,封建习俗、祖规的反叛上。

当东窗事发、被休回娘家的田小娥被父亲指斥为"丢脸丧德"、恨不能像铲除一泡狗屎一样将其清除出院子时,田小娥既不哭啼,也不自弃,她依然做饭端饭,顽强地活着。也许在她心里,还有隐隐的不甘与希冀。而这,何尝不是另一种意义上的反抗?

当不堪思念之苦的黑娃找到她、托人向她的父亲田秀才提出要娶她做媳妇并得到了其父的当即应允及两摞子银元时,我们以为田小娥迎来了命运的转机。

可没想到,一场更大的磨难才刚刚开始。

不见容于娘家父亲的田小娥同样不见容于婆家公爹,更不见容于白鹿村的族长、祖规及习俗。

她被骂为"婊子""烂货""灾星""野女人"……

她和黑娃被鹿三逐出了家门,也被白嘉轩挡在了祠堂门外,入不得家门,拜不得祖宗。白鹿村,没人拿正眼瞧她。

田小娥,又一次倔强地昂起头,不畏白眼,不惧礼法,对抗着封建家长、族长,封建习俗、祖规。她和黑娃,在村东的一口破窑洞里,不怕吃苦,不惧贫贱,开始用双手经营自己想要的安稳岁月、平常日子。当窑门和窗孔往外冒出炊烟的时候,当他们第一次睡到已经烘干的温热的火炕上时,当田小娥呜咽着说"我不嫌瞎也不嫌烂,只要有你……我吃糠咽菜都情愿"时,我开始感动并衷心地为这个女子高兴:她,田小娥,一个不见容于娘家、也不见容于夫家的另类女子,终于为自己争得了一个家,在自己的家里,她可以和自己喜欢的男人日夜厮守。她,终于可以像个"人"一样地生活了。

她这种昂扬的生活姿态,本身就是对不容她的封建家长、族长,封建习俗、祖规的最好反抗。

然而，她的反抗并未到此停止。当她夫唱妇随跟着黑娃参加农协闹革命，当她看着她的农协兄弟在大年初一砸开祠堂的锁、砸毁祠堂的乡约，我知道，田小娥对封建礼法、封建习俗的反抗达到了高峰，她是在以革命的名义狠狠地报复那容不下她的族长及祖规！

然而，随着农协革命的失败、黑娃的逃亡，田小娥的作为"人"的姿态昂扬的日子很快就结束了，她被田福贤惩治、鹿子霖乱伦、白狗蛋骚扰、白孝文抽打……

失去了黑娃庇护的田小娥一下子又由"人"的生活堕入了"狗都不如的生活"。而后，在鹿子霖的教唆下，为报复族长白嘉轩，她成功勾引了白孝文并拉着白孝文一道堕落："白孝文的八亩半水旱地和门房，全都经过小娥灵巧的手指捻搓成一个个烟泡塞进烟枪小孔儿，化作青烟吸进喉咙里。"

白孝文的堕落直接激发了那个从不认她为儿媳的公爹鹿三的怒火，田小娥被她称为"大"的鹿三杀了，死的时候，肚里还怀着白孝文的孩子，白嘉轩的孙子（或孙女）。

一直想活成个"人"的田小娥最终被杀成了"鬼"。她对族长白嘉轩更大的报复和反抗发生在她的尸体被草草地封堵在破窑里以后。

她的冤魂附着在鹿三身上，捉弄白嘉轩，痛斥白嘉轩："族长，你跑到哪达去咧？你尻子松了躲跑了！你把我整得好苦你想好活着？我教你活得连狗也不如，连猪也不胜！"她借鹿三之口向围聚在马号里和晒土场上的男女老少发表演讲，揭示自己的冤屈："我到白鹿村惹了谁了？我没偷掏旁人一朵棉花，没偷扯旁人一把麦秸柴禾。我没骂过一个长辈人，也没桑戳过一个娃娃，白鹿村为啥容不得我住下？我不好，我不干净，说到底我是个婊子，可黑娃不嫌弃我，我跟黑娃过日月。村子里住不成，我跟黑娃搬到村外烂窑里住。族长不准俺进祠堂，俺也就不敢去了，咋么着还不容让俺呢？大呀，俺进你屋你不认，俺出你屋没拿一把米也没分一根蒿子棒棒儿，你咋么着还要拿梭镖刃子捅俺一刀？大呀，你好狠心……"她为白鹿村招来一场可怕的瘟疫，她的鬼魂"借鹿三之口提出在她的窑畔上给她修庙塑身，对她的尸体重新装殓入棺，而且要族长白嘉轩和鹿子霖抬棺坠灵，否则将使原上的生灵死光灭绝……"

她的反抗，她的"活得像个人而不得"、死了"正常入殓也不能"的反抗最终以窑墙上竖起一座六棱青砖镇妖塔而归于沉寂。

我一直在想，田小娥自己的确是在争取自己作为一个"人"的活着的权利，在她身上，我的确可以看出封建社会女性作为"人"的意识的觉醒与抗争。然而，围绕在她身边的众男人们，包括黑娃、白孝文，又有谁，是真正把她当作一个"人"去疼去爱去厮守去呵护呢？我对此表示深深的怀疑。

好在，有白灵，这个整部《白鹿原》中第一个自己把自己当成个"人"同时也被男人当成个"人"去爱去追求去厮守的革命女性。

在白灵身上，我第一次看到了不仅是女人把自己看成个人，而且是男人也把女人看成个人的"女性意识"的新篇章、新内容。

当然，与这新篇章、新内容相伴的则是白灵、鹿兆海、鹿兆鹏他们不屈不挠的抗争。

先说白灵。作为白嘉轩的女儿，白灵在《白鹿原》中是作为一个革命女性的形象出现的。她的女性作为"人"的意识的觉醒与抗争随着时代大潮的滚滚袭来，出现得更早，表现得也更坚决、更彻底。

首先，白灵以杀猪般的嚎叫和强有力的踢腾极力反抗缠裹脚。她的反抗因了父亲白嘉轩的溺爱迁就而成功。

其次，白灵主动提出要念书，念新书，进城念新书。

在被父亲哄到徐先生那里念了几年旧书之后，白灵就"进城念新书"与父亲进行了激烈的抗争。她一个人偷跑到城里表姐家，面对前来捉他回去的父亲，白灵说"爸！你要是逼我回去，我就死给你看！""说着就抓起皮匠铰皮子用的一把大铁剪子支到脖子上。"白灵的抗争又一次以父亲的妥协而成功。

白灵的第三次抗争则是不顾家人反对，积极参加革命。

在西安读新学的白灵受革命风气的裹挟和鹿兆海、鹿兆鹏的影响，积极参加西安解围后的抬尸劳动，并很快加入革命组织，投身革命运动。她不顾父亲的一巴掌，坚持不抬完尸体不能回家；她对着顽固的父亲大唱革命歌曲，并在夜晚从墙上挖了个洞逃出父亲的禁闭跑回城里继续革命。

白灵的第四次抗争是反对包办婚姻，坚持自由恋爱。

白灵与鹿兆海在共同的革命斗争中彼此欣赏，相知相爱，私定终生。鹿兆海说："如果我壮起胆子跪倒大伯脚下叫一声岳父大人，你说大伯会怎么样？"白灵说："他把你咋也不咋，可他会一把把我的脖子拧断。"可见，白灵是很清楚封建脑瓜的父亲在包办婚姻上的顽固态度的，正因为此，她的斗争也更为坚决。当他的父亲向她宣告"王村你婆家已经托媒人来定下了日子,正月初三"时,白灵回敬的一句话是"王家要抬就来抬我的尸首!"这场斗争,以白灵的成功出逃并写信威吓王家以及白嘉轩的退亲赔偿而告终。白灵,又赢了。

白灵的第五次抗争是坚持自己的革命信仰并突破心理束缚,与同为共产党员的革命战友(前男友鹿兆海的哥哥)鹿兆鹏结为夫妻。

随着国共合作的分裂以及两人所见所历的不同,当初志同道合的革命恋人鹿兆海与白灵都重新调整了自己的政见,确立了自己的革命信仰:白灵弃国民党而入共产党,鹿兆海则弃共产党而入国民党,两人谁都无法说服谁,白灵坚守自己的革命信仰而与鹿兆海分道扬镳。

而在严酷的革命斗争中,对前男友鹿兆海的哥哥鹿兆鹏"由钦敬到倾慕再到灵魂倾倒的爱",白灵最终突破心理束缚,与同为共产党员的革命战友鹿兆鹏结为夫妻。

不难看出,白灵所追求的爱情是以共同的信仰、共同的理想为基础的。在她眼中,爱对方,首先不是为了获得性的满足(这一点有别于田小娥),而是基于两人灵魂的相通、精神的交融(这又是远远超越于田小娥的)。

白灵的第六次抗争则是痛斥共产党内部以肃反为名大肆剪除异己、捕杀革命青年的毕政委,并最终也在这场以肃反为名的内讧中被活埋。

白灵的死是悲壮的。她满怀革命热情,在生下孩子不久,就将孩子托付给老乡,投奔陕北革命根据地的红军,与她一起来自西安的学生有21个人。后来,革命根据地掀起了一场揭露国民党潜伏特务的肃反运动,来自西安的21个学生先后分几批被逮捕并活埋,白灵是最后被抓并活埋的那个。在此之前,她已目睹了力主肃反的毕政委"毫不手软把那七八个政治异己全部逮捕"并"进一步发展到揭发右倾机会主义分子的斗争",最后竟"挖出了一个反党集团"。下死令保护她的廖军长也被打入囚窑,白灵的保护伞没了,她是21个青年学生中最后一个被抓的却是最快一个被处死的。

临死前的白灵已不在乎毕政委说她什么,而是抓紧每一分钟,痛斥这个残害革命的刽子手"你的所作所为,根本用不着争辩。我现在怀疑你是敌人派遣的高级特务,只有经过高级训练的特务,才能做到如此残害革命而又一丝不漏,而且那么冠冕堂皇!如果不是的话,你就是一个野心家阴谋家,你现在就可以取代廖军长而坐地为王了。如果以上两点都不是,那么你就是一个纯粹的蠢货,一个穷凶极恶的无赖,一个狗屁不通的混蛋!你有破坏革命的十分才

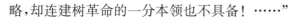

略,却连建树革命的一分本领也不具备!……"

这就是白灵临死前的抗争,那痛快淋漓的揭露与斥责直指残害革命的刽子手毕政委,她的光辉绚烂的年轻生命也在这次令人震撼的绽放后熄灭在历史的长空。

这就是白灵,白鹿原上唯一的一个真正的女性革命者。自始至终,她都以一个独立的"人"的形象激荡着读者的心灵,也因为此,她赢得了革命青年鹿兆海的爱情,也赢得了革命青年鹿兆鹏的爱情。而且,这一对革命兄弟,尽管最终政见不同,信仰有别,却首先都是把白灵当作一个"人"来爱,来呵护,来追求,来厮守。也正是在这个意义上,我看到了《白鹿原》中女性意识的新篇章、新内容:不仅女人把自己看成个人,而且男人也把女人看成个人。男女的结合不再是为了睡觉生娃娃,也不再是单纯地为了满足各自的性欲,而是基于共同的信仰,共同的理想,追求灵魂的相通与精神的交融。

这,毕竟是值得欣慰的。不是吗?

2017 年 8 月 29 日

二十一、过一种顺心适性的生活

——读《陶渊明集》有感

和大多数人一样,我对陶渊明的认识,也源自初中教材中那篇不足 400 字的《桃花源记》,之后相继是《归园田居》《饮酒·其五》《归去来兮辞》等入选初高中教材的诗文。对陶渊明的认识,也和多数人一样,很长一段时间都停留在"厌恶官场""归隐田园"这样粗浅的层次。

直到年过不惑,读了《五柳先生传》,读了《陶渊明集》,读了萧统的《陶渊明传》,再于宁静少人处反复诵读《归园田居》《归去来兮辞》等诗文,便对陶渊明有了更进一步的认识,对他的弃官归隐也有了新的理解和灵魂深处的认同:人生一世,草木一秋,何苦"摧眉折腰事权贵",但愿"委心任去留"。渊明之于世人的警示意义,在我看来,就是要过一种顺心适性、自由自在的生活。

然而,"随心适性,自由自在",说来容易,做来却难。因为人活世上,谁都不是孤立的存在,照顾父母,供养妻儿,哪件事容易?即便不结婚不生子,自己这副臭皮囊也会折腾得你不消停。"生生所资",将从何出?

陶渊明也和我们正常人一样饱受这个问题的困扰。诚如他在《归去来兮辞·并序》中所说:"余家贫,耕植不足以自给。幼稚盈室,瓶无储粟,生生所资,未见其术。"按现在的说法就是:"我家里很穷,种地不足以养家。孩子很多,家无存粮,维持生活所需的基本物资,我也没办法弄到。"在这种情况下,有人劝他当官,他便"脱然有怀",欣然前往距家百余里的彭泽县当起了县令,可惜没几天,便"眷然有归欤之情",为什么呢?"质性自然,非矫厉所得。饥冻虽切,违己交病。"意即我本性自然,勉强不得。挨饿受冻虽然不好受,但违背本性去做官,那可是身心俱苦啊。

这里,陶渊明明确指出,自己本性喜欢自然,不喜欢做官。之所以违背本性,外出做官,完全是"口腹自役",即为了解决吃饭问题。但是做官之于陶渊明,是一件多么痛苦的事情啊!在他的《归去来兮辞·并序》里,他将自己辞官的直接原因归结为"程氏妹丧于武昌,情在骏奔,自免去职"。而在萧统的《陶渊明传》里,则有这样的记载:"会郡遣督邮至,县吏请曰:'应束带见之。'渊明叹曰:'我岂能为五斗米,折腰向乡里小儿!'即日解绶去职,赋《归去来》。"两相比照,"妹死奔丧"显然只是一个借口,"不愿为五斗米折腰"恐怕才是陶渊明辞官的真正原因。

其实,仕而隐,隐而仕,仕而再隐,陶渊明从晋孝武帝太元十八年(393)出任州祭酒到义熙元年(405)辞去彭泽令,13年间反反复复折腾过好几回,只不过这一回,陶渊明再也没有回头。这一年,陶渊明41岁。

41岁的陶渊明在经历了13年的仕隐纠结后,终于做出了顺从自己本性的选择,毅然决然离开官场,回归田园,自此千呼万唤不回头,真真正正过上了一种顺心适性、自由自在的生活。

彻底归隐的陶渊明反思自己"少无适俗韵,性本爱丘山"(《归园田居·其一》),13年断断续续地做官,那是"误落尘网中""久在樊笼里"(《归园田居·其一》),是"既自以心为形役"(《归去来兮辞》),他庆幸自己"实迷途其未远",明确地指出"觉今是而昨非"。既如此,那就果断地"归去来兮!""息交以绝游"(《归去来兮辞》)。

大家千万不要把陶渊明归隐以后的生活想象得多么轻松、多么浪漫。一个以前"生生所资,未见其术"的人也不会在做了几天官以后就善于谋生了。

通读《陶渊明集》,可以看出归隐后的陶渊明依然过着物质上极为清苦的生活。他不仅要"晨兴理荒秽,带月荷锄归"(《归园田居·其三》),"衣食当须纪,力耕不吾欺"《移居·其二》,亲自劳作,努力谋生,甚至还为饥肠所迫,外出乞食:"饥来驱我去,不知竟何之。行行至斯里,叩门拙言辞。主人解余意,遗赠岂虚来。谈谐终日夕,觞至辄倾杯。情欣新知欢,言咏遂赋诗。感子漂母惠,愧我非韩才。衔戢知何谢,冥报以相贻。"(《乞食》)

物质生活的清苦和精神上的受奴役之苦相比,陶渊明宁愿选择前者。归隐后的陶渊明不可回避物质上的清苦,但他获得了心灵上的自由和富足。

从他的不少诗文中我们都可以感受到这一点,无论是《归去来兮辞》中的"引壶觞以自酌,眄庭柯以怡颜","园日涉以成趣,门虽设而常关","策扶老以流憩,时矫首而遐观",还是《移居二首》中的"邻曲时时来,抗言谈在昔。奇文共欣赏,疑义相与析","春秋多佳日,登高赋新诗。过门更相呼,有酒斟酌之。农务各自归,闲暇辄相思。相思则披衣,言笑无厌时",我们看到,归隐后的陶渊明无论自处,还是与邻人交往,都那么自由自在,内心安适。

那么,诗人内心果真就没有什么忧虑吗?他的情绪就没有波动吗?非也。

在《归去来兮辞》里,他也"善万物之得时,感吾生之行休"。劝慰自己"寓形宇内复几时?曷不委心任去留?""聊乘化以归尽,乐夫天命复奚疑!"

是的,乐天安命。当人生中充满了太多我们无法把控的因素时,最好的办法就是"乐天安命",除此之外,别无良方。且看他另一首诗:

"白发被两鬓,肌肤不复实。虽有五男儿,总不好纸笔。阿舒已二八,懒惰故无匹。阿宣行志学,而不爱文术。雍端年十三,不识六与七。通子垂九龄,但觅梨与栗。天运苟如此,且进杯中物。"(《责子》)

好一个"天运苟如此,且尽杯中物",面对读书无成的几个孩子,饱读诗书的陶渊明又一次以顺其自然、乐天安命劝慰了自己。

尤喜陶渊明的另一首诗:"大钧无私力,万物自森著。人为三才中,岂不以我故!与君虽异物,生而相依附。结托善恶同,安得不相语!三皇大圣人,今复在何处?彭祖爱永年,欲留不得住。老少同一死,贤愚无复数。日醉或能忘,将非促龄具!立善常所欣,谁当为汝誉?甚念伤吾生,正宜委运去。纵浪大化中,不喜亦不惧。应尽便须尽,无复独多虑。"(《神释》)

"应尽便须尽,无复独多虑","纵浪大化中,不喜亦不惧",陶渊明看淡了官场,也看穿了死亡,他顺心适性、乐天安命地走完了自己41岁到63岁的22年岁月。

陶渊明,已经成为一个不可重复的存在。尽管唐代李白高呼"安能摧眉折腰事权贵,使我不得开心颜!"但他心心念念的还是当官,一旦皇帝召唤,他还会"仰天大笑出门去",乐颠乐颠地跑回去;尽管宋代苏轼也无比钦敬陶渊明,但他秉持的是"必仕则忘其身,必不仕则忘其君"。他崇尚那种"开门而出仕,则跬步市朝之上,闭门而归隐,则俯仰山林之下"(《灵壁张氏园亭记》)的生活。他的顺其自然是顺应形势的自然:要我当官,我就为官一任,造福一方;不要我当官,我就俯仰山林,修身养性。而陶渊明的顺其自然乃是顺应自己的天性,过一种顺心适性的自由自在的生活。从这个意义上讲,陶渊明,获得了真正的自由。

顺心适性,自由自在,今天的你我,还能做到吗?想起河南女教师那封最具情怀的辞职信"世界那么大,我想去看看"。有网友嘲讽:"世界那么大,看看需要钱。"甚至还有人"关心"女教师辞职后到底有没有出去看看,是不是还窝在家里。我倒真不认为河南女教师辞职仅仅是为了"看看世界",也许她还有太多不能言说的苦衷,比如工作的枯燥、压力的巨大、束缚的繁多、杂务的缠身……她只是想摆脱这一切;也许她也有追逐的梦想,比如一段浪漫的爱情、一种慢节奏的生活、一种闲适的环境、一份自由的工作……她只是不想明说而已。不管怎么说,当女教师挥笔写下"辞职信"的时候,她已经听从自己内心的召唤,"顺心适性",离"自由自在"也就不远了。

当然,对大多数人而言,率性辞职都是很难迈出的一步。陶渊明也好,那位女教师也罢,都不可复制。尤其是陶渊明,对我们不啻是一个梦,一个比桃花源还要虚幻遥远的梦。今天的你我,已不大可能觅得一片可以耕种、可以隐居的田园。即便躲入深山更深处,孩子呢?孩子还是要融入社会的吧?然而,人生在世,不能不做做梦。唯其是梦,且是美梦,才吸引着我一次次通过诗文沉醉其中。

"我岂能为五斗米,折腰向乡里小儿!"(陶渊明)"安能摧眉折腰事权贵,使我不得开心颜!"(李白)字字铿锵,直入心田。

人生苦短,何苦为了顺应别人而委屈自己?

生命可贵,何不顺应内心,过一种顺心适性、自由自在的生活?

我当然知道,绝对的自由是不存在的。我更知道,人活着,第一要义是吃饭穿衣。在两者的协调上,老祖宗白居易似乎参透了某种玄机。他说:"大隐住朝市,小隐入丘樊。丘樊太冷落,朝市太嚣喧。不如作中隐,隐在留司官。似出复似处,非忙亦非闲。唯此中隐士,致身吉且安。"(《中隐》)

好一个"吉且安"!

年过不惑的你我,是否也有勇气和智慧,过上一种顺心适性、自由自在的生活?!

2016 年 10 月

二十二、谁是最值得警惕的套中人

——重读《套中人》[①]有感

上中学时读《装在套子里的人》(人教社版本,汝龙译,有删改。汝龙译为《套中人》,教材改标题为《装在套子里的人》),印象最深刻的就是别里科夫。多年之后,具体内容、情节都忘得差不多了,但只要一提套中人,我的第一反应就是别里科夫。在我心中,别里科夫已经成为套中人的别称。换言之,套中人就是别里科夫,别里科夫就是套中人。

相信大多数从学生时代过来的读者(读人教社删改本的读者),感受应该和我差不多。

别里科夫成为文学史上独特的"这一个",自然要归功于契诃夫独特的创造,尤其是漫画式的夸张,但成为我国大多数接受过高中教育的读者心目中独特的"这一个",则不得不说是源于人教社教材编选者的删改。

之所以这么说,是因为在重读了《套中人》全文后,我对"套中人"有了全新的发现和理解。

细读全文,我发现,别里科夫这个作者着墨最多的套中人,从某种程度上看,就是契诃夫放的烟幕弹。实际上在这篇小说中,还隐藏着另一类"套中人"——一类以读过新书、拥有新思想自居并因此尖锐嘲讽、批判别里科夫、批判一切他看不惯的所谓"性情孤僻、像寄生蟹或者蜗牛那样极力缩进自己硬壳里去的人"的"套中人"。这类人的典型代表,就是中学教师布尔金。然而在人教社《装在套子里的人》删改本中(2019新出的部编语文教材,还是删改本,汝龙译,与我读高中时的版本无异),布尔金作为故事的叙述者、别里科夫的批判者,俨然成了新思想、新人物的化身,似乎只有别里科夫这类套中人才是社会进步的阻碍者,而布尔金之类则是套子之外的社会进步的推动者。不得不说,

---

[①] 人民文学出版社,2002年版,汝龙译。本文引文均出自此版本。

这是只读删改本时极容易产生的错觉。

不信？就让我们暂时将脑海中固有的人教社《装在套子里的人》(删改本)以及由此产生的"别里科夫就是套中人,套中人就是别里科夫"的固化印象清除,一起去读一读《套中人》全文,看看契诃夫到底写到了哪些套中人,最应该引起警惕、也是最应该受到批判的又是哪类套中人。

读《套中人》全文,不得不惊叹契诃夫是讲故事的高手。契诃夫写《套中人》,用的是故事中套故事的写法。从全文看,用的是全知视角,是以无所不知、无所不见者的口气讲述因误了时辰而在村长普罗科菲家堆房里过夜的两位猎人——兽医伊万·伊万内奇和中学教师布尔金——之间的夜聊。当然,以布尔金的讲述为主,伊万·伊万内奇穿插性地回应为辅,就像说相声的一主一次。别里科夫的故事,就套在这个大故事中,由中学教师布尔金讲述,用的是限知视角。

人教社语文教材在处理时,删去了所有伊万·伊万内奇的内容,变成了布尔金一人的讲述,而且一开头就将原作中的布尔金改为第一人称"我",这样一来小说中的"您一定听说过他"中的"您"就很容易让读者产生代入感,尽管课下注解:"这篇小说借中学教师布尔金(即文中的'我')同兽医伊万·伊万内奇的谈话叙述别里科夫的故事。课文保留了谈话的大部分内容。"

我们还是来看这个完整的故事吧。如前所说,契诃夫先叙写误了时辰的两位猎人——兽医伊万·伊万内奇和中学教师布尔金——在村长普罗科菲家堆房里过夜。两人睡前闲聊。"他们讲起各种各样的事",顺便就谈到村长的妻子玛芙拉,请注意,这是两人聊天时提到的第一个有名有姓的人物,对这个人物的描述尽管只有短短62字:

> 她是一个健康而不愚蠢的女人,可是她一辈子从没走出过她家乡的村子,从没见过城市或者铁路,近十年来一直守着炉灶,只有夜间才到街上去走一走。

这个人物却引发了中学教师布尔金的强烈反应,引发了他对同事别里科夫的尖刻描述和批判。看他的一大段讲述:

"这有什么可奇怪的!"布尔金说,"那种性情孤僻、像寄生蟹或者蜗牛那样极力缩进自己硬壳里去的人,这世界上有不少呢……像玛芙拉那样的人并不是稀有的现象。是啊,不必往远里去找,就拿姓别里科夫的人来说好了,他是我的同事……他之所以出名,是因为他即使在顶晴朗的天气出门上街,也穿上套鞋,带着雨伞,而且一定穿着暖和的棉大衣。他的雨伞总是装在套子里,怀表也总是装在一个灰色的麂皮套子里,遇到他拿出小折刀来削铅笔,就连那小折刀也是装在一个小小的套子里的。他的脸也好像蒙着一个套子,因为他老是把脸藏在竖起的衣领里面。他戴黑眼镜,穿绒衣,用棉花堵上耳朵。他一坐上出租马车,总要叫马车夫支起车篷来。总之,在这人身上可以看出一种经常的难忍难熬的心意,总想用一层壳把自己包起来,仿佛要为自己制造一个所谓的套子,好隔绝人世,不受外界影响。现实生活刺激他,惊吓他,老是闹得他六神不安。也许为了替自己的胆怯、自己对现实的憎恶辩护吧,他老是称赞过去,称赞那些从没存在过的东西。实际上他所教的古代语言,对他来说,也无异于他的套鞋和雨伞,使他借此躲避了现实生活。"

我之所以不厌其烦地引用这 400 多字,就是想让读者体会一下布尔金对同事别里科夫的尖刻描述和压抑不住的蔑视和厌恶。同时,还想提醒读者注意,别里科夫是由玛芙拉这个家庭主妇、这个次要人物引出的,但是在布尔金眼中,玛芙拉和别里科夫同属一类人,一类"性情孤僻、像寄生蟹或者蜗牛那样极力缩进自己硬壳里去的人"。

不仅如此,在布尔金的讲述中,"别里科夫把他的思想也极力藏在套子里。只有政府的告示和报纸上的文章,其中写着禁止什么事情,他才觉得一清二楚。"同时,"他觉得在官方批准或者允许的事里面,老是包含着使人起疑的成分,包含着隐隐约约、还没说透的成分。"别里科夫的口头禅是"千万别闹出什么乱子来啊!""在教务会议上,他那种慎重、他那种多疑、他那种纯粹套子式的论调,简直压得我们透不出气。"

"我们这些教师都怕他。就连校长也怕他。"

"您瞧,我们这些教师都是有思想、极其正派的人,受过屠格涅夫和谢德林的教育,然而这个老穿着套鞋、拿着雨伞的人,却把整个中学辖制了足足十五年!……全城都受他辖制呢……在别里科夫这类人的影响下,在最近这十年到十五年间,我们全城的人变得什么都怕……"

注意,一直到这里,都是布尔金一个人在喋喋不休地说,在控诉。兽医伊万·伊万内奇一直在静静地听。然而,此时,他嗽了嗽喉咙,瞧了瞧月亮,忍不住一板一眼地插话了:"是啊,有思想的正派人,既读屠格涅夫,又读谢德林,还读勃克尔等等,可是他们却屈服、容忍这种事……问题就在这儿了。"

很明显,伊万内奇将批判的矛头直接对准包含布尔金在内的这些所谓的

"有思想、极其正派的人",指出问题的根源恰在于这些自认为有思想又正派的人对别里科夫之类的"屈服和容忍"。布尔金会作何回应呢?

布尔金不回应,他沉浸在对别里科夫的无情揭露和控诉中。他接着讲别里科夫的居家生活,从吃饭到睡觉,小心翼翼、战战兢兢,生怕闹出什么乱子。然而,就是这样一个性情孤僻的"套中人,还差点结了婚"。

此时契诃夫写到了伊万内奇的第二次回应:"您开玩笑了!"

这一次,布尔金可没有不搭理伊万内奇,相反,他紧接了一句:"真的,尽管说起来古怪,可他的确差点结了婚。"接着就开始兴致勃勃地讲述别里科夫那短暂而又可笑的恋爱史。

别里科夫的恋爱史是小说中精彩而不容忽视的章节,因为在这一部分,围绕别里科夫,出现的不仅有他的恋爱对象——那个来自乌克兰的活泼可爱、动不动就朗声大笑且敢于在众目睽睽之下骑自行车的瓦连卡,更有把瓦连卡从乌克兰带到这里来的那名新的史地老师——瓦连卡的弟弟科瓦连科。

如果说,瓦连卡在一帮无所事事、缺乏生活目标的校长太太等人的撺掇下,对别里科夫表现出明显的好感并进而开始恋爱的话,那么,他的弟弟科瓦连科则从头至尾都对别里科夫表现出难以克制的厌恶。他称别里科夫为"告密的家伙""你们的犹大",他不明白"诸位先生,你们怎么能在这儿生活下去啊!"他说:"你们这儿的空气闷死人,糟透了!难道你们算是导师、教师吗?你们是官僚,你们这儿不是学府,而是城市警察局,而且有警察岗亭里那股酸臭味儿……我在你们这儿再住一阵儿,就要回到我的田庄上去,在那儿捉捉虾,教教乌克兰的小孩子念书了。我是要走的……"

大家注意,外来的新史地老师科瓦连科不仅与套中人别里科夫格格不入,而且与包含布尔金在内的诸位先生也格格不入,他受不了此地极为沉闷的空气,受不了不是学府的学府。他是要走的。

可见,科瓦连科与别里科夫,与包含布尔金在内的诸位先生都不是一类人。为什么这么说呢?且看当别里科夫忧心忡忡地找上门去向科瓦连科解释自己和那张画着他和瓦连卡挽着胳膊散步的"恋爱中的 anthropos""没一点关系"时,科瓦连科什么反应?一句话也不说。而当别里科夫忠告他骑自行车"不成体统","举动得十分小心才成""对当局应当尊重才对"时,科瓦连科什么反应?忍无可忍,生气地反驳:"难道我说了当局的什么坏话吗?""请您躲开我。我是正直的人……我不喜欢告密的人。"

听闻此言的别里科夫"心慌意乱,匆匆忙忙地穿大衣,脸上带着恐怖的神情。要知道,这还是他生平第一回听到这么不客气的话"。

请注意布尔金讲的这句话。也就是说,科瓦连科之前,从没有人当面这么顶撞过、指责过、揭穿过别里科夫。这一方面照应了之前布尔金讲的"我们这些教师都怕他",也照应了之前伊凡·伊凡内奇说的"有思想的正派人……却屈服、容忍这种事……问题就在这儿了",另一方面也彰显出科瓦连科是布尔金们的异类。可以说,科瓦连科的出现,就像一颗石头投入一潭死水,激起了层层涟漪。

被顶撞的别里科夫惊慌失措,为避免这番谈话被人误解,闹出什么乱子,自称"正人君子"的他公开声明要把谈话内容报告给校长先生。忍无可忍的科瓦连科"一把抓住他的衣领,使劲一推,别里科夫就滚下楼去……"滚到楼下的别里科夫竟安然无恙,但瓦连卡的大笑和两位太太的目睹却让他无比害怕,并由此卧床不起,一个月后,竟一命呜呼了!

是谁埋葬了别里科夫?瓦连卡吗?还是科瓦连科?

不管怎么说,"埋葬别里科夫那样的人是一件大快人心的事。"布尔金说,"可是一个星期还没过完,生活又过得和先前一样,跟先前一样的严峻、无聊、杂乱了……局面并没有变得好一点。""我们埋葬了别里科夫,可是另外还有多少套中人活着,将来也不知道会有多少呢!"

布尔金的这段话充满了对现在的不满,对将来的担心。在他看来,如此糟糕的生存环境都是别里科夫这类套中人造的孽。而自己——有思想,又极正派,受过屠格涅夫和谢德林教育的教师——则是这类人所造就的社会环境的受害者。或许,布尔金们还以为自己是这个社会的支撑者、拯救者。

是这样吗?伊万内奇显然不这么认为。他又一次强调"问题就在这儿"。可惜布尔金依然沉浸在自己的逻辑里,不接伊万内奇的话,而是强调"那样的人,将来不知道还会有多少!"然后走出堆房,看到天上的月亮,感慨"多好的月色,多好的月色!"一副控诉之后的畅快样。

"问题就在这儿了,"伊万·伊万内奇又说一遍,"我们住在城里,空气污浊,十分拥挤,写写无聊的文章,玩'文特',这一切岂不就是套子吗?至于在懒汉、爱打官司的人、无所事事的蠢女人中间消磨我们的一生、自己说而且听人家说各式各样的废话,这岂不也是套子吗?嗯,要是您乐意,那我就给您讲一个很有教益的故事。"

这是一段非常重要的文字,请大家注意,在这一段,伊万·伊万内奇第三次强调"问题就在这儿了",而且针对布尔金所讽刺、批判的别里科夫式的套子,伊万·伊万内奇提出了另一类套子——另一类把"我们"——包括布尔金,也包括伊万·伊万内奇本人在内——都装在里边的套子。"这一切岂不就是套子吗?""这岂不也是套子吗?"两个反问,带有强烈而无可辩驳的力量。伊万内奇还很客气说"要是您乐意,那我就给您讲一个很有教益的故事。"

看到这里,想不想听伊万内奇的"有教益的故事"? 至少,我是很想听的。可惜,布尔金不要听。"不,现在也该睡了。""留到明天再讲吧。"

他俩走进堆房,在干草上睡下来……刚要昏昏沉沉睡去,忽然听见轻轻的脚步声:吧嗒,吧嗒……"这是玛芙拉在走来走去,"布尔金说。

脚步声渐渐听不见了。

"你看着人们作假,听着人们说假话,"伊万·伊万内奇翻了个身说,"人们却因为你容忍他们的虚伪而骂你傻瓜。你忍受侮辱和委屈,不敢公开说你跟正直和自由的人站在一边,你自己也作假,还微微地笑,你这样做无非是为了混一口饭吃,得到一个温暖的角落,做个一钱不值的小官罢了。不成,不能再照这样生活下去了!"

伊万内奇的这番话字字千钧,矛头直指那些看穿却不说穿,甚至还跟着作假、说假,宁可忍受侮辱和委屈,也不敢公开和正直自由的人站在一起的人。这样的人,不包括布尔金吗? 不包括布尔金的同事们吗? 甚至不包括伊万内奇本人吗?

伊万内奇的可贵之处在于他看到了套子的无处不在,看到了自己也好、布尔金们也好,都是装在套子里的人,看到了正是这一类套中人的不发声、不作为,导致了别里科夫那类套中人的层出不穷。

埋葬一个别里科夫是无用的,真正的变革是布尔金、伊万内奇等这类套中人的觉醒和行动。

可惜的是,伊万内奇觉醒了,他呼吁"不能再照这样生活下去了!"然而,布尔金呢? 布尔金们呢? 布尔金说:"您扯到别的题目上去了。"

伊万内奇真的扯到别的题目上去了吗? 没有。只不过,他要拆穿布尔金们的套子,扒出布尔金套子下的"小"来,布尔金们就岔开话题,堵上耳朵,"睡着了"。

布尔金是知道自己也是套中人,还是不知道,还是知道但装作不知道?

无从考证。但我想起一句话:"你可以叫醒一个睡着的人,但永远叫不醒一个装睡的人。"从这个意义上,我宁愿布尔金是那个睡着而非装睡的人。

睡不着的是伊万·伊万内奇。他"不住地翻身,叹气,后来他起来,又走出去,坐在门边,点上烟斗"。

伊万·伊万内奇有什么办法吗?他的觉醒会给一潭死水般的社会带来变革吗?

契诃夫没有写。伊万·伊万内奇就这样作为一个忧思难寐的兽医形象定格在读者心中。

最后,回应开头提出的两个问题:契诃夫到底写到了哪些套中人?最应该引起警惕、也是最应该受到批判的又是哪类套中人?

我的结论是:契诃夫表面上着力塑造并借布尔金之口批判别里科夫这类套中人,但实际上还写到了更隐蔽的套中人——布尔金之类的知识分子,自诩受过屠格涅夫和谢德林的教育,有思想,又极正派——身在套中而不自知,或者自知却不愿承认;他们高高在上,对别里科夫之类套中人,甚至对玛芙拉这类家庭主妇式的套中人都无限鄙视、尖锐嘲讽;社会不好,罪在他人,自己没有任何责任。这类人批评起别人来头头是道,言语如刀枪,一涉及自己就缄默不语,或王顾左右而言他。这类自诩思想进步的知识分子套中人,才是社会进步的最大阻碍力量。可悲的是,这类人,在契诃夫时代,在我们这个时代,都不少见。谁敢说,自己不曾是、不正是或者不将是这样的人?至少,反躬自省,我汗如雨下;放眼周边,我看到不少布尔金。

那么,最应该引起警惕、也是最应该受到批判的是哪类套中人?毫无疑问是布尔金这类自诩"有思想又极正派"但在生活中又处处妥协、苟且偷安的知识分子。法国著名思想家蒙田说过:"我的头脑是清醒的,我的膝盖是软弱的。"但是,布尔金们这类知识分子,膝盖固然软弱,头脑却也未必清醒。因为他们只看到别人的套子而看不到自己的套子,只看到别人的"小"而看不到自己的"小"。

契诃夫固然借布尔金之口批判了套中人别里科夫,但更借伊万·伊万内奇之口批判了布尔金这类自诩思想先进的套中人。

从这个意义上看,人教社教材的删改本,不仅容易给读者造成"套中人就是别里科夫,别里科夫就是套中人"的错觉,而且极大地削弱了契诃夫原作的批判力量。

最后说一句,尽管兽医伊万·伊万内奇不一定救得了病态的社会,但希望就在这清醒地指出问题并又忧思难寐的人身上吧?

2020 年 8 月 30 日

教学沉思

一、"整本书阅读"之概念辨析及实施、评价建议

伴随着《普通高中语文课程标准》的修订,国内有关"整本书阅读"的实践探索和理论探讨也如火如荼,但随着《普通高中语文课程标准(2017年版)》(人民教育出版社 2018 年出版,以下简称《课程标准》)的正式出台,结合"课程标准"有关"整本书阅读与研讨"的规定,对"整本书阅读"的实践探索及理论探讨进行反思与调整就显得尤为必要。

从一线教师的视角来看,以下三个问题显然不容回避:什么是"整本书阅读"? 为什么要提出并推行"整本书阅读"? 如何实施"整本书阅读"?

第一个问题:什么是"整本书阅读"?

名不正则言难顺,但有关"整本书阅读"的概念界定,目前认识并不统一。从当前实践探索及理论探讨来看,多数研究者似乎都倾向于将其理解为整本的文学经典的阅读。

比如,浙江师范大学郑逸农老师就强调"整本书阅读要强化学科意识","语文学科的整本书阅读,对应的应是文学家写的文学作品"[1],北京市特级教师来凤华在探讨整本书阅读时也强调"文学经典是人类自我认识、自我想象、自我认可的思想和文化的结晶"[2],他给学生提供的阅读书目也都是文学经典。

上海市特级教师余党绪在探讨"整本书阅读"时,尽管将"书"界定为"与作者的生命联系在一起的、有独特的灵魂与气质的著作,可以是一部完整的文学作品如《悲惨世界》,或者是一部哲学著作如《理想国》"[3],但在谈及"整本书阅读"之思辨读写策略时,也明确缩小范围,强调"本文所说的'整本书',仅限于文学经典"[4]。

作为一线教师,我最早对"整本书阅读"的理解也是"对完整的一本书,主要是中、长篇文学经典的阅读"。之所以会有这样的认识,是基于这样一种揣

测:"整本书阅读"是相较于语文教材中的中、长篇节选以及几乎已经固化的篇章组合形式而言的。但在借助"经典共读"拓展课,对"整本书阅读"进行实践探索后,我很快发现了这种理解的狭隘与偏颇。因为"完整的一本书",从形式上看,不仅包括单独成书的中长篇,如《变形记》《红楼梦》等,也包括作者自己汇编的中短篇合集,如《朝花夕拾》《呐喊》等。而且,从实践层面看,这两种不同类型的文学经典,都进入了大部分语文教师甚至教育部的推荐书目,它们的阅读策略与方法显然又不一样;其次,从内容上看,"完整的一本书"不仅涉及文学经典,也涉及史学经典、哲学经典、美学经典乃至心理学经典等,虽然语文教师不应该也大多不具备一揽子全包的能力,但自古"文史哲不分家",更何况有些作品本身就兼具文学、史学或文学、哲学的多重功能。从实践层面看,不少语文教师向学生推荐的《谈美书简》(朱光潜)、《人生的智慧》(叔本华)、《乌合之众》(勒庞)等也的确不是文学经典。

再看将"整本书阅读与研讨"列于 18 个学习任务群之首的《课程标准》,"在指定范围内选择阅读一部长篇小说","在指定范围内选择阅读一部学术著作";"附录 2:关于课内外读物的建议"也提到以下几类:文化经典著作,如《论语》《庄子》等;诗歌,如毛泽东诗词等;小说,如《红楼梦》《呐喊》等;散文,如鲁迅杂文等;剧本,如《雷雨》等;语言文学理论著作,如吕叔湘《语文常谈》、朱光潜《谈美书简》、艾克曼《歌德谈话录》等;此外,还鼓励语文教师与各有关教师协商推荐科学与人文方面的优秀读物[5]。可见,《课程标准》所说的整本书,并不仅仅是经典文学作品,也并不仅仅指中长篇著作。

综上所述,我认为要想准确理解"整本书阅读",先得界定"整本书"。此处的"整本书"在我看来,即完整的一本书,既包括文化经典、文学经典以及史学、哲学、美学乃至心理学等经典,也包括学术经典;既包括单独成书的中、长篇,也包括作者自己汇编的中、短篇合集。

而出现在《课程标准》中的"整本书阅读",也绝不是学生单向的随意阅读行为,而应是师生共同参与的由教师主导的一种教学行为。绝不应该是学生随随便便看完的,而应该是学生在教师引导下看懂,理解,会欣赏、评价甚至应用的。

第二个问题:为什么要提出并推行"整本书阅读"?

《课程标准》指出"整本书阅读与研讨"任务群"旨在引导学生通过阅读整

本书,拓展阅读视野,建构阅读整本书的经验,形成适合自己的读书方法,提升阅读鉴赏能力,养成良好的阅读习惯,促进学生对中华优秀传统文化、革命文化、社会主义先进文化的深入学习和思考,形成正确的世界观、人生观和价值观。"[5]

这段话至少隐含两点信息:第一,目前学生阅读整本书的经验普遍不足,方法也有待摸索或引领,能力有待提升;第二,整本书阅读在拓展视野,提升能力,养成习惯,促进学习和思考,形成正确的世界观、人生观、价值观等方面具有篇章阅读不可取代的作用。

而这正是我深以为然的地方。因为篇章组合形式决定了学生在语文教材中读到的都是一篇又一篇相对短小的文章,不管是按主题还是文体组织单元,给人的感受始终是打一枪换一个地方,久而久之,学生驾驭长篇巨制的能力、宏观思考问题的能力、把握前后相距甚远的信息的关联能力等都会受到影响。不少教师早就意识到,相对于只读节选容易导致的一知半解甚至误解,引导学生读"完整的一本书"不仅必要而且重要。

《课程标准》将"整本书阅读与研讨"置于18个学习任务群之首,显然是意识到"整本书阅读"具有篇章阅读无法取代的优势。可以说,"整本书阅读"的提出和推行,是对语文教材"篇章组合形式"的必要弥补。

第三个问题:如何实施"整本书阅读"?

在教学实践中,我开展了两个层面的探索:

第一层面,面向全体学生,结合语文教材的学习,要求学生读与教材节选文本相关的"整本书",如《边城》《变形记》等,指导学生撰写读书笔记,开展互批互评等。

第二层面,招收有阅读兴趣的学生,开设"经典共读"选修课,与学生共同商定一些值得研读的文学经典,一起阅读、讨论、撰写读书笔记、交流阅读体会,借此机会,把常规课堂中难以深入展开的"整本书阅读与研讨"的相关活动展开。

正是在这样的探索中,我有了越来越多的困惑。因为我发现,作为一种教学行为,一线教师最为困惑的"整本书阅读"如何教,其实又包含了"读什么书,什么时间读,怎么读,读了之后如何评价"等若干具体问题,下面逐一剖析:

"读什么书"好像在"整本书阅读"的概念辨析部分得到了解决,其实不然。

因为即便是经典,也浩如烟海。学业负担繁重的学生一学期能读的书是有限的。推荐甚至规定学生读哪几本书,并不是一件容易的事。作为教学行为的"整本书阅读",在推荐甚至规定书目时,除了经典性,还必须考虑适切性。即适合学生的年龄、兴趣、理解水平、发展需求,切合特定阶段我们对学生的价值导向与能力培养。

不得不说,目前在这一点上,不少教师还考虑不周,做法随意。比如要求高一学生读《荷马史诗》《浮士德》等。即便是《课程标准》推荐阅读的《红楼梦》,如果有人提出"为什么让高中生读《红楼梦》?想借《红楼梦》的阅读与研讨教给学生什么?",估计《课程标准》制定者也很难回答,得教师自己去琢磨了。

所以,读什么书就成了横亘在教师面前的第一个问题。我认为,拿"经典性"与"适切性"去衡量相关推荐书目,由教材节选向外扩展,大概可以成为一条途径。

什么时间读?这是一个更让人尴尬的问题。你大可以说课下读,课上拿出一两节课交流。问题是,高中生除了学习13门学科,完成各科必要的作业,参加必要的社团活动和社会实践活动,应对各种各样的大小考试外,还有多少时间用于阅读?而完整地阅读一本书,又需要多少时间?

别的姑且不说,高中生读完一部《红楼梦》需要多长时间?读完了是否意味着记住了、理解了?如果没记住、没理解,是否还需要读第二遍?两遍读完,需要多长时间?再加上与同伴、老师研讨,又需多少时间?这样一算,惊出一身冷汗:如果是真读书,单单一部《红楼梦》,恐怕就要占去学生一学期的时间,难怪出现如北京第十二中学特级教师刘国富所说的"教师替学生包办一切"的假读书。

可以说,在目前形势下,要学生阅读经典整本书,时间几乎没有保障,教师的"可为"空间极其有限。不少专家学者其实也意识到了这一点。上海师范大学郑桂华教授建议"教师不妨从阅读共同体的培养、阅读任务的设计、阅读过程的监控、阅读成果的强化四个方面努力","有意识地在课堂教学中传播敬畏阅读、钟情阅读的导向性信息"[6]。可是,时间匮乏依然是整本书阅读无法解决之痛,一线教师只能想方设法,挤一点时间是一点时间。

"怎么读",则需分类探讨,因为不同类别的书,自然有不同的阅读目的、策略及方法。

笔者不揣浅陋,就小说、散文的整本书阅读,结合教学实践,归纳出以下几点：

(1) 读完整的书（含自序、后记等），而非节选或部分篇目。

(2) 能立足整体把握一本书的基本内容和艺术特色。

对长篇小说：要能理清复杂的人物关系，讲清事情的来龙去脉，立足整体评价书中人物及思想，能看出作者的艺术匠心并分析鉴赏。

对中、短篇小说或散文合集，首先要能读懂每一篇，其次要能看到篇与篇之间的关联，再次能立足整体把握作者的思想倾向，最后能立足整体评价具体篇章的思想内容及创作个性。

(3) 能把这本书放到广阔的时空背景中进行分析和评价。

(4) 能结合现实、结合自己的生活体验阐释或应用这本书。

当然，文学经典中的诗歌和戏剧，因其各自的文体特点，也应有不同的阅读策略及方法。至于学术经典的阅读，把握作者的基本观点以及支撑其观点的主要论据，评估其观点的合理性、论证的有效性等，恐怕是教师在指导学生时应该重点关注的。

读了之后怎么评价？在"整本书阅读"进入《课程标准》且得到强化以前，大多数语文教师采用的方式不外乎摘抄、点评、撰写读书笔记、举办读书交流会等。但随着考试科目的增多，学业负担的加重，这种非功利的评价方式对学生的督促和激励作用越来越弱，不少教师被迫采用围绕内容或写法出练习卷，或将课外阅读纳入期中、期末大考这样的形式予以评价和督导。

效果还真的比较显著。因为学生还真是考什么，读什么。不考，不读。我们很难苛责学生的这种功利性，因为考试指挥棒对学习行为的影响，自古皆然。

那么，新《课程标准》强调的"整本书阅读"是否一定得通过高考这种形式进行评价，走在"整本书阅读"前列的北京市早就做出了正面回答。

北京市早把《论语》《红楼梦》《老人与海》等 12 部经典的整本书阅读列入高考范围，并在命题形式上有所突破。如北京市 2017 年高考语文试题，涉及课外整本书阅读的试题有两道，分值 13 分，姑举一例分值 10 分的微写作：

从下面三个题目中任选一题，按要求作答。180 字左右。

(1) 《根河之恋》里，鄂温克人从原有的生活方式走向了新生活，《平凡的世界》里也有类似的故事。请你从中选取一个例子，叙述情节，并作简要点评。要求：符合原著内容，条理清楚。

（2）请从《红楼梦》中的林黛玉、薛宝钗、史湘云、香菱之中选择一人，用一种花来比喻她，并简要陈述这样比喻的理由。要求：依据原著，自圆其说。

（3）如果请你从《边城》里的翠翠、《红岩》里的江姐、《一件小事》里的人力车夫、《老人与海》里的桑提亚哥之中，选择一个人物，依据某个特定情境，为他（她）设计一尊雕像，你将怎样设计呢？要求：描述雕像的体态、外貌、神情等特征，并依据原著说明设计的意图。[7]

无独有偶，上海市2018年春季高考语文试题第6题也涉及整本书阅读，虽然分值、覆盖面没法和北京的相提并论，但也释放了一个积极的信号。题目如下：

第⑥段谈到了悲剧的教育作用，请以《红楼梦》《窦娥冤》《古诗为焦仲卿妻作》三部作品中的任一作品为例，对悲剧如何发挥教育作用进行分析。（4分）[8]

据说，北京的这一评价措施在促进学生阅读经典整本书方面已取得显著成效，但也有人提出质疑，如北京市第十二中学特级教师刘国富就指出："许多一线的教师们在绞尽脑汁地猜测考卷中经典阅读考题怎么出，生怕自己的学生考不了高分，于是就出现教师替学生包办一切：内容简介、故事梗概、人物形象分析、主题思想、艺术特色、文学文化常识填空题、经典内容问答题……教师早就整理好，让学生考前突击看一看记一记，就能争取考试得个满意的分数。""师生的'经典阅读''整本书阅读'变得如此功利，怪不得有人呐喊起来：'要想毁掉哪部经典，就把它列入高考篇目吧！'"[9]

可见，任何一种评价方式都有其局限性，对整本书阅读效果的评价，宜多元而不宜一元。就目前学生的整本书阅读萎靡不振而言，我赞同借助高考这一指挥棒予以刺激。

参考文献：

[1] 郑逸农.整本书阅读要强化学科意识[J].中学语文教学，2018(1).

[2] 来凤华.整本书阅读的思与行[J].基础教育课程，2016(11).

［3］余党绪.为什么我们都主张"整本书阅读"[J].语文教学通讯,2016(7/8).

［4］余党绪."整本书阅读"之思辨读写策略[J].中学语文,2016(7).

［5］普通高中语文课程标准(2017年版)[S].北京：人民教育出版社,2018.

［6］郑桂华.整本书阅读：应为和可为[J].语文学习,2016(7).

［7］2017年普通高等学校招生全国统一考试语文(北京卷).

［8］2018年上海市普通高校春季招生统一文化考试语文试卷.

［9］刘国富.关于"经典整本书阅读"的思考[J].语文教学之友,2017(8).

2018年8月

# 二、"整本书阅读"教学在英国

英国教师在课堂上怎么引导学生阅读整本书？或者说，"整本书阅读"怎么教？恐怕这是目前我国语文教师最关心的一个问题。

捷径当然是听课，但英国语文课与我国语文课在课程设置上有明显不同。在我国，语文就是语文，兼管语言和文学，平衡工具与人文。而在英国，所有学生基础教育阶段必修必考的核心学科 English，却被分作两部分：English Language 与 English Literature。前者主要是教学生识字、拼写、掌握语法、阅读各类文章、熟悉各类文体的写作，重在培养学生基本的读写技能及思辨阅读能力、创意写作能力；后者主要是对文学作品（通常是整本书）的阅读、理解及鉴赏，重在培养学生的文学审美能力及批判性思维技能，更重要的是塑造学生品格、传承英国文化及价值观。

只不过 10 年级之前，两者一起教，分开考；10 年级开始，两者分开教，分开考。将 English Literature 作为一门课程单列且必修必考，凸显了英国教育对文学的高度重视。

要想知道英国教师在课堂上怎么引导学生阅读整本书，就得去听 English Literature 课。我曾到六所学校听过 12 节 10—13 年级的文学课，发现 English Literature 不仅作为一门课程单列，而且都有专用教室。这样做的一大好处就是教室布置可以围绕学科教学，突出学科特色，彰显学科文化。如在 Bolton UTC 的 English Literature 专用教室的墙上，就贴着莎士比亚头像，围绕头像，列出了阅读评价其作品的几个维度。此外，很多 English Literature 专用教室里都放置着摆有各种文学作品的书架，贴有必读书的封面画，学科特色鲜明，文化气息浓郁。

在专用教室里，英国教师怎么引导学生阅读整本书？据我观察，是这样的：

教师和学生人手一本同样的书，学生通常还带一本厚厚的文件夹式作业、一支笔，偶尔，在有的学校，还人手一个 iPad。

上课时，教师和学生围桌而坐。教学活动第一步就是组织学生读书：教师要么给学生分角色，要么就是简单分段落，组织学生一个接一个读下去，出声读，读几页后叫停。第二步，组织学生讨论：通常都是教师提问，学生回答，回答不出时可以讨论甚至查资料。提的问题既有关于个别词句的，也有关于人物性格、作品主题的。比如，一个教师引导学生学习《哈姆雷特》，提的问题就有：

（1）"fine pate"，what's mean, fine? ——这是针对个别词句的。

（2）Hamlet got mad. What's he suffering? ——这是针对情节的。

（3）How do you think about this character? ——这是针对人物性格的。

学生不仅认真聆听教师提问、同伴发言、教师反馈，而且争相发表个人见解，认认真真做课堂笔记。

读到哈姆雷特发疯的语段时，教师还让学生上网查找相关剧照，以加深对人物形象的理解。

总而言之，英国教师课堂上就是组织、引导学生读书——读整本的书，而非节选。一页一页读，出声读，而非默读。读几页，议一议。再读几页，再议一议。就这样蚂蚁啃骨头般一页一页读下去。据了解，一本书读完，至少需要两个月。GCSE（General Certificate of Secondary Education）两年（10—11年级），至少研读三本书；A-level 两年（12—13年级），至少研读六本书。

"整本书阅读"是不是仅靠课堂研读就够了？不是的。几位英国教师坦言，除了课堂教学，他们还经常给学生布置一些"Essay Question"，让学生课下围绕"Essay Question"阅读并撰写论文。一个学生说，仅《麦克白》，老师就布置他们写了至少 8 篇论文。在 Bolton Sixth Form，我凑巧听到一节 13 年级文学考试课。从试卷看，就是要求学生围绕一个"Essay Question"写一篇 1 000 字左右的文章。

可见，英国的"整本书阅读"一直伴随着大量写作，或者说"以写促读""读写一体"是英国"整本书阅读"教学的基本策略与形式。

English Literature 课，为什么会呈现出师生共读整本书的课堂形态以及围绕"Essay Question"大量写作的课下形态？

看看英国考试委员会之一 AQA 拟制的 2017 年 GCSE 文学考试卷，或许能明白一二。

这套文学考试卷分两卷、两次考完。第一卷，考莎士比亚和 19 世纪小说。Shakespeare，命题者提供了 Macbeth 等 6 部作品 6 个问题供学生任选其一作答。试题形式，以 The Merchant of Venice 为例，命题者提供了第三幕第

四场的一段摘录,拟制了以下问题:

> 从这段演说开始,探究莎士比亚如何将波西娅描绘成威尼斯商人中一个强大的女性角色。写作关于:
> 莎士比亚如何在本次演说中表现波西娅?
> 莎士比亚在整个戏剧中把波西娅描绘成一个坚强女性角色的程度。

这道题目总共 34 分,其中 30 分针对答题,4 分针对拼写、标点、词汇、结构等基本表达技能。

The 19th Century Novel,命题者提供了 Charles Dickens 等 6 位作家的 7 部作品 7 个问题(Charles Dickens 两部作品)供学生任选其一作答。试题形式,以 Charlotte Brontë 的 Jane Eyre 为例,命题者提供了第 7 章的一段摘录,拟制了以下问题:

> 从这个节选开始,探索勃朗特把简·爱描绘成他人残酷行为受害者的程度。写作关于:
> ● 在节选部分,勃朗特如何将简·爱描述为受害者?
> ● 在整部小说中,勃朗特如何深入地把简·爱描绘成一个他人残酷行为的受害者?

这道题目 30 分,主要针对学生答题予以评判。

可以看出,无论是考莎士比亚还是 19 世纪小说,试卷上仅提供一段节选文字,命制两道试题:第一道针对节选语段命制,第二道则针对整本书命制。考生若不熟悉整本书内容,是无法解答第二题的。而且,回答这样的题目,就相当于写篇小论文。

其他考试委员会命制的题目与此大同小异。这恐怕就是英语文学课上,教师带领学生深入完整地研读整本书、课下再布置学生围绕"Essay Question"频繁写论文的重要原因。

那么,AQA 等各大考试委员会为什么这样设置考题?我从英国教育部颁布的课程标准中找到了答案。

课程标准《英国文学 GCSE 课程内容和评估目标》明确规定"应使学生具

备欣赏英国文学遗产的深度和力量","学生应详细学习一系列高质量、智力上带有挑战性的、内容充实的完整的文本","英语文学中的 GCSE 规格应在学生阅读全文的基础上进行设计"。

原来,课程标准不仅规定了要读整本书,而且强调考试时必须立足整本书设置考题。

不仅如此,课程标准对 GCSE 以及 A-level 阶段的 English Literature 阅读范围也有明确规定:要求学生"流畅地、理解性地阅读包括诗歌、散文、戏剧、小说在内各种经典文学作品",GCSE 阶段需详细学习"至少一部莎士比亚戏剧,至少一部 19 世纪小说(不包括短篇),1789 年以来的诗歌选集(包括代表性的浪漫主义诗歌),1914 年起不列颠群岛的小说或戏剧";A-level 阶段的学生必须阅读的作品中"1900 年之前出版的至少要有 3 部,包括至少一部莎士比亚戏剧""至少一部是在 2000 年后首次出版或发行"。简言之,课程标准要求英国学生 GCSE 以及 A-level 阶段阅读的文学作品,从体裁上,涵盖诗歌、戏剧、小说、散文多个门类的多个流派;从时间上,涵盖各个时代(包括当代);范围相当广泛,并且突出经典。

AQA 等考试委员会严格遵循课程标准拟制书单、编写教材、命制试题。学校参加哪家考试委员组织的考试,自然就会选用这家考试委员会编写、出版的教材教辅,在这家考试委员会拟定的书单中选择读物。

就这样,课堂围绕考试跑,考试围绕课标跑,国家课程标准经由 AQA 等各大考试委员会编写的教材教辅、拟制的试题,再经由学校教学落到了实处。英国的整本书阅读,从课程标准,到教材、课堂,再到考试,做到了高度一致。

英国为什么这么重视整本书阅读?因为整本书阅读在促进学生心智发展、培养学生批判性思维技能、帮助学生形成正确的世界观、人生观、价值观方面具有篇章阅读无法取代的优势。正因为此,整本书阅读也引起了我们国家的高度重视。《普通高中语文课程标准(2017 年版)》正式将"整本书阅读与研讨"列为 18 个学习任务群之首,即将投入使用的部编教材高中语文第一册第五单元就是整本书阅读,阅读书目是《乡土中国》。但是,如何开展整本书阅读教学?如何对整本书阅读进行测评?如何做到课标、教材、教学、考试的高度一致?英国的做法或许能给我们一些启示。

2019 年 5 月

三、英国 GCSE 文学教学及考试对我国的启示

GCSE 是"General Certificate of Secondary Education"的缩写,中国一般译为"普通中等教育证书"。但英国 GCSE 阶段指的是 10 年级、11 年级,大体相当于我国的高一、高二。GCSE 是英国 11 年级学生必须参加的考试。

与我国语文学科相当的 English,是英国基础教育阶段的核心学科,所有学生必修必考,课程设置却与我国明显不同:在我国,语文就是语文,兼管语言和文学,平衡工具与人文;而在英国,English 分为 English Language 与 English Literature,10 年级之前,一起教,分开考;10 年级开始,分开教,分开考。

将 English Literature 作为一门课程单列,凸显了英国教育对文学的高度重视。那么,英国 GCSE 阶段的文学教学有什么特点,如何进行考试,与我国同阶段文学教学及考试有什么不同,对我国语文课改或教改有何启示,就成为我在英国研修期间重点关注的几个问题。

通过深入英国多所学校进行课堂观察并在课后访谈师生,同时借助文献研究分析英国教育部制定的相关课程标准及 AQA 等几大考试委员会拟制的 GCSE 文学考试卷,对比分析我国现阶段高一、高二文学教学与考试,我对以上问题有了比较深入的思考和认识。

1. 英国 GCSE 阶段的文学教学

通过实地走访和课堂观察,我发现英国 GCSE 阶段的文学教学有以下特点:

(1) 课程单列

据观察,English Language 与 English Literature 承担着不同的教育功能:前者主要是教学生识字、拼写、掌握语法、阅读各类文章、熟悉各类文体的写作,重在培养学生基本的读写技能及思辨阅读能力、创意写作能力;后者主要

是对文学作品(通常是整本书)的阅读、理解及鉴赏,重在培养学生的文学审美能力及批判性思维技能,也承担着塑造学生品格、传承英国文化及价值观的功能。GCSE 阶段将 English Literature 作为一门课程单列,凸显了英国教育对文学的高度重视。

(2) 教室专用

在我走访的学校里,English Literature 都有专用教室。这样做的一大好处就是教室布置可以围绕学科教学,突出学科特色,彰显学科文化。如在 Bolton UTC 的 English Literature 专用教室的墙上,就贴着莎士比亚头像,围绕头像,列出了阅读评价其作品的几个维度。此外,很多 English Literature 专用教室里都放置着摆有各种文学作品的书架,贴有必读书的封面画,学科特色鲜明,文化气息浓郁。

(3) 课堂研读整本书

就我观察的几节课而言,文学教学的基本形式就是教师在课堂上引导学生读书——读整本的书,而非节选。不管读《麦克白》还是《艰难时世》,教师在课堂上就是组织学生一页一页读,出声读。读几页,议一议;再读几页,再议一议。议的问题既有关于词句理解的,也有关于形象分析、背景讨论的。据了解,这样在课堂上一页一页研读,一本书至少需要两个月才能读完。GCSE 两年,英国师生在课堂上至少要研读三本书——完整的书。

(4) 有专门的教材、教辅

这三本书从哪选,怎么选?并非随心所欲。英国教育部制定并颁布有明确的 English Literature 课程标准,AQA、WEJC 等各大考试委员会依据课程标准拟定书单,编写并出版教材教辅,拟制试题。学校选择参加哪家考试委员组织的考试,自然就会选用这家考试委员会编写、出版的教材教辅,在这家考试委员会拟定的书单中选择读物。如 Bolton UTC 选用的教材就是 WEJC 编选的《WEJC 诗歌选集》《麦克白》《圣诞颂歌》,而曼彻斯特另一所学校选用的却是 AQA 的《AQA 诗歌选集:过去和现在》《麦克白》《艰难时世》。

(5) 阅读体裁多样且突出经典

《英国文学 GCSE 课程内容和评估目标》(英国教育部 2015 年 7 月 28 日颁布)[1]规定,要让学生"流畅地、理解性地阅读各种经典文学作品",学生需详细学习"至少一部莎士比亚戏剧,至少一部 19 世纪小说(不包括短篇),1789 年以来的诗歌选集(包括代表性的浪漫主义诗歌),1914 年起不列颠群岛的小说或戏剧"。AQA 等考试委员会拟制书单、编写教材都严格遵循这些规定。因而,英国 GCSE 阶段的文学教学兼顾戏剧、小说、诗歌等多种体裁,并且突出经典。

(6) 以写促读,读写一体

英国的文学阅读一直伴随着大量写作。一位教师坦言,除了课堂教学,她还经常给学生布置一些 Essay Question,让学生课下写文章。一个华人学生告诉我,仅《麦克白》,老师已经布置他们写了至少 8 篇文章。可见,英国 GCSE 阶段的文学教学强调"读写一体",注重"以写促读"。

2. 英国 GCSE 阶段的文学考试

GCSE 阶段 English Literature 教学为何呈现以上特点?考试考什么,怎么考,有何特点?

不妨先看一套 AQA 拟制的 2017 年 GCSE 文学考试卷:

(1) 第一卷,莎士比亚和 19 世纪小说[2]

考试日期:2017 年 5 月 22 日;答题时间:1 小时 45 分钟;分值:64 分。

一卷内容由 A、B 两部分组成。考生需从 A、B 两部分各选一个问题作答。

A 部分:Shakespeare(莎士比亚)

命题者提供了 Macbeth 等 6 部作品 6 个问题供学生任选其一作答。试题形式,以 The Merchant of Venice 为例,命题者提供了第三幕第四场的一段摘录,拟制了以下问题:

> 从这段演说开始,探究莎士比亚如何将波西娅描绘成威尼斯商人中一个强大的女性角色。写作关于:
> ● 莎士比亚如何在本次演说中表现波西娅?
> ● 莎士比亚在整个戏剧中把波西娅描绘成一个坚强女性角色的程度。
>
> (30 分)　　AO4(4 分)

B 部分:The 19th century novel(19 世纪小说)

命题者提供了 Charles Dickens 等 6 位作家的 7 部作品 7 个问题(Charles Dickens 两部作品)供学生任选其一作答。试题形式,以 Charlotte Brontë 的

Jane Eyre 为例,命题者提供了第 7 章的一段摘录,拟制了以下问题:

> 从这个节选开始,探索勃朗特把简描绘成他人残酷行为受害者的程度。写作关于:
> - 在节选部分,勃朗特如何将简描述为受害者?
> - 在整部小说中,勃朗特如何深入地把简描绘成一个他人残酷行为的受害者?
>
> (30 分)

可以看出,第一卷 A、B 两部分,无论是考莎士比亚还是 19 世纪小说,都给了学生自由选择的空间;试卷上仅提供一段节选文字,命制两道试题:第一道针对节选语段命制,第二道则针对整本书命制。考生若不熟悉整本书的内容,是无法解答第二题的。这恐怕就是英语文学课上,教师带领学生深入完整探讨一本书的重要原因。

从评分来看,第一卷总分 64 分,60 分用于考查学生对作品的概括、分析、评判等能力,4 分用于评估学生的基本表达技能:词汇和句子的使用、文章的结构、目的和效果、拼写和标点等。

(2) 第二卷:现代文学和诗歌[3]

考试时间:2017 年 5 月 26 日;答题时间:2 小时 15 分钟;分值:96 分。

试卷内容由 A、B、C 三部分组成。考生需从 A、B 两部分各选一个问题、从 C 部分选两个问题作答。

A 部分:Modern prose or drama(现代散文和戏剧)

命题者提供了 Animal Farm 等 12 部作品 24 个问题供学生任选一部作品及与之对应的一个问题作答。该部分试题形式以 George Orwell 的 Animal Farm 为例:

> 或者 17."奥威尔为动物农场创造了一个令人震惊和意想不到的结局。"你在多大程度上同意这一说法? 写作关于:
> - 小说结尾发生了什么?
> - 奥威尔如何呈现结局?
>
> (30 分)　　AO4(4 分)

或者 18. 奥威尔是如何利用雪球的特性来探索动物农场的领导理念的？写作关于：
- 雪球说了什么做了什么,发生了什么？
- 奥威尔如何呈现雪球这一形象？

（30分） AO4(4分)

第二卷 A 部分,试卷上连节选语段都没有了,命题者只提供书名和试题。每本书,两道题,任选其一,还是给了学生自由选择的空间。学生必须得对整本书非常熟悉且有自己的评判和思考,才有可能做好这类题。

这部分一个问题,34分,其中30分针对回答问题,4分用于评估学生的表达技能,可见英国对基本写作规范的重视。

B 部分：Poetry(诗歌)

该部分主要针对 *AQA Anthology Poems：Past and Present* 设置题目。命题者提供了该诗歌选集中的两大主题"Love and relationships""Power and conflict"以及每个主题之下的 15 首诗的标题、作者。每个主题设计一道题目,学生任选其一作答。试题形式如下：

或者　　　　　　Love and relationships
你已经学过的诗歌如下(命题者列出了 15 首诗的标题、作者,此处略)
命题者提供了 *Mother, any distance* 一诗全文。

25. 比较诗人在 *Mother, any distance* 和 "Love and relationships" 中的另一首诗如何表现成长。

或者　　　　　　Power and conflict
你已经学过的诗有(命题者列出了 15 首诗的标题、作者,此处略)
命题者提供了 *Bayonet Charge* 一诗全文。

26. 比较 *Bayonet Charge* 和 "Power and conflict" 中的另一首诗,说说诗人如何呈现战争的影响。 （30分）

第二卷 B 部分考诗歌比较阅读,一道题,30分。该部分考的诗歌都是学生学过的。两大主题"Love and relationships""Power and conflict",学生可自由选择。命题者提供每一主题涉及的 15 首诗标题、作者,有助于学生回忆、选择。从试题形式看,命题者提供一首诗的全文,要求考生从提供的篇目中自主选择另一首进行比较,重在考比较阅读。我认为,考生应该会背所选诗歌,才有可能进行比较阅读。英国就这样将背诵考查巧妙地隐藏在这道比较阅读题中。

C 部分:Unseen poetry:Answer both questions in this section
该部分考学生没有读过的诗,要求回答两个问题。
命题者先提供了 Alan Bold 的一首诗 Autumn(内容略),要求考生读后回答:

27.1 在 Autumn 中,诗人如何呈现秋季的影响?(24 分)

然后又提供了 Billy Collins 的一首诗 Today(内容略),要求考生读后回答:

27.2 在 Today 和 Autumn 中,演讲者都描述了人们对季节的态度。诗人呈现这些态度的方式有什么相似之处和/或不同之处?(8 分)

第二卷 C 部分考课外诗歌。两首诗,两道题目,一主一次,但都侧重考诗人的表现方式。第一道题目针对第一首诗,24 分;第二道题目,从第二首诗出发,要求和第一首诗比较,还是考比较阅读,分值 8 分。C 部分合计 32 分,比 B 部分多 2 分。

总的来看,英国 GCSE 文学考试有以下特点:
一是分两卷两次考,题量大,分值高。

两张试卷,分两次考,总分 160 分,考试时间总计 4 个小时,学生需从 41 个 Essay Question 中选择 6 个作答,实际上等于写 6 篇论文。这么高的分值、这么大的题量凸显了文学在英国教育中的重要地位。事实上,英语和数学一直是英国基础教育阶段的核心学科,被提至国家战略的地位予以强调。文学更是潜移默化地强化国家意识、传递英国价值观的重要载体,在考试中如此重视,也就不足为奇。

二是提供的题目多,给学生充分的自由选择空间。

英国文学考试卷的一大亮点就是提供的题目多,给考生充分的自由选择空间。第一卷,13 个 Essay Question,学生选做 2 个;第二卷,28 个 Essay Question,学生选做 4 个。这么充分的可选空间在我国语文试卷上还不曾见到。

三是涉及的文学种类多且兼顾各个时期。

两张试卷,涉及小说、诗歌、戏剧、散文,突出莎士比亚、19世纪小说、现代散文、戏剧与诗歌,所考作品兼顾各个时期,明显是在严格落实英国教育部门制定的《英国文学 GCSE 课程内容和评估目标》:学生需详细学习"至少一部莎士比亚戏剧,至少一部 19 世纪小说(不包括短篇),1789 年以来的诗歌选集(包括代表性的浪漫主义诗歌),1914 年起不列颠群岛的小说或戏剧。"考试时,莎士比亚戏剧、19 世纪小说(不包括短篇)、当代作品至少各有一个。

四是突出经典,突出整本书阅读。

莎士比亚被单列出来且放在第一卷 A 部分考查,可见英国对莎翁、对经典的推崇。以考试的形式逼着学生读经典,由此可见一斑。而且,英国文学考试,突出对整本书的考查,这一点不仅体现在对莎士比亚作品和 19 世纪文学作品的考查上,还体现在对现代散文与戏剧乃至诗歌的考查上。很多题目,不熟悉整本书,是无法下笔的。

之所以如此,同样是国家导向。《英国文学 GCSE 课程内容和评估目标》明确规定"应使学生具备欣赏英国文学遗产的深度和力量","学生应详细学习一系列高质量、智力上带有挑战性的、内容充实的完整的文本","英语文学中的 GCSE 规格应在学生阅读全文的基础上进行设计"。

五是突出课内,兼顾课外。

从 AQA 2017 年这套 GCSE 文学试卷看,除了第二卷 C 部分明确注明是 Unseen poetry(未见过的诗)外,其他列在试卷上的,都是 AQA 推荐书目中的,或者就是 AQA 编写的课本(如《诗歌选集》)。由此可见,英国 GCSE 文学考试,非常注重对学生确实读过的作品的考查,同时也兼顾课外。我认为这种"读什么,就考什么"的导向至少有利于学生把该读的扎扎实实读好。

六是注重思辨能力的考查,强调表达规范。

所设题目,突出对思辨能力的考查。以诗歌为例,课内诗歌,考比较阅读;课外诗歌,还考比较阅读。而"比较"恰恰最能反映学生的思辨能力。另外,两张试卷,都有 4 分用于评估学生对词汇、句子、结构、标点的运用,占总分值的 5%,可见英国对表达规范的重视。

3. 我国高一、高二的文学教学及考试

我们国家也一贯重视文学教育,但由于文学传统、教育体系、课程体系、考试体系等的不同,我国高一、高二的文学教学与考试呈现出与英国迥然不同的特点:

（1）从课程体系来看，文学阅读一直是我国语文课的重要组成部分，但一直到高中，都并没有单列出来作为一门独立的课程。

（2）从教材编写来看，我国的文学阅读虽然以单元形式存在，但一直与其他类型的文本单元如论说文单元、说明文单元等杂糅在一起，也没有单列。

（3）从教材选文来看，虽然兼顾了诗歌、戏剧、小说、散文，兼顾了古今中外，但严重不均衡。具体表现就是散文、诗歌多，小说相对少，戏剧是点缀。如上海目前使用的高一、高二语文教材，散文44篇，诗歌29首，小说14篇，戏剧仅3篇。29首诗歌中，古诗词21首，毛泽东词1首，现代诗5首，当代诗2首。入选的中长篇小说，都是节选，无全本[4]。吉林、河南等目前使用的人教社语文教材，1—5册中，诗歌26首，其中古诗词21首，毛泽东词1首，现代诗3首，无当代诗；散文27篇，其中古代散文13篇，现代散文7篇，当代散文3篇，外国散文4篇；小说6篇，其中古典小说2篇，现代小说2篇，外国小说2篇；戏剧3篇，其中元杂剧1篇；现代话剧1篇，外国戏剧1篇；另有名著导读8部，其中中国4部，外国4部[5]。

（4）从考试体系来看，文学作品的考查只是语文试卷的一个组成部分，也没有单列。而且，我国高中阶段对文学作品的考查，现代文部分历来青睐散文，其次是小说。新诗、剧本几乎不考。文言诗文部分，历来青睐古诗、古代散文。古代小说、戏剧也几乎不考。再有就是我们的考试题目全是必做题，学生没有选择的自由和空间。我们的高考文学作品选文，只选课外语段，对课内语段避之唯恐不及。我们的文学作品考试，不涉及整本书，也不让学生写论文。

（5）从教学现状来看，文学教学既受教材、课时等限制，也直接受高考指挥棒的影响。高考不考的干脆不教，对很多学校而言，教材上为数不多的新诗、剧本就是摆设。小说如果是节选，课堂上就以节选为主，教师是没有时间在课堂上带着学生阅读整本书的。

4. 英国GCSE文学教学及考试对我国的启示

教育从来都是国家战略的重要组成部分。不能否认，国家层面的考试对一线教学的指挥棒作用；更不能否认，文学作品对人的成长的潜移默化却又无比巨大的影响。

联系我国政府正在推进的新一轮课程改革及教学改革，尤其是新课标强调的"整本书阅读与研讨""中华传统经典阅读"，对比中英两国同学段文学教学与考试，或许我们可以得到如下启示：

（1）尝试在高年级学段，将语言与文学单列，凸显文学地位。

自古以来，文学作品就以其喜闻乐见的形式备受欢迎，其潜移默化的教育教化功能更是受到历代统治者的高度重视。然而，语文作为一门独立的学科出现以后，除1955年至1958年被分设为汉语和文学两门学科进行教改实验之外[6]，其余时间一直是语言与文学合二为一。这样做尽管有表面上化繁为简的好处，但也在一定程度上弱化了文学地位，淡化了文学的教育教化功能，更重要的是引发了人们对语文学科概念内涵、学科功能的诸多争议。

尽管有不少学者呼吁将语言与文学各自单列，但直到今天，文学阅读也仅仅是语文学科的组成部分之一，且常常与其他类型的文本如实用类文本杂糅在一起。鉴于新课标强调"整本书阅读""中华传统经典阅读"，参考英国课程设置及教学实施，我认为可以尝试在高年级学段将语言与文学各自单列以凸显文学地位，同时也便于实施类似《红楼梦》这样的经典巨著的"整本书阅读与研讨"及其他"中华传统经典阅读"。

（2）国家制定文学阅读标准，命题部门给出明确阅读范围并据此命题。

不同学段、不同年级的文学阅读应该达到怎样的标准？能否从量与质两方面予以明确规定？翻阅《普通高中语文课程标准（2017年版）》[7]，我们欣喜地看到18个学习任务群中，"文学阅读与写作"赫然在列，而且"附录"部分给出了"古诗文背诵推荐篇目""关于课内外读物的建议"；"学业质量"部分也给出了有关文学阅读的5个等级。尽管任务群的设置多有交叉，如"文学阅读与写作"就与"整本书阅读与研讨""中国现当代作家作品研习""外国作家作品研习"等有交叉，阅读数量、质量评价上依然使用了一些比较模糊、难以把握的词语，但相较于之前的课程标准已有明显进步。

如果想强化文学的地位及其育人功能，可借鉴英国经验，单设文学阅读标准，且要求国家层面的命题部门据此拟定更加明确的阅读范围并在命题时予以遵循。

（3）凸显中华传统文化，凸显经典作家作品。

古今中外的文学作品浩如烟海，基础教育阶段应该让学生研读什么样的文学作品，牵涉到"培养什么人，怎样培养人，为谁培养人"这一根本问题[8]。我不否认当今世界我们应该具有国际视野，但我更想强调的是国际视野下的家国情怀。英国也注重培养学生的国际视野，但看看他们的English Literature，从课标到教学再到考试，无一不凸显英国传统文化，凸显经典作家作品，我想这是非常值得我们借鉴的。

中华民族有五千年的灿烂文化,在这奔腾不息的文化长河中,我们有太多的经典作家及作品,但是读什么、怎么读,哪些作家、作品是每一个合格公民在基础教育阶段必须研读的,我们想借此把后代导向何处?这些涉及价值引领、文化传承的问题恐怕是不容也不该回避的。尽管回答这些问题有一定难度,我还是强烈建议国家相关部门在强化文学地位及其育人功能时,凸显中华传统文化,凸显经典作家作品。

(4) 兼顾诗歌、散文、戏剧、小说,兼顾古代、现代、当代。

如前所述,现行语文教材选文虽然兼顾了诗歌、戏剧、小说、散文,兼顾了古今中外,但严重不均衡,新诗很少,戏剧几乎是点缀。考试青睐散文、古诗,小说次之,新诗、戏剧不考。这就导致教材上为数不多的新诗、剧本沦为摆设。

基础教育阶段的文学学习,可以有所侧重,但应兼顾各种体裁、各个时代。建议参考英国做法,课标、教材、考试三位一体,合力强调诗歌、散文、戏剧、小说的兼顾,古代、现代、当代的兼顾。

(5) 强调并落实对整本书阅读的考查,以考试倒逼课堂教学改革。

长期以来,囿于教材篇幅的限制,我们的语文课本中是不涉及整本书的。然而新课标提出了"整本书阅读与研讨",据悉新教材也将某一本书如《红楼梦》等单列一个单元,这固然从形式上突出了整本书阅读,但在整个课程框架基本不变的情况下,语文课时并不会增加。如果"整本书阅读"不纳入国家层面的考试,极大的可能是沦为浅阅读甚至伪阅读。鉴于英国的有效做法,建议从国家层面充分发挥考试指挥棒的作用,强调并落实对整本书阅读的考查,以考试倒逼课堂教学改革。

(6) 试题命制兼顾课内、课外,并且要给学生选择的自由和空间。

长期以来,我们的高考文学作品,只选课外语段,对课内语段则避之唯恐不及。虽说"语文教材无非是个例子"[9],但这样做的最大危害就是学生对语文教材缺乏应有的尊重,对语文学科也难以发自内心的重视。语文教学的"少、慢、差、费"[10]是否与此有关,我想还是值得深思的。再有就是我们的考试题目全是必做,学生根本没有选择的自由和空间。而英国文学考试的最大亮点不仅在于"学什么,考什么",从而最大限度地保证了课标、教材、教学、考试的高度一致,更在于试题的可选择性,这样既兼顾了覆盖面,又照顾到学生的个体兴趣,这也是非常值得借鉴的有效做法吧?

(7) 突出比较阅读,突出对学生思辨能力的考查。

在研读文学作品时,比较是最有助于培养学生思辨能力的。如前所述,英国的文学考试非常注重比较阅读,英国教师在课堂上经常引导学生就两首诗或两部作品进行多角度多层次的比较。我国高考试卷中对比较阅读也有所涉及,但囿于试卷长度、考试时间等,比较的深度、广度等都难以与英国同学段文学考试相提并论。而思辨能力显然又是我国学生亟须提升的一项能力。有鉴于此,建议我们的文学作品教学与考试,突出比较阅读,突出对学生思辨能力的考查。

以上就是笔者到英国研修之后的一些认识。一言以蔽之,就是要从国家层面强化文学教学的地位,充分发挥考试指挥棒的作用,凸显文学的教育教化功能。

参考文献:

[1] Department for Education. English literature GCSE subject content and assessment objectives(2015.7.28)[J]. https://assets.publishing.service.gov.uk.

[2] AQA.2017年 GCSE English literature Paper 1 Shakespeare and the 19th century novel[J]. https://filestore.aqa.org.uk.

[3] AQA.2017年 GCSE English literature Paper 2 Modern Texts and Poetry[J]. https://filestore.aqa.org.uk.

[4] 上海市中小学(幼儿园)课程改革委员会.高级中学课本:语文(试用本)[M].上海:华东师范大学出版社,2008.

[5] 人民教育出版社,中学语文课程教材研究开发中心,北京大学中文系语文教育研究所.普通高中课程标准实验教科书:语文(必修)[M].人民教育出版社,2006.

[6] 卢永芳.试论五十年代的汉语、文学分科教学[J]. https://wenku.baidu.com/view.

[7] 中华人民共和国教育部.普通高中语文课程标准(2017年版)[S].北京:人民教育出版社,2018.

[8] 华宁.培养什么人是教育的首要问题[J]. http://opinion.people.com.cn.

[9] 叶圣陶.叶圣陶教育文集:第3卷[M].北京:人民教育出版社,1994.

[10] 吕叔湘.当前语文教学中两个迫切问题[N].人民日报,1978-03-16.

四、基于高阶思维培养的问题引领式群文阅读教学实践及反思

在开展基于高阶思维培养的"问题解决型"专题写作教学时,我深切意识到在现有教育情境下,离开了大量阅读支撑的写作教学,怎么看都是孤木难支、孤掌难鸣的。如何进一步提高写作教学实效?如何进一步改进阅读教学——包括课内阅读和课外阅读——以期实现读与写的紧密结合、相互促进?

针对传统读写结合放任自流、效率低下这一痼疾,以读书笔记为抓手,自2010年起,我开始尝试基于高阶思维培养的"问题引领式"读写互促实践研究,"群文阅读"就是其中的一个分支。

1. 概念阐释

首先,厘清三个概念:

(1) 高阶思维。

高阶思维是发生在较高认知水平上的心智活动或认知能力。按照2009年11月第1版的《布卢姆教育目标分类学(修订版)》,高阶思维包含分析、评价、创造三种思维能力。这三个类目又分别包含若干不同的子类目,并有各自对应的同义词和定义。具体见表1:

表1 认知过程维度表[1]

分 类	同 义 词	定 义 及 其 例 子
分析:将材料分解为它的组成部分,确定部分之间的相互关系以及各部分与总体结构或总目的之间的关系		
1. 区别	辨别,区分聚焦,选择	区分呈现材料的相关与无关部分或重要与次要部分(例如,区分一道数学文字题中的相关数字与无关数字)

(续表)

分类	同义词	定义及其例子
2. 组织	发现连贯性 整合，概述 分解，构成	确定要素在一个结构中的合适位置或作用（例如，将历史描述组织起来，形成赞同或否定某一历史解释的证据）
3. 归因	解构	确定呈现材料背后的观点、倾向、价值或意图（例如，依据其政治观来确定该作者文章的立场）
评价：基于准则和标准做出判断		
1. 检查	协调，查明 监控，检验	发现一个过程或产品内部的矛盾和谬误，确定一个过程或产品是否具有内部一致性；查明程序实施的有效性（例如，确定科学家的结论是否与观察数据相吻合）
2. 评论	判断	发现一个产品与外部准则之间的矛盾；确定一个产品是否具有外部不一致性；查明程序对一个给定问题的恰当性（例如，判断解决某个问题的两种方法中哪一种更好）
创造：将要素组成内在一致性的整体或功能性整体；将要素重新组织成新的模型或结构		
1. 产生	假设	基于准则提出相异假设（例如，提出解释观察的现象的假设）
2. 计划	设计	为完成某一任务设计程序（例如，计划关于特定历史主题的研究报告）
3. 生成	建构	生产一个产品（例如，有目的地建立某些物种的栖息地）

布卢姆的分类，为教师在教学实践中将高阶思维能力的发展与具体的课程和教学有效整合起来，为教师评价自我教学是否有利于促进学习者的高阶思维能力提供了一种便利图式。

（2）问题引领式。

此处的"问题"不同于之前提到的"问题解决型"专题写作中的问题。那里的"问题"指的是学生习作中出现的与高阶思维能力密切相关的真实问题，而此处的"问题"指的是教师在指导学生读书时，提出的一些富有启发意义的引领性问题。

所谓"问题引领式"，就是教师为了破解传统读写结合放任自流、效率低下这一顽疾，在指导学生读书时，提出一些富有启发意义的引领性问题，并指导学生带着问题去阅读,围绕问题去写作,从而把读和写紧密结合起来,实现阅读和写作相互促进的一种学习方式。

(3) 群文阅读。

"群文阅读"是近几年出现的一个热词。最早提及这个词的是台湾小语会前理事长赵镜中先生。他在全国第七届阅读教学观摩会的主题演讲中描述台湾新课程改革后阅读教学的一种变化:"……学生的阅读量开始增加,虽然教师还是习惯于单篇课文的教学,但随着统整课程的概念推广,教师也开始尝试群文的阅读教学活动,结合教材及课外读物,针对相同的议题,进行多文本的阅读教学。"[2]

大陆在群文阅读方面走在前列的似乎以小学教师居多,且对群文阅读的界定多受赵镜中先生影响。比如,杭州特级教师蒋军晶认为,群文阅读就是在较短的单位时间内,针对一个议题,进行多文本的阅读教学[3]。广东特级教师李祖文在此基础上有所发展,他认为,"群文阅读"就是针对一个与教材结合且又让学生关心、感兴趣的议题,根据所要达成的目标要求,选择一组有意义且具互文性的文本,进行允许学生自主选择的阅读教学,从而让学生在讨论分享中建构对某个概念的较全面的认知,进而全面提高学生阅读素养[2]。

而我依据自己的实践探索,将群文阅读界定为:把基于某种关联组合到一起的一组文章视为一个整体,引导学生在阅读过程中发现关联,建立联系,在比较辨析、质疑批判、迁移应用中提升思维品质及读写能力的一种学习方式。

在我看来,群文阅读的关键在于:视为整体,建立联系,批判质疑,读写一体。其旨归在于:优化思维品质,提升读写能力。

而且,必须强调,我所理解的群文阅读并不排斥单篇阅读甚至单篇精读。很难想象,离开了单篇阅读甚至是重难点篇目的单篇精读的群文阅读会空泛粗疏到何种程度。但是,群文视域下的单篇阅读甚至精读又绝不等同于以往的单篇阅读,对其定位与价值挖掘必须建立在与其他文章视为一个整体的考量上,这就需要发现并建立与其他篇章的联系,阅读过程中强调批判和质疑,强调读写互促、读写一体,优化学生思维品质,提升学生读写能力。

2. 实践案例

读者可能更关心的是,在教学实践中,如何组织群文,如何设计并实施基于高阶思维培养的问题引领式群文阅读教学?请允许我结合自己的几个教学案例来回应并阐释这一问题。

案例1:主题关联(守与放)

第一步,提供阅读材料。

《守财奴》	巴尔扎克
《关汉卿》	田汉
《别了,哥哥》	殷夫
《告别权力的瞬间》	李辉
*《断魂枪》	老舍
*《金锁记》	张爱玲

前四篇源自沪教版教材高二年级第二学期第二单元,后两篇加"*"的为课外阅读推荐篇目。

从文体上看,这四篇涉及小说、戏剧、诗歌、散文四种文学体裁。以前在处理这个单元时,多数教师(包括我自己)一般只精讲一篇《守财奴》,最多再略讲一篇《告别权力的瞬间》,至于《关汉卿》和《别了,哥哥》,则忽略不计,一则因为想当然地认为戏剧和新诗没什么好讲的,二则因为高考根本不考戏剧和新诗。后者当为更重要的原因。这么多年,就这么教,似乎也没什么不妥。

但是,当我开始进行基于高阶思维培养的"问题引领式"读写互促实践研究,特别是为了进一步提高教学实效,有了"群文阅读"的意识以后,再来看这个单元,竟突然有了新的发现:这四篇文体各异的文章可以用一个非常有价值的人文主题贯穿,那就是"守与放"。于是,聚焦这一主题,我设计了一系列引领问题。

第二步,针对课内选文,给出引领问题,学生带着问题自主读写。

1. 每一篇的主人公在坚守或者放弃什么?
2. "守"和"放"是不是截然分开的?
3. 一个人"守"和"放"取决于什么?
4. 是什么影响了个体的价值取向?
5. 同一主题可借助不同的文体来呈现,诗歌、散文、小说、戏剧,你更喜欢哪种形式？为什么？请结合具体作品作答。

6. 葛朗台、殷夫、关汉卿、华盛顿四个人中的某两个或三个甚至四个若碰到一起，会发生什么有趣的对话？请展开联想和想象，写一段文字。

注意：对话要符合人物身份、性格。

以上1—4题属于简答题，重在引导学生发现并建立四篇文章之间的联系，并能由浅入深，由表及里，进行思辨性思考。第5题属于比较鉴赏题，表面上是了解学生的文体偏好，实际上是考查学生的文学审美能力。第6题属于脑洞大开的一个创意写作题，意在以写促读，以读促写，重在考查学生对不同篇章中人物身份、性格的把握，也暗含对人物所处时代、生活环境等的考查，学生写起来容易，但真正要写好，还有一定难度。

第三步，交流成果，听取老师、同学反馈后修改完善。

本计划1—5题，一节课；第6题，一节课。前者恰如预期，后者则超出我的预料。学生对创意写作的兴趣大大超出我的预期，本以为多数同学会选两个人相遇，写300字左右，没想到大多同学都设计了四个人相遇，且一写就是1 000多字，最多的一个写了5 000多字。不仅如此，他们已经不满足于小组传阅这种交流形式，而提出要以小组为单位，选出最优秀的一篇，上台表演。我同意了学生建议，但提出必须虚心听取台下同学的评议。

于是就有了以小组为单位上台表演这一环节。有意思的是，表演过程中，观众对不符合人物身份、性格的台词变得异常敏锐，会指出"关汉卿是元朝的，他不可能这样说话"，或者"殷夫是为了坚守信仰，宁可舍弃手足亲情的革命青年，他碰到葛朗台，应该这样说……"更有意思的是，有的表演者自己说出人物台词后，马上嘟囔一句："好像不合适呀。"

我欣慰地看到，为了设计出符合人物身份、性格的台词，为了让自己设计的人物对话合情合理，学生不得不主动研读文本，查阅相关资料，把握人物性格及其生活的时代、环境等。而且，表演之后，带着不甘心和新发现，主动修改自己习作的同学多了，这倒是出乎意料的收获。

第四步，课外阅读，专题写作。

群文阅读也可实现由课内到课外的拓展。鉴于"守和放"这一人文主题的普遍性和导向性，我另外补充了老舍的《断魂枪》和张爱玲的《金锁记》，建议学生课外抽时间阅读，进一步思考"守和放"这一人生命题。

专题写作，即人们常说的大作文。为落实读写贯通、读写一体、读写互促这一理念，在组织学生研读完这组群文后，我和我的研究伙伴又设计了以下作文命题：

> 有人说：人总得坚守点什么。也有人说：放弃是一种境界。
> 对此，你有怎样的看法？自拟题目，写一篇不少于800字的议论文。

这个题目给出两个看似相反的观点，与之前的群文读写人文主题"守和放"密切相关，且充满思辨性，重在考查学生的逻辑思辨能力、迁移运用能力、创造性地表达自我的能力。

在开展了以"守和放"为主题的群文读写活动后，再写这个题目，对学生而言，已经容易很多。

从语文核心素养的角度审视本案例，文体偏好、创意写作、思辨写作均以语言的建构与运用为基础，依次凸显了文学审美、形象思维和逻辑思维的训练和提升，体现了语文学习的综合性与实践性。

案例2：文体关联（说理文）

第一步，提供阅读材料。

《六国论》	苏洵
《谈骨气》	吴晗
《俭以养德》	马铁丁
《想和做》	胡绳
《不要秘诀的秘诀》	邓拓

这五篇文章，均来自课外，属于自组群文，因为使用沪教版教材的高一学生在学写议论文时，课内竟没有适合初学者借鉴的规范说理文。本着读写互促、读写一体的教学理念，我以文体为关联点，兼顾写法的同中有异，选编了两组群文，此为其一。

第二步，给出引领问题，学生带着问题自主读写。

1. 通读5篇文章，它们和你之前熟悉的记叙文有何显著区别？

2. 每篇文章的中心论点是什么？作者有没有对中心论点的关键词进行解释？

3. 作者是如何围绕中心论点进行分析、阐释、论证、总结，从而构建起一个坚实的"说理支架"的？

4. 这几篇文章，作者分别针对什么现实，写给什么样的读者？

第1、2、4题相对简单，第3题相对较难，也是本组群文学习的一个重点。

第三步，交流成果。重点引导学生梳理每一篇的说理支架，比较异同，辨析高下，知其长，晓其短，发展学生批判性思维能力。

在群文视域下，引导学生通过梳理、比较，发现两种基本的说理支架：横式支架和纵式支架。在此基础上，重新审视并挖掘《谈骨气》的教学价值，发现了它的三点正向教学价值：第一，清晰的说理支架；第二，必要而准确的概念界定；第三，强烈的现实针对性及读者意识。同时，不回避《谈骨气》作为一篇说理文"主体部分纯用归纳法"的风险，我称其为反向教学价值。并由此出发，补充讲解了归纳法、演绎法，引导学生通过比较《谈骨气》《俭以养德》《六国论》三篇文章主体部分两到三个层次的内在逻辑，关注文章的内在思维品质。

我设计的两个问题是：

1. 这三篇文章主体部分的两到三个层次均不能调换顺序，但理由一样吗？通过比较，你认为哪一篇的思维品质更高？

2. 同样是为了与开头部分预设的分论点对应，《谈骨气》主体部分三个层次和《六国论》主体部分两个层次的内在逻辑一样吗？

针对第一个问题，学生发现：同样是不能调换顺序，理由却各不相同。《谈骨气》主体部分三个层次不能调换顺序，是为了与开头部分孟子的话对应；《俭以养德》主体部分三个层次不能调换顺序，是因为它们是按照"若不节俭，危害范围由小到大，危害程度由轻到重"的顺序排列的，逻辑上似乎有内在的递进；而《六国论》主体部分的两个层次不能调换顺序，也是因为要与第一段中预设的两个分论点一一对应。

针对第一个问题，学生发现：同样看似并列关系的若干层次，其内在逻辑并不相同。《谈骨气》主体部分三个层次由开头部分引用的孟子原话衍生。若孟子原话中的三个句子调换顺序,《谈骨气》主体部分的三个层次也得相应调换。即《谈骨气》主体部分三个层次的排序是由孟子的话决定的;而《六国论》中主体部分的两个层次虽然也与开头部分预设的两个分论点一一对应,但这两个分论点并非简单的并列关系,而是后者对前者构成必要且有力的补充,没有后者,前者就独木难支,文章就有巨大漏洞,为了弥补漏洞而设置的第二个分论点只能跟在第一个分论点之后。

经过比较辨析,学生意识到,同样是不能调换顺序,理由却各有不同。从内在逻辑和思维品质上看,《六国论》优于《俭以养德》,《俭以养德》又优于《谈骨气》。

借助群文,比较、辨析,学生思维不断碰撞,且在碰撞中不断提升。

第四步,专题写作。

这一次,我设计的题目如下:

1. 围绕论点"要敢于冒险",列出说理支架。
2. 以《要敢于冒险》为题,写一篇说理文。

学生先完成第 1 题,即列出说理支架,并相互评议,修改完善。然后再依据修改完善的说理支架扩展成文,完成第 2 题。训练有一定梯度。

从研究例文的说理支架,到列出自己的说理支架,考查的是学生的迁移运用能力。从列出支架,相互评议,到修改完善,扩展成文,不仅训练学生的逻辑思维能力、语言表达能力,还着力培养学生的批判精神和反思意识。

这一组文体关联的群文阅读案例,从语文核心素养的角度审视,依然是以语言的建构与运用为基础,从阅读到写作,从写法到思维,引导学生知其同辨其异,师其长避其短,发展批判性思维和说理的逻辑性。

案例3:文体关联(散文1)

第一步,提供阅读材料。

《笑》	冰心
《合欢树》	史铁生
《跨越百年的美丽》	梁衡

《目送》	龙应台
《藤野先生》	鲁迅
《从百草园到三味书屋》	鲁迅

  这六篇文章,第一篇出自沪教版初中教材,第二、三篇出自沪教版高中教材,第三、四、五篇出自课外。之所以编选这样一组群文,首先是基于文体关联,更重要的是基于这几篇在选材、组材方面的异中有同、同中有异,借此引导学生打破初高中、课内外的限制,学会由此及彼,发现联系、建立联系,比较辨析,迁移运用,提高读写散文的能力。

  第二步,给出引领问题,学生任选一个,带着问题自主读写。

  我设计的两个引领问题是:

  1. 从……看散文的散点式选材
  2. 从……看散文的散点式选材与时空设置

  第1题相对简单,第2题略难。学生根据自身能力任选其一,但需紧扣所选问题,自主研读这组文章,撰写一篇读书笔记。在读书笔记中,必须结合1—2篇名家之作如《笑》《合欢树》等进行分析,并结合自己此前的两次专题写作《回首来处》《……路上》进行反思。但以前者为主,后者为辅。

  第三步,专题研究及专题写作。

  在批阅学生读书笔记的基础上,结合对专题写作《……路上》的反馈,设计教学专题《散文的散点式选材和时空设置》,引导学生发现散文选材、组材的特点和规律,在此基础上,布置新的作文题目《×月×日这天》("×月×日"即为上课当天),意在考查学生的迁移运用能力。

  3. 反思改进

  在开展基于高阶思维培养的问题引领式群文阅读教学实践中,我逐渐意识到,最理想的状态应该是让学生自己发现问题,提出问题,然后带着问题去阅读和写作。但长期的被动应考已经让不少同学丧失了发现问题、提出问题的能力。如何培养学生的问题意识?如何引导学生提出有价值的引领性问题?结合散文群文阅读,我做了适当调整和尝试,借助案例4来加以说明。

案例4：文体关联（散文2）

第一步，提供阅读材料。

《合欢树》　　　　　　　　　史铁生
《秋天的怀念》　　　　　　　史铁生
《我与地坛》　　　　　　　　史铁生

编选这组文章，既出于文体关联，又出于作者关联，更出于内容关联。三篇文章都是散文，作者都是当代著名作家史铁生，内容都写到了自己的残疾和母亲。第一篇出自沪教版高中教材，第二篇出自沪教版初中教材，第三篇出自课外（现选入统编高中语文教材）。

第二步，引导学生学会提有价值的引领性问题。

我从读书须"入乎其内"、又须"出乎其外"两个角度引导学生。

"入乎其内"，可从熟知内容、把握思想、分析形象、体会情感、赏析手法、品鉴语言等六个角度进行提问。比如，"《我与地坛》中，为什么要写到一对夫妻、一个爱唱歌的小伙子、一个饮者、一个捕鸟的汉子、一个中年女工程师、一个有天赋的长跑家、一个漂亮而不幸的小姑娘？"学生受此启发，会提出"景物描写有何特点和作用"之类的问题。

"出乎其外"，则要跳出文本，尝试从联系自我、联系他人、联系生活、联系作者其他作品、联系他人对作者作品的评价等五个角度进行提问。比如，"同是写母亲，史铁生这三篇文章有何异同？"学生受此启发，提出了"从《我与地坛》看一个人的自我救赎"等有价值的问题。

第三步，学生带着问题阅读群文，撰写读书笔记。

这一次，研究《我与地坛》的学生明显增多，引领性问题涉及内容、写法、人物形象等多个方面，呈现出令人欣慰的进步。

总之，随着研究的深入，我的群文阅读教学呈现出越来越鲜明的特点。那就是问题引领，高阶思维，读写一体。具体而言，就是敢于打破初高中、课内外、阅读与写作、读书笔记与大作文、学习与生活等的界限，敢于从主题关联、文体关联、内容关联、写法关联、思维方式关联等多个维度自组群文，着力培养学生发现关联、建立联系、比较辨析、批判质疑、迁移运用的能力，以促进学生思维品质与读写能力的双重提升。也体现出我在语文教学上横向融通、纵向贯通、不通不达、唯通能达的通达观。

放眼语文教改,新课标、新教材对语文教学提出了全新挑战。18个学习任务群,"1+X"的编排理念,《乡土中国》《红楼梦》以"整本书阅读与研讨"的形态进入语文教材等,都在呼吁着教学理念的转变、教学方式的革新、教学效率的提高。

回顾、梳理近年来所做的基于高阶思维培养的"问题引领式"读写互促实践研究,尤其是在群文阅读教学方面的实践和探索,欣慰地发现自己某些想法、做法竟与新课标、新教材、新课改的核心理念高度契合。如何结合新课标、新教材,在高一新生中进一步实施并优化"问题引领式"群文阅读教学,引导高一新生发现不同篇章之间的联系,提出有价值的引领性问题,写出更高质量的读书札记、读书笔记,实现读写的深度融合与有力互促,是下一步我要着力解决的问题。

参考文献:

[1]（美）安德森,等.布卢姆教育目标分类学[M].蒋小平,等译.北京：外语教学与研究出版社,2009.

[2]李祖文.群文阅读,想说爱它也容易：浅谈对群文阅读一些概念的厘清[J].新教师,2015(8).

[3]蒋军晶."群文阅读"到底长什么样？[J].小学语文教师,2015(5).

2020年8月

五、今天,可以借《谈骨气》教什么?

《谈骨气》写于1961年春,是历史学家吴晗先生当年3月发表在《中国青年报》上的一篇短文。该文曾因入选人教版初中语文教材而影响了一代又一代人,后来教材改版,就被拿掉了。

今天,我为何还会想起《谈骨气》? 我想借《谈骨气》教什么?

先谈第一个问题:我为何还会想起《谈骨气》?

想起《谈骨气》,首先是因为当我开始教学生写议论文时(一般在高一下学期,最迟在高二上学期),发现所用教材(沪教版,第二册、第三册)中竟没有一篇适合学生起步阶段学习的比较规范、易于借鉴的议论文;而学生在初中阶段也不曾学过更不曾写过议论文,因为中考写作考的是"不少于600字的记叙文"。其次,我坚持认为"读写一体",在教学中贯彻"读写结合",尤其是"以读促写"。我有一个很朴素的想法:要想让学生写议论文,先得让学生读几篇议论文,知道议论文长什么样子。

可是,哪些议论文比较规范,也比较简单,适合学生在起步阶段学习?从2010年起,我尝试自选文章解决问题。通过翻阅各种版本的老教材、新教材以及时下的报纸杂志,更通过从我的记忆库中搜索,《谈骨气》(吴晗)就伴随着一批文章如《六国论》(苏洵)、《原毁》(韩愈)、《非攻》(墨子)、《想和做》(胡绳)、《俭以养德》(马铁丁)、《欢迎"杂家"》(邓拓)、《不要秘诀的秘诀》(邓拓)《未有天才之前》(鲁迅)、《中华民族是最爱读书的民族吗》(黄国荣)、《人得藐视点什么》(陈鲁民)、《人文的渴想》(袁跃兴)、《独处的充实》(周国平)等陆续进入我的视野。每届学生起步学议论文,我都会从中精选8到10篇,按难易程度组合为两个单元,以群文阅读的形式分两个阶段开展并实施教学。

2020届的高一学生当然也不例外。这一届是在高一下学期期中考试后才开启议论文学习的,精心挑选的10篇议论文中,《谈骨气》是与《六国论》(苏洵)、《俭以养德》《想和做》组合在一起,继《六国论》之后研习的第二篇文章。

那么,今天,我到底想借《谈骨气》教什么?

注意,我说的是"借"。必须强调,今天的我对语文教学的理解,早已不是在教某一篇或某一组文章本身,而是借这篇或这组文章,教给学生比这篇或这组文章本身更为重要的东西,比如语言的建构与运用、思维发展与创新、文化传承与理解、审美鉴赏与创造等。一言以蔽之,文章只是教学材料,而教学材料不等于教学内容,更不等于教学目标,我所有的努力都是为了借助更加适合当下学情的教学材料来培养并提升学生的语文学科核心素养。

具体到《谈骨气》这篇文章,从正反两方面重新审视,我发现它对于议论文起步阶段的学生,具有其他选文难以取代的教学价值。

那么,我借助它到底想教学生什么?

第一,清晰的说理支架。

长期的教学实践告诉我们:以例代议,层次单一或层次交叉,是高中生议论文习作中的常见问题,尤其是初学者,堆砌事例,以例代议,不讲道理,还美其名曰"事实胜于雄辩"。而我认为议论文本质上是说理文,是要分析,要讲道理的。所谓举例,只不过是服从、服务于说理的需要,是帮助作者把道理讲清楚、讲透彻的"工具"。

怎么让学生意识到这一点,让他们一开始就不走偏呢?我提出了"说理支架"这一概念,引导学生借助典型例文去分析作者是如何围绕中心论点进行分析、阐释、论证、总结,从而构建起一个坚实的"说理支架"的。

为便于理解,我启发学生在提取"说理支架"时,要像敲掉大楼门窗、砖墙、灯饰一样,去除具体事例,重点关注作者围绕中心论点的分析、论证。提取之后,学生会发现,这就是一个屹立不倒的框架。之所以称之为"说理支架",是为了强调议论文是靠说理支撑起了整篇文章这座大厦。

《谈骨气》显然有一个清晰的易于为初学者把握的说理支架,如下表所示[1]:

基 本 内 容	说 理 支 架
第①段:我们中国人是有骨气的。	开头部分:提出中心论点,对中心论点中的关键词进行必要阐释,为主体部分的论证预设三个分论点。
第②③④段:借孟子的话对中心论点中的关键词"骨气"进行阐释,同时也为下文论证预设好三个分论点,并三言两语过渡到下一段的举例。	

(续表)

基本内容	说理支架	
第⑤⑥段：文天祥面对威逼利诱，宁死不屈。	主体部分：围绕预设分论点，举例并分析，充分论证中心论点。	举例并分析，论证分论点1
第⑦⑧段：齐人宁可饿死也不食嗟来之食。		举例并分析，论证分论点2
第⑨段：闻一多横眉怒对国民党手枪，宁可倒下，也不屈服。		举例并分析，论证分论点3
第⑩段：我们无产阶级有自己的骨气……	结尾部分：呼应中心论点，联系现实，总结全文，发出倡议。	

借助对《谈骨气》说理支架的提取，学生初步认识到议论文本质上是说理文；围绕中心论点构建一个说理支架是把道理说清楚、说透彻的基础；而举例，只不过是服从、服务于说理的需要，帮助作者把道理说清楚、说透彻而已。

第二，必要而准确的概念界定。

《谈骨气》在议论文起步阶段的第二大正向教学价值则在于其必要而准确的概念界定。

常言道：名不正则言不顺。学生在议论文写作中，常因不会甚至不知道界定概念而导致偏题、跑题。因此，一起步就引导学生意识到概念界定的必要性、重要性，并教给他们一些具体可行的方法，是我的又一重要关注点。《谈骨气》恰恰在这一点上也堪称范例。

吴晗先生在开篇提出中心论点"我们中国人是有骨气的"之后，不是急于列举事例予以证明，而是借助孟子的话"富贵不能淫，贫贱不能移，威武不能屈，此之谓大丈夫"对中心论点中的关键词"骨气"进行阐释，同时也为主体部分的论证预设好了三个分论点。

名正则言顺，概念界定清楚了，后文的举例也好，分析也罢，就都有了准绳，不至于偏移。当然，学生从中也学到概念界定的方法之一：借助名言进行界定。

第三，强烈的现实针对性及读者意识。

写文章最忌无病呻吟，读文章尤怕晦涩难懂。应该说，优秀的作者大都有强烈的读者意识，好文章也往往有对时代脉搏的自觉把握。不管是韩愈的"文以明道",还是白居易的"文章合为时而著,歌诗合为事而作",首先强调的都是知识分子对时代的关注,对现实的体察,对传播思想与文化,开启民智,激励民众,促进社会进步与发展的一种责任担当与使命承担。为了达到有效交流与传播的目的,语言的浅显或艰深,通俗或雅致,一定得视读者的具体情况而定,按今天的说法,就是要有强烈的读者意识。

毫无疑问,《谈骨气》在这方面也堪称典范。

对于这篇明显带有时代烙印(又有哪篇文章不带时代烙印呢?)的文章,我一上来就提醒学生关注写作年代——1961年,并引导学生思考:1961年的中国处在什么境况?大学教授吴晗为什么要写这么一篇小短文发表在《中国青年报》上?

多数学生能根据已有的文史知识储备说出"大跃进"(1958年)、"三年自然灾害"(1959—1961)。也有学生知道前苏联政府背信弃义、撕毁合同。可以说,1961年的中国,正处在天灾人祸、内忧外患的深重磨难中。如何响应党的号召,鼓舞全国人民振奋精神、勠力同心、艰苦奋斗、走出困境?大学教授吴晗撰文发声,实践了知识分子对时代使命的自觉承担。《谈骨气》结尾处的"我们无产阶级有自己的英雄气概,有自己的骨气,这就是决不向任何困难低头,压不扁,折不弯,顶得住,吓不倒,为了社会主义、共产主义建设的胜利,我们一定能够克服任何困难,奋勇前进",实在是掷地有声,振奋人心!即便今天来读,依然心潮澎湃。

这种强烈的现实针对性,这种对责任与使命的自觉承担,难道不是我们要引导学生继承并发扬的宝贵精神财富?

更何况,吴晗先生的这篇文章还有值得现今学生学习的强烈的读者意识。我曾问学生:第二段中引用孟子的几句话,对今天的多数读者来说,有没有必要解释?大多数学生认为"没必要"。那吴晗先生为什么要用通俗易懂的现代汉语解释一番?是为了凑字数吗?这时候大多数学生都能由"1961年"这个写作时间推测出:当时的人文化水准普遍不高,而这篇文章是发表在报纸上供广大人民看的,所以要充分考虑读者的具体情况,尽量不给他们造成阅读障碍。

这就是强烈的读者意识。好的作者写文章时,一定会充分考虑读者对象的具体情况,遣词造句力争让读者看得懂,喜欢看。这,也是我借《谈骨气》教给学生的宝贵东西。

当然，以上三点都是《谈骨气》的正向教学价值。

必须承认，作为一篇议论文，《谈骨气》在主体部分的论证上纯用归纳法，还是有其明显缺陷的。而这，恰是《谈骨气》的反向教学价值，也是我选中它作为起步阶段学习材料的重要原因。因为从某种意义上来说，反向教学价值比正向教学价值更有意义和价值。

借助《谈骨气》，充分挖掘其反向教育价值，在思维品质的引领和提升上，我重点聚焦以下几点：

第一，主体部分纯用归纳法的风险。

学生读书，容易"尽信书"；从师，容易"盲从师"；应考，容易"拘于考"。为此，我常告诫学生"绝不能匍匐在地上读书"，鼓励他们"不唯书，不唯师，不唯考"，而是独立思考，大胆质疑，努力培养批判性思维能力。而能否看出《谈骨气》主体部分纯用归纳法的风险，恰是检验他们是否匍匐在地上读书的最好契机。为此，在引导学生梳理出《谈骨气》的说理支架后，我又借助PPT，模仿《谈骨气》主体部分的论证思维，写了这样一组论证：

归纳论证：

张三读书很勤奋，如愿考上了北京大学。
李四练琴很勤奋，一次通过了10级考试。⎫成功来自勤奋。
王五游泳很勤奋，最终赢得了比赛冠军。⎭

小心那只"黑天鹅"！

这张PPT一放，不少学生的眼睛立马瞪大了。

"有问题吗？"我装糊涂。

"有。"有学生说。

"什么问题？"我逼近一步。

"还有很多勤奋却没有成功的例子。"学生回应。

"也就是说，只要我们举出一个××很勤奋然而并不成功的例子，就可以驳倒以上观点，对吗？"我问。

"对。"学生异口同声。

"这就是归纳论证的风险。归纳论证，就是由个别到一般的推理论证。使用该方法推导出的结论,其可靠程度取决于样本大小。但不管样本多大,推出的结论也只是可能的,而非必然的[2]。因为,只要有一个人拎出一只黑天鹅,所谓'天鹅都是白色的'就不能成立。所以,切记,在论证时,纯用归纳法,是靠不住的,至少是有很大风险的。这个风险就是'小心那只黑天鹅!'"我不失时机地在PPT上亮出这行字。

"回头再看《谈骨气》主体部分的论证,有没有问题?"

水到渠成,学生看出了《谈骨气》主体部分纯用归纳法的不足。甚至有学生指出:"模仿吴晗的论证思维,我们完全可以得出截然相反的结论。因为,回顾我们的历史,不难就'富贵能淫''贫贱能移''威武能屈'各找一个例子,那按吴晗的论证思维,岂不是说'我们就是这些没有骨气的人的子孙,所以我们中国人是没有骨气的'?"

"理论上可以这么说。但是,你费尽心力论证'我们中国人是没有骨气的',用意又是什么?难不成是号召大家都变成软骨头,宁可跪着生,也不站着死?"这就又回到了文章的现实关切、现实意义上来。学生默不作声了。但至少,由《谈骨气》,他们意识到了主体部分纯用归纳论证的风险。再明确说,纯用归纳法,结论是靠不住的。那么,怎么推理,得出的结论才可靠?借助《谈骨气》论证上之缺陷,我又给学生补充介绍了演绎法。

第二,归纳法的兄弟——演绎法。

演绎法是与归纳法相辅相成的一种论证思维方法。不同于归纳法的"由个别到一般",演绎法的基本思维路径是"从一般到个别"。如果说归纳论法得出的结论是可能性结论,那么演绎法得出的结论则是必然性结论。它的基本构成是大前提、小前提、结论[2]。借助PPT,我让学生认识了演绎法:

演绎论证:

	A	B	C
大前提	人都会死	人都不会死	人都会死
小前提	张三是人	张三是人	莎莎不是人(是猫)
结论	张三也会死	张三不会死	莎莎不会死

谨防虚假前提! 谨防小前提不周延(不被大前提包含)!

借助 A 组演绎论证,学生迅速掌握了演绎论证的经典结构:三段论。借助 B 组演绎论证,学生意识到"前提"虚假,哪怕是"假设的前提"虚假,即在现实生活中绝无可能发生,结论也就不成立。借助 C 组演绎论证,学生意识到"大前提"一定要包含"小前提",否则,结论也不成立。

好的论证,通常是演绎与归纳相辅相成。但必须知道它们各有优势,又各有风险。日常交流或写文章,很多情况下,我们都是直接下结论而略去了大、小前提。思维严密的人不易出错,思维不严密的人一不小心,可能就会闹笑话。当然,了解了演绎法,我们也可以通过反推判断一个结论的合理与否。我们当堂做了个演练:

第一步,抛出一个结论:《谈骨气》写于 1961 年,太老了,不适合现在的学生学。

第二步,请学生从结论出发,反推出其大前提、小前提。

第三步,审辨这个演绎推理的前提是否有问题,进而判断结论的合理与否。

学生议论纷纷,很快反推出这个结论的推理过程。

演绎论证:

大前提　　年代久远的文章不适合现在的学生学。

小前提　　《谈骨气》写于 1961 年,年代久远。

结　论　　《谈骨气》不适合现在的学生学。

面对这样一个结构完整的演绎论证,学生一眼识别出大前提不成立。

"为什么不成立?"我追问。

"因为如果这个大前提成立,那么苏洵《六国论》,鲁迅《阿 Q 正传》也应删去了。"

"要是这个大前提成立,教材中所有古诗文都该删掉了。"

学生由这个错误的大前提出发,假定它成立,得出的竟是一个比一个荒谬的结论。这就是归谬法[3]。于是,趁热打铁,我又给学生介绍了归谬法:即先承认某种错误说法正确,然后由此出发,推导出一个更加荒谬的结论,从而使敌方观点不攻自破。

就这样,运用批判性思维,不仅使学生认识到"演绎论证要谨防前提虚假或荒谬",而且还学会了一种批驳错误观点的有效方法——"归谬法"。

第三,文章的内在逻辑及思维品质。

研习《谈骨气》,很自然地,会关注并提出这样一个问题:主体部分的三个层次能否调换顺序?为什么?

学生很容易答出"不能。因为与开头部分借助孟子的话解释骨气内涵并预设三个分论点一一对应,由此可以看出作者行文的严谨"。问题似乎可以结束了。

但我们毕竟是群文阅读,我发现《谈骨气》与《俭以养德》《六国论》主体部分均有两到三个层次,且均不能调换顺序,但理由又不完全相同。引导学生加以比较,岂不有利于他们高阶思维能力[4]的发展与提升?于是,梳理好三篇文章说理支架后,我抛出了一个比较分析题:

《谈骨气》《俭以养德》《六国论》主体部分均有两到三个层次,且均不能调换顺序,但理由一样吗?比较下来,你认为哪一篇的思维品质更高?

学生通过比较意识到,同样是不能调换顺序,理由却各不相同。《谈骨气》主体部分的三个层次不能调换顺序,是为了与开头部分孟子的话对应;《俭以养德》主体部分的三个层次不能调换顺序,是因为它们是按照"若不节俭,危害范围由小到大,危害程度由轻到重"的顺序排列的,逻辑上似乎有内在的递进;而《六国论》主体部分的两个层次不能调换顺序,也是因为要与第一段中预设的两个分论点一一对应。

追问:同样是为了与开头部分预设的分论点对应,《谈骨气》主体部分三个层次和《六国论》主体部分两个层次的内在逻辑一样吗?

经过讨论,学生意识到,同样看似并列关系的若干层次,其内在逻辑并不相同。《谈骨气》主体部分三个层次与由开头部分引用的孟子原话衍生。若孟子原话中的三个句子调换一下顺序,《谈骨气》主体部分的三个层次也得相应调换顺序。即《谈骨气》主体部分三个层次的排序是由孟子的话决定的;而《六国论》中主体部分的两个层次虽然也与开头部分预设的两个分论点一一对应,但这两个分论点并非简单的并列关系,而是后者对前者构成必要且有力的补充,没有后者,前者就独木难支,文章就有巨大漏洞,为了弥补漏洞而设置的第二个分论点只能跟在第一个分论点之后。

经过这样的辨析,学生意识到,同样是不能调换顺序,理由却各有不同。从内在逻辑和思维品质上看,《六国论》优于《俭以养德》,《俭以养德》又优于《谈骨气》。

借助这样的学习,学生的思维不断碰撞,并在碰撞中提升。

要之,今天,可以借助《谈骨气》教什么？我想,不是在教《谈骨气》这篇文章本身,而是借助《谈骨气》,通过对其教学价值的重新审视与挖掘,引导学生"知其长",也"晓其短",从正反两方面给予学生以必要的引导,着力发展其批判性思维,提升其语文素养。而这,恐怕才是"立人",尤其是"立有独立思想、创新意识的人"的要义吧。

参考文献：

[1] 白丽,等.高中议论文难点突破[M].上海：华东师范大学出版社,2018.

[2] (美)麦克伦尼.简单的逻辑学[M].赵明燕,译.杭州：浙江人民出版社,2013.

[3] (英)韦斯顿.论证是一门学问[M].卿松竹,译.北京：新华出版社,2015.

[4] (美)安德森,等.布卢姆教育目标分类学[M].蒋小平,等译.北京：外语教学与研究出版社,2009.

2018 年 5 月第 1 稿;2019 年 8 月第四次修改

六、基于思维品质优化的高中写作教学

阅读和写作是语文教学的两项核心内容,培养并提升学生的阅读能力和写作能力自然也是语文教学的两大目标。无论从《上海市中小学语文课程标准(试行稿)》对写作的要求来看,还是从《全国普通高等学校招生统一考试·上海卷考试手册》对写作的要求和赋予的分值(70/150)来看,写作都足以当得上是语文的半壁江山。但写作的重要性显然并不止于此。在现代社会中,遍及社会生活各个领域的写作正越来越深刻地影响并改变着人们的生活。正如美国国家写作委员会主席克里所说:"在今天,无法用写作清楚表达自我的人,等于限制了他们在专业工作中将获得的机会。"

写作的重要性不言而喻,写作的复杂性人所共知。在长期的教学实践中我们发现对写作的认识直接影响着写作教学的行为和效果。以下就从"我们对写作的认识"和"我们这样开展写作教学"两个方面谈谈我们"基于思维品质优化的高中写作教学"。

1. 对写作的基本认识

写作非常重要。无论从《上海市中小学语文课程标准(试行稿)》对写作的要求来看,还是从《全国普通高等学校招生统一考试·上海卷考试手册》对写作的要求和赋予的分值(70/150)来看,写作都足以当得上是语文的半壁江山。

但写作的重要性显然并不止于此。在现代社会中,遍及社会生活各个领域的写作正越来越深刻地影响并改变着人们的生活。"在今天,无法用写作清楚表达自我的人,等于限制了他们在专业工作中将获得的机会。"(美国国家写作委员会主席克里)

对于身心发展正处在关键时期的高中生而言,写作不只是语文学习或考试的内容,也不只是学习其他各门学科的工具,也不单单是表达自我、与他人交往的重要工具,更是他们进行生命体验、丰富内心世界乃至形成深刻思想和健全人格的重要工具。写作能力的高低不仅影响学生的现在,更影响他们的未来。语文教师必须从学生的终身发展考虑,帮助他们在中学阶段掌握基本的写作技能,提升写作水平。

写作又相当复杂。它是人类运用文字符号记录、交流、传播信息的语言活动,是一种复杂的创造性的脑力劳动。从现代信息论、系统论的角度来看,写作是一个收集、加工、输出信息的整体系统。作为一个完整的系统,写作大体可分为采集——构思——表述三个阶段,具体又可分为采集、立意、谋篇、用语、修改等五个环节。每个阶段和环节都有自身的特点、规律和要求。如果违背了这些规律和要求,就不可能顺利地开展写作活动。

写作的范围非常宽泛。对高中写作的认识,我们认为不能仅仅局限于每学期几篇大作文,几节作文指导课。稍加留意,就会发现写作遍及学生生活的各个角落,制订学习计划是写作,撰写实验报告是写作;演讲稿、自荐书是写作,微博、短信、日志也是写作;秘密日记是写作,读书笔记也是写作……写作正越来越广泛越来越深刻地影响并改变着学生的生活。因此,关注学生的这些写作实践并不失时机地进行引导,不仅有助于写作兴趣的激发,还有助于写作技能的提升。

写作的核心是人。只有从人出发去研究写作,指导写作,才能从根本上改变当下写作教学低效的局面。为什么?从文章的生成过程来看,任何一篇文章的诞生都要经过双重转化。首先是现实生活、客观事物向认识主体(即写作者)的转化,即写作者将现实生活、客观事物转化为自己的认识(观念和情感),这是第一重转化;而后是作者的认识(观念和情感)向文字表达转化,即作者要将自己对现实生活、客观事物的认识转化为书面语言,这是第二重转化。无论是第一重转化还是第二重转化,其核心毫无疑问是写作主体,即人。因此我们认为,写作问题说到底还是"人"的问题,不从根本上改变写作教学以"文"为主的局面,就难以改变学生作文"模式化""雷同化"的倾向。只有从"人"出发,立足于影响甚至改变写作主体,优化他们的思维品质,才有可能引导学生创造出闪烁着智慧、个性和灵气的作品。

从人出发,就是从学生需求出发,从写作的源头抓起,着力于帮助学生扩大知识储备、生活储备和思想储备;从人出发,就是从学生的起点出发,在写作教学中,充分考虑学生的实际困难,帮他们搭梯子、铺路子,让他们跳一跳就能摘到写作的果实;从人出发,根本着眼点是优化学生的思维品质,提升其思考力和表达力。毕竟,语言是思维的外壳,写作说到底反映的不只是学生的语言表达水平,更是其思维水平。我们在教学实践中逐渐悟出:写作水平的高低通常与学生思维能力的高低成正比,阻碍学生写作水平提升的关键因素是其思维能力不够。

因此,我们所理解的写作教学,一言以蔽之,就是从人出发,以优化思维品质为核心,着力扩大学生的储备,提升其思考力和表达力。

2. 基于思维品质优化的高中写作教学实践

《上海市中小学语文课程标准(试行稿)》明确规定:

> "激发学生学习语文的兴趣,培养学生热爱祖国语言文字的情感,是课堂教学的基本任务之一。在教学过程中,教师要引发学生的好奇心和求知欲,不断满足学生的期待心理,让学生不断产生跨越障碍的愉悦感,促使学生自觉地调整学习动机;要有效地保护和发展学生的想象力,为学生提供充分的想象空间,并引导学生在大胆想象的过程中发展思维能力,健全思维品质。"
>
> "写作训练应激发学生热爱生活的情感,引导他们观察生活、感受生活、思考生活,并随时记录自己的所见所闻所感所思,表达自己的真情实感。高中一至三年级要引发学生的理性思考,要鼓励学生有创意地表达。"
>
> "要充分考虑到学生听说读写能力的整合发展,做到读中会写,写中会读,读写、写说有机地结合起来。"
>
> "高中基础型课程阶段的写作总量在3万字左右。要在激发学生写作兴趣的基础上,采用多种写作训练形式,促使学生养成每天写作的习惯。"

我们的写作教学形式多样,最主要的有两种:一种是课内写作,高一、高二平均每两周一次,高三平均每周一次,每次均不少于800字。粗略估计,学生三年内课内写作不少于48 000字。还有一种是课外练笔,高一、高二主要写读书笔记或生活随笔,平均每周一次,每次不少于800字。高三主要写述评,辅以写生活随笔,平均每周一次,每次不少于600字。随着各项招生活动的陆续展开以及高考的临近,这项写作训练逐步减少,大体坚持四个月终止。粗略估计,三年内学生的课外练笔不少于60 000字。课内课外两项合计,学生高中三年的写作总量在 10 万字以上。

下面分项阐述我们的写作教学实践：

（1）激发兴趣——注重积累与交流，为写作储备丰厚的素材，激发学生写作的源动力：我有想法，我想表达。

兴趣是最好的老师。就写作而言，没有人可为无米之炊，没有人在"我没想法，无话可说"的情况下有写作的欲望。因此，从源头上讲，要让学生爱上写作，就要帮助他们解决"生活阅历有限、素材储备不足"这个难题，引导他们随时随地留心积累写作素材，促使他们从"没想法，无话说"转化到"有想法，想表达"。我们认为"我有想法，我想表达"是学生写作的源动力。

怎样才能让学生"有想法，想表达"呢？我们采取了多种形式吸引学生参与到写作素材的储备和写作习惯的养成活动中来。

读书，看报，细致观察、深入体验并思考生活，随时记下自己的所见、所闻、所感、所思，为写作能力的提升做好知识储备、思想储备、生活储备，是我们连续多年一直坚持的做法。

高一学年和高二上学期，我们重点引导学生写读书笔记和生活随笔。

连续多年，我们坚持不懈地倡导"让阅读成为生活的常态"，"用经典为青春打下亮丽的底色"，引导学生读好书，好读书，指导学生写各种形式的"读书笔记"并定期交流。通过阅读，学生的视野打开了，对生活、生命的认识无形中提升了，阅读也部分地弥补了他们生活阅历的不足，让他们在读后有那么一点想法，我们的作用就在于促使他们将那么一点想法比较规范而有条理地表述出来。可与读书笔记交叉写作的是生活随笔。日常生活中，学生总会有这样那样的思绪、感触，我们鼓励学生观察生活，思考生活，试着捕捉生活中转瞬即逝的想法、思绪，把它们用文字描述出来。这种写作，长短不拘，文体不限，有了就写，没有还可以写读书笔记。一定的自由度和开放度比较有效地激发了学生的写作兴趣。

这还不够，为了让学生长久地保持这种兴趣，不少教师还在批改与交流环节动了脑子。比如，笔者在执教过程中就创造性地将网络跟帖迁移到读书笔记和生活随笔的批改、交流中。具体来说，学生的读书笔记、生活随笔写好后，先放在班级自由传阅，每人每周至少阅读 20 位同学的读书笔记、生活随笔，并在同学的习作后写下自己的阅读感受，签名为证。此举极大激发了学生写好读书笔记、生活随笔的积极性，写得好的同学的读书笔记往往被人疯抢，同学的跟帖文字往往超过作者自己的文字,时常,作者会忍不住在后边回复大家,一写又是一大段。而那些写得不够好的同学也从同学的评价中感受到了不足,激起了写好的愿望。每次收上来之后,教师则很快浏览一遍,结合同学的意见表扬那些写得认真、读得认真、点评精彩的同学。

高二下学期和高三学年,除了继续倡导学生读书、写读书笔记之外,结合议论文的写作,我们重点引导学生读报,写时评,批改与交流方式基本同上。

此外,演讲赛、辩论赛、课本剧的编写和演出等活动也是我们引导学生深入生活、体验生活,进行写作素材储备和写作技能培训的有效途径。

校园网、文学社《鹿鸣》杂志、校报《延安人》等也为学生习作的发表提供了平台,可以促使学生习作更大范围内的展示和交流,对学生写作兴趣的激发与维持也起到了一定的作用。

形式多样的征文比赛既可以检验训练效果,也有助于激发写作热情。除鼓励学生参与校外各级各类作文比赛,并对获奖者给予奖励外,我们还在校内开展主题征文比赛。如去年高二年级开展了以"我的读书生活"为主题的征文比赛,学生借此回顾梳理了自己的读书生活,抒发了自己对读书的理解和认识,涌现出一批闪烁着智慧和灵光的好文章。除了给获奖作者颁发证书和奖品(好书)外,我们还将这些获奖作文印发给全年级学生,大家彼此分享读书的快乐。

通过一系列的活动,丰厚了学生的储备,不少同学在不知不觉中实现了从"没想法,无话说"到"有想法,想表达"的转变。

(2)搭梯铺路——读写结合,以读促写,将写作知识的传授融入具体的阅读和写作教学中,减少学生写作的障碍。

学生有了一定的储备,产生了"有想法,想表达"的愿望,能够在自由写作时调动自己的储备,表达自己的感受,这是高中写作教学成功的第一步。但仅仅满足于此,还是不够的。因为无论从日常作文训练还是从考试来看,作文大多都是"命题写作",充满了种种限制,称它为"戴着镣铐的舞蹈"一点也不为过。那么,如何帮助学生写好命题作文,跳好这"戴着镣铐的舞蹈"呢?在教学实践中我们从学生实际需求出发,为他们搭梯铺路,具体来说,就是读写结合,以读促写,将写作知识的传授融入具体的阅读和写作实践中,减少学生写作的障碍。

因为阅读与写作虽各成体系,却相辅相成。阅读是写作的基础,这早已是公认的规律。阅读教学理应和写作教学紧密结合起来。在学生初学写作某种文体时,教师理应在阅读课上为学生提供足可称为范本的阅读材料,并结合阅读材料随文讲授一些必要的文体知识、写作技法。然后让学生从模仿起步开始学习该类文体的写作。这就是为学生搭梯铺路,这就是帮学生减少写作障碍,这就是以人为本,从学生实际出发,这就是小心呵护学生的写作积极性。教材中阅读板块的部分阅读材料可以作为写作训练的范例,如果阅读教学和写作教学的内容刚好合拍,比如高一上学期一般引导学生学写复杂的记叙文,而这学期的语文教材中有不少篇目可供研读、模仿,教师自然应该珍惜,将阅读教学和写作教学结合起来,有效地减少学生写作的障碍。如果教材阅读教学和写作教学不合拍,教师则应能动地使用教材,不为教材所囿,大胆补充一些能和写作教学合拍的范文,供学生研读、模仿。比如,我们一般在高一下学期引导学生学写议论文,但这个时候教材上没有什么议论文可供学生模仿。很难想象阅读课教着古典诗词或者散文、小说,写作课上突然说我们学写议论文了会是什么样子。但教材是死的,人是活的。我们的做法是从学生需求出发,充分考虑他们的学习障碍,并通过我们的努力帮他们跨越障碍。如在指导2010级学生时,我们的做法是先精心挑选几篇足以称得上是范文的议论文,教师课内带着他们一块学习,并随文讲授一些议论文的基本知识和写作技法,如什么叫论点、论据和论证;提出论点的几种方式,论据的种类,论证的方法等等,以使学生比葫芦画瓢,从模仿起步学写议论文。因为,不少创新都是从模仿起步的。

不仅如此,我们的写作教学还遵循由易渐难、循序渐进的原则进行。指导2010级学生开展议论文写作,我们先从"就事论事,一事一议"开始,教学生写片段作文。片段写成型后,才开始引导学生按照"引——议——联——结"的模式,"一事一议,扩展成文"。并且在起步阶段,教师都会提供足可模仿的材料,先引导学生了解什么叫"一事一议",怎么"扩展成文",再让他们动笔操练。

读写结合,以读促写,有效地化解了学生对命题作文的畏惧心理,也使文体知识的传授、写作技法的指导、写作规律的探寻变得有据可依,并容易被学生理解和接受。更关键的是,它符合学生的认知规律,能有效保护学生的写作积极性。我们认为在此过程中,学生的思考力、表达力也得到了一定程度的训练和提升。

(3)优化思维——精心设题,专题评析,在学生与学生、学生与老师、学生与自我的思维碰撞中引导学生领悟并掌握一些基本的认识问题、分析问题的方法，提升其思考力和表达力。

读写结合，以读促写，在具体的阅读和写作实践中引导学生掌握必要的写作知识，初步探寻写作的规律，认识并掌握语言运用的规范，也能在一定程度上发展学生的思维能力。但仅靠此，学生的写作还是一般水平的，最多能写出四平八稳的规范然而缺乏个性的文章。要想进一步地提升学生的写作水平，必须在提升学生思维水平，优化其思维品质上下功夫。我们的做法是：精心设题，专题评析，在学生与学生、学生与老师、学生与自我的思维碰撞中引导学生领悟并掌握一些基本的认识问题、分析问题的方法，提升其思考力和表达力。

下面分三点予以说明：

第一，精选母题——以哲学思想为指导，精心设计一些带有普遍意义的值得一代又一代人思考的话题——我们姑且称之为母题——对学生进行训练。

考试的形式千变万化，写作题目的具体表述也尽可以不同，但站在哲学的层面上去思考，就会发现那些值得一代又一代人思考的命题其实是有限的。因此，在写作教学上，我们一不跟风盲从，二不猜题押宝，而是踏踏实实地按照我们对人生、对写作的理解去引导学生。

从人与外部世界的关系出发，我们着力引导学生从人与自我、人与他人、人与自然、人与社会四个角度进行思考。"我啊，我""定位""唯善是举""难以忘却那份情""四季联想""这样，值吗？"等都是我们基于这种认识而精心设计的命题。我们力争通过这种努力，训练一次就带动学生思考一个话题，以期达到以少带多的效果，增强写作训练的思维含量。

从辩证法的对立统一律出发，我们认为引导学生增强认识问题、分析问题的思辨性非常重要，故精心设计一系列既对立又统一的话题作为母题去训练学生，比如：善与恶、真与假、美与丑、新与旧、简与繁、小与大、高与低、远与近、内与外、有与无、全与缺、长与短、快与慢、得与失、表与里、取与舍，等等。由此派生出的很多题目都成为我们训练学生的经典题目、传统题目。比如"唯善是举""真水无香""……使我如此美丽""大道至简""我欣赏独特的""残缺之美""从0到1""忘却与铭记""感受……之重""经典之魅力""变""人，总得坚守点什么"等都是我们基于对以上话题的思考而精心设计的题目。讲评的时候，我们会引导学生按照对立统一律去思考问题，关注到矛盾的两个方面，以及这两个方面在现实生活中是怎样互为依存，在怎样的条件下可以互相转化。这就从根本上抓住了写作训练的核心——思维训练。这种训练不投机不取巧，但因为抓住了根本,往往有让人惊喜的效果。

试看以下两道作文题:

---

28. 阅读下面的文字,按要求作文。

据说,犹太王大卫的戒指上刻有一句铭文:"一切都会过去。"契诃夫小说中一个人物的戒指上也刻有一句铭文:"一切都不会过去。"

一位哲人曾说:"成功和失败只代表过去,忘记过去,才可能走进新的天地。"另一位哲人又说:"过去不能忘,因为历史是一个永远的存在。"

请你联系生活,展开联想,选择一个角度构思作文,自主确定立意,自选文体,自定标题,写一篇不少于800字的文章。

——第六届中国中学生作文大赛(2010—2011)高中组32个题目中的第28题

---

27. 作文

犹太王大卫在戒指上刻有一句铭文:"一切都会过去。"

契诃夫小说中的一个人物在戒指上也刻有一句铭文:"一切都不会过去。"

这两句寓有深意的铭文,引起了你怎样的思考? 自选角度,自拟题目,写一篇文章。

要求:(1) 不少于800字;(2) 不要写成诗歌;(3) 不得透露个人相关信息。

——2011年上海市秋季高考作文题

2011年高考一结束,外界疯传我们学校猜中了题目,不错,我们是在备考阶段写到了与高考作文题极为相似的一个题目,这个题目就是"第六届中国中学生作文大赛(2010—2011)"高中组32个题目中的第28题。当年,印有32个题目的征文单各学校都有,为什么我们能把这个题目从32个题目中选出来给高三学生练习,最主要的原因就是这个题目的思辨性很强,触及了生活的方方面面,学生可写的东西很多,而思辨性又是我们在训练中极为看中的一点。可以说,我们从没有想过猜题押宝,我们只是按照我们对人生、对写作的理解

去引导学生,关注那些带有普遍价值的又有一定思辨性的题目。这样不想着猜题,反倒因为抓住了根本而与高考作文试题出现惊人的相似。看起来偶然,其实偶然之中有必然。

比如,2009年上海高考作文题如下:

> 28. 根据以下材料,选取一个角度,自拟题目,写一篇不少于800字的文章(诗歌除外)。
>
> 郑板桥的书法,用隶书参以行楷,非隶非楷,非古非今,俗称"板桥体"。他的作品,单个字体看似歪歪斜斜,但总体感觉错落有致,别有韵味,有人说这种作品"不可无一,不可有二"。
>
> ——2009年上海市秋季高考作文题

"非隶非楷,非古非今"就是有继承又有创新,"不可无一,不可有二"就是独特,"单个字体看似歪歪斜斜,但总体感觉错落有致,别有韵味"就是局部与整体的关系如何处理。而有关"新与旧""个性与共性""局部与整体"恰恰都是我们在训练中着力考虑的母题。当年我们写过一个题目《我欣赏独特的》,聪明的学生一眼就看出这个题目和高考题目之间有着惊人的相似!

此外,2010年上海秋季高考作文题(丹麦人钓鱼)涉及母题"远与近",2012年上海秋季高考作文题(微光)涉及一个重要话题——"人与自我"(人对自我的认识)以及作文母题"小与大"。此处不一一展开。

> 27. 根据以下材料,选取一个角度,自拟题目,写一篇不少于800字的文章(不要写成诗歌)。
>
> 丹麦人去钓鱼会随身带一把尺子,钓到鱼,常常用尺子量一量,将不够尺寸的小鱼放回河里。他们说:"让小鱼长大不更好吗?"两千多年前,我国孟子曾说过:"数罟不入洿池,鱼鳖不可胜食也;"意思是,不要用细密的渔网在池塘里捕捞小鱼,这样才会有更多的鱼。
>
> 实际上,其中的道理也贯穿在我们现实生活中的许多方面。
>
> ——2010年上海市秋季高考作文题

> 27. 根据以下材料,选取一个角度,自拟题目,写一篇不少于800字的文章(不要写成诗歌)。
>
> 人们对自己心灵中闪过的微光,往往会将它舍弃,只因为这是自己的东西。而从天才的作品中,人们却认出了曾被自己舍弃的微光。
>
> ——2012年上海市秋季高考作文题

第二,专题评析——以及时反馈为保障,快速评阅,精选例文,有针对性地开展专题评析。在学生与学生、学生与老师、学生与自我的思维碰撞中引导学生领悟并掌握一些基本的认识问题、分析问题的方法,提升其思考力和表达力。

学生的习作交上来之后,除了认识上出现巨大偏差甚至错误外,一般情况下,我们不拘泥于帮助学生修改具体的字句,补充具体的论据,而是快速评阅,着力于发现普遍存在的问题并有针对性地挑选典型例文,设计评讲专题。我们的基本指导思想是:反馈要快,每次讲评不必面面俱到,但求明确集中,切中要害。针对学生突出问题,精选一个专题进行讲评,力争一次弄明白一个问题。

比如,结合具体例文,笔者在作文讲评时曾设计过以下专题:"虚与实——转化的艺术""'我'在哪里——写出你独特的个性""一枝一叶总关情——细节的魅力""议论文主体部分展开的几种方式""类比与对比"等。

以《变》为例,可以引导学生围绕以下问题展开思考和讨论:第一,谁变了?第二,变好了,还是变坏了?第三,为什么会有这种变化?第四,"变"中有无"不变"的东西?第五,我们能否阻止某些变化或促进某些变化?第六,我以什么形式表现自己对"变"这个命题的思考?第六,我的思考有无现实意义和价值?

这样,学生对"变"这个命题的认识便能由虚及实,由大化小,由果溯因,由片面到全面,由孤立到联系,并能深切地意识到这个命题的现实意义和价值。这其实就是按照唯物辩证法的基本原理对学生进行思维训练。

在写作教学实践中,我们越来越深刻地体会到教会学生认识问题、分析问题的方法比什么都重要。我们会有意识地将唯物辩证的基本世界观和方法论渗透到写作教学中,引导学生逐步理解客观世界运行的基本规律——质量互变规律,对立统一规律,否定之否定规律,并遵循这种规律去认识世界:尽量以全面的眼光看问题,不以片面的眼光看问题;以发展的眼光看问题,不以静止的眼光看问题;以联系的眼光看问题,不以孤立的眼光看问题。分析事物之间的关系时,除引导学生关注现象与本质、原因与结果、偶然与必然、内容与形式、现实与可能这五组基本概念外,还特别引导学生关注主观与客观、主要与次要、量变与质变、普遍(一般)与特殊(个别)这几组概念。

理论是抽象的,但对理论的运用却是具象的。我们努力通过具体例文的讲评,引导学生辩证地认识问题、分析问题,提升其思维水平,优化其思维品质,增强其写作的思辨性。

第三,面批,局部修改或重写——促进写作能力薄弱的学生增进思考力、提升表达力的重要途径。

学生水平总是参差不齐的,即便写作能力强的学生也不能保证每篇习作都成功。因此,面批、互批、局部修改或重写就成了增进学生思考力、提升其表达力的重要途径。在教学中,我们往往有针对性地进行个别面批,或者选出有明显缺陷的例文请学生修改(互批),鼓励学生进行局部修改甚至整篇重写。那些得到老师额外关照的学生一般都很珍惜这样的机会,没有被老师叫到名字面批的学生有的会主动申请面批。这样,学生写作的主动性被激发出来了,局部修改乃至整篇重写都不再是老师强加的作业而是学生自觉的训练。我们在教学实践中发现这确实是提升学生写作水平的一条有效途径。

比如,写作能力薄弱的学生作文经常出现思路混乱但自己却浑然不知的情况,怎么办呢?当局者迷,旁观者清。我们采取面批和互批相结合的方式,收到了很好的教学效果。

请看以下两个提纲:

提纲1:　　　　　慢——生活的另一种节奏

"快"是有弊端的,而"慢"自然也有好处。

1. 自古以来,中国就有"慢"的传统,因为它更稳定,更扎实。
2. "慢"能够使人静下心去审视环境、审视自身。
3. "慢",这并不是拖拖拉拉,悠哉游哉,而是指不要急功近利,急于求成。
4. "慢",又有一种"快"所不能比拟的美感。
5. "慢"使人们得以放松和解脱。

生活在现今社会,一定早已习惯了"快",那何不体验一下"慢"——这生活的另一种节奏呢?

> 提纲2： 慢——生活的另一种节奏
> 中心论点：我们应当体验一下"慢"的生活节奏。
> 1. "慢"较之快，更稳定，更扎实。
> 2. "慢"较之快有一种不可比拟的美感。
> 3. "慢"能够使人静下心去审视环境、审视自身。
> 4. "慢"并不是拖拖拉拉，悠哉游哉，而是指不要急功近利，急于求成。
> 结论：在习惯了"快"的今天，也要体验"慢"的生活节奏。

"提纲1"是面批环节笔者引导学生从自己的作文中抽取出来的。由于该生不太清楚自己的问题出在哪里，对如何修改也不甚明晰，笔者便在面批环节引导他先从自己的作文中画出一些观点性语句，并在此基础上列出一个框架提纲。该生列举如上（"提纲1"）。

由于该生的问题带有普遍性，笔者在征得他的同意后将"提纲1"并原文一起作为典型例文印发给全班同学，请全班同学一起帮忙诊断并提出修改建议。学生讨论后认为原文写得过于随意，分论点的排序明显不合理，所以有点乱。要修改的话，首先要精选分论点并进行合乎逻辑的排序。该生对大家的意见深表赞同。最后，在大家的帮助下，该生修改如上（"提纲2"）。

（4）专项并且成序列的思维训练，有待进行。

尽管在写作教学中我们深感学生写作水平的高低主要取决于其思维水平的高低，并且在教学实践中已经从关注"文"转向关注"人"，努力提升学生的思维水平，优化其思维品质。但随文而教，随机相授的方式毕竟有其局限性，那就是力度不够，且不成序列。因此，我们酝酿着在写作教学中适时穿插专项思维训练，并且逐渐形成序列。当然，这可能是下阶段的课题了。

2012年7月

七、由高考阅卷透视高中写作教学

从2012年5月起,出于越积越多的困惑,笔者开始将教学研究的重点集中在高中写作领域,在查阅了大量的文献资料后,我开始致力于写作专项课题的研究,课题名称为"基于高阶思维培养的高中写作微型课程开发的实践研究"。(该课题已于2013年3月被评为长宁区区级重点课题,同年9月,被确立为上海市市级课题)

2013年6月,笔者参与了高考作文阅卷,得以在更大的范围内了解当今高中写作现状,透视高中写作教学。

保守估计,六天内笔者看到的作文不少于1 300篇。这1 300多篇作文中,虽然也有几篇见解深刻、情感真挚、文笔流畅、结构精巧的好文章,但毕竟是凤毛麟角。绝大多数作文都存在这样那样的问题,高考作文整体上看不尽如人意。

1. 问题

笔者简单地梳理了一下,存在的问题主要有以下几点:

(1) 读不懂材料,无视材料的存在,另起炉灶。

今年的高考作文题目如下:

> 生活中,大家往往努力做自己认为重要的事情,但世界上似乎总还有更重要的事。
>
> 这种现象普遍存在,人们对此的思考也不尽相同。请选取一个角度,写一篇文章,谈谈你的思考。
>
> 要求:(1) 题目自拟;(2) 全文不少于800字;(3) 不要写成诗歌。

应该说,今年的高考作文命题语言简洁,表述清晰,核心话题明显,考生只要抓住"重要的事"和"更重要的事"去思考、立意,就不会出现大的偏差,但实际写作状况却大大出乎笔者预料。阅卷过程中,我发现居然有学生根本读不懂材料,因此无视材料的存在,干脆另起炉灶写一篇和材料没有任何关系的文章,如《知足常乐》《物我相谐》等,此类文章假如在行文过程中根本不提材料,一般就被视为"严重脱离题意"文章,判为四类卷,得分21分到38分不等。

(2) 把握不了材料重心,理解出现明显偏差。

很明显,语感稍微好一点的人读读这则材料就会发现:前半句的语义重心在"重要的事情",后半句的语义重心在"更重要的事",两者形成一种呼应和比较,这显然就是材料的核心话题。但阅卷时发现不少考生将重点放在"自己"和"世界"上面,以为两者是简单对立的关系,由此立意,便去写《自私与无私》《发展自我,心系世界》等,理解出现明显偏差。

还有的在解读材料时只抓住前半句或后半句中的某个词或短语立意,如《勿以自我为中心》《坚持己见》,显然是抓住"自己认为"这个短语立意的,而《没有尽头的路》显然是围绕"似乎总还有"去立意的。这样割裂材料的前后联系,孤立地从某个词、某个短语出发看问题,当然会出大问题。

(3) 虽然把握了材料重心,但缺乏独立思想,简单套用平时写过的某个话题。

阅卷时也不无遗憾地发现,虽然不少考生读出了材料重心,也准确把握了核心话题,但在选材立意时缺乏独立思想,只是简单套用了平时写过的某个话题。笔者在阅卷时发现大量学生套用"脚踏实地与仰望星空"这个话题,事实上在18份样卷中,就有3篇是套用这个话题的,当然由于语言表述等的差异,得分也不尽相同。

样卷《仰望苍穹,脚踏实地》几乎没有提到"仰望苍穹,脚踏实地"与材料的关系,被判为偏题作文,给了35分;样卷《仰望星空,脚踏实地》提到了材料,但论证时所用论据与观点契合得比较差,专家组给了42分;而样卷《脚踏大地时别忘仰望星空》开篇这样破题:"'脚踏大地'是重要的事,而'仰望星空'是更重要的事,所以我认为脚踏大地时别忘仰望星空。"专家组认为这一篇能准确理解并扣住材料去写,给了50分。说实话,这样的作文即便给50分,也属平庸之作,因为套作的痕迹非常明显,根本看不出该考生有什么独立的更不要说深刻的思想了。

可悲的是类似的文章比比皆是,笔者发现了大量雷同的套用话题,如"立足当下与着眼未来""专注于一点与全面发展""物质与精神"等,大量的简单套用使笔者深感当代高中生思想的匮乏,面对一则并不难理解的材料,不敢或根本说不出什么想法来。

(4) 思维简单,对材料的理解和表达存在明显逻辑漏洞。

有的考生读到"生活中,大家往往努力做自己认为重要的事情",便将"自己认为重要的事情"简单等同于"自己的事",因此便去批判人们的自私或以自我为中心,如《勿以自我为中心》《自私与无私》等。有的则将"世界上似乎总还有更重要的事"理解为"世界上的事",而"世界上的事"就一定是大事、别人的事,如"世界和平"等这一类我们做不了也管不着的事,于是便去写《发展自我,心系世界》等。有的则将"自己认为重要的事情"等同于"小事","世界上似乎总还有更重要的事"等同于"大事",便去写《最重要的"小事"》。

实际上,笔者认为"自己认为重要的事情"未必是自己的事,也未必是"小事",如某人认为眼下最重要的事是奔赴灾区,抗震救灾,这显然是他人的、社会的事情,也是大事。同理,"世界上似乎总还有更重要的事"中那"更重要的事"也未必是他人的事、世界的事,当然也未必是大事,如有人认为读书、工作是重要的,但比读书、工作更重要的事是呵护亲情、常回家看看,而这呵护亲情、常回家看看便是很个人化的小事。

看到不少考生将"自己认为重要的事情"简单等同于"自己的事"或"小事",将"世界上似乎总还有更重要的事"等同于"他人的事"或"大事",笔者深感现今一些学生思维简单,看问题绝对化、单一化,动辄便出现明显的逻辑漏洞还不自知。

(5) 不善说理,多以事实论据撑满800字,且论据陈旧甚至错误。

"字数不够,例子来凑"早已是人所共知的写作"法宝",尽管连续几年有关专家都在强调要教会学生说理,不要只是简单地堆砌事例,但实际上很多学生不会说理,只能靠摆几个事实论据充数。可怕的是脑海中储存的事实论据也极其有限,用来用去就是司马迁、屈原、陶渊明、苏东坡、居里夫人、爱因斯坦、梭罗(经常被误写为卢梭)、托尔斯泰等,近年胡适、王国维、鲁迅、杨绛、莫言等也反复登场。

最可笑的是连课本中的论据也记不准确,如一位考生写《精神食粮更重要》时用葛朗台做例证,他说:"世界上有一部小说叫《守财奴》,讲的是一个人非常有钱的事,因为只知道钱的重要性,过得非常痛苦,最后抱着一堆钱死去了,他叫葛朗台。"

众所周知,《守财奴》是高中教材上的一篇小说,节选自巴尔扎克的名著《欧也妮·葛朗台》,视财如命的葛朗台过得并不痛苦,痛苦的是他的妻子和女儿,而且葛朗台死的时候也没有抱着一堆钱。

如此简单的错误出现在高考作文中,令人啼笑皆非。由此,笔者认为,不善说理还不是最可怕的,最可怕的是论据陈旧甚至错误。

(6) 结构简单,不少作文一个例子叠加一个例子,呈块状结构。

优秀的议论文除了说理深刻,论证充分外,必定有清晰完整甚至严谨的结构。而笔者在阅卷中发现不少作文缺乏明显的结构意识,除去头尾,中间就是一个例子叠加另一个例子,文章呈块状结构,且块与块之间缺乏合适的过渡。

同理,优秀的记叙文除了情感真挚,内涵丰厚外,必定也有明显的结构意识。如样卷中的《无形的爱》,构思精巧,感情真挚,写了一家三代人(父亲与奶奶,我和妈妈)之间的情感。奶奶说的"你们走了,这房子就空了"与妈妈说的"你走了,这房子就空了"前后呼应,成为这篇文章中最能打动人心的亮点。专家组将其判为一类卷,给了 68 分。但这样出色的文章毕竟是少数,笔者也读到几篇记叙文,只是记述了一到两件事而已,相对于 18 岁高中毕业生应有的认知水平、写作能力来看,显得结构简单,内容单薄。

(7) 不善于拟标题。

材料作文需要考生自拟题目。

俗话说"题好文一半",但笔者在阅卷过程中发现考生不善于拟题。整体来看,让人眼前一亮的题目很少。像"未必更重要""做好自认为重要的事""重要的事"就属于好题目,因为它至少清楚地告诉读者这篇文章要写什么,读者也能从题目看出该篇文章与材料的贴合度。而"相对论"则让读者吓一跳,不知作者要写什么。至于"架空生命,留存于世"则是故弄玄虚的病句,"架空生命"怎么"留存于世"?况且怎样"架空生命"?还有一个标题是"我们不能一味去做'更重要的事',要做顺应自己内心的事"。该标题连标点计算在内居然有 26 个字之多,笔者清晰地记得作者写了两行。

以上种种都说明,学生的拟题能力亟待提升。

2. 成因

以上问题至少涉及学生的记忆能力,即问题(5);理解能力,即问题(1)、

(2)、(4);分析能力,即问题(1)、(2)、(4);创造能力,即问题(3)、(6)、(7)。

按照布卢姆的教育目标分类学,记忆能力和理解能力属于低阶思维能力,而分析能力和创造能力属于高阶思维能力。当然,高阶思维能力的发展应以低阶思维能力为基础。

之前笔者一直认为写作活动虽然涉及思维的方方面面,但高中学生亟待培养并提升的是其高阶思维能力。本次阅卷使我意识到,从全市范围来看,高中学生的低阶思维能力也不容乐观,特别是"理解能力",它与"分析能力"相互影响,而"记忆"似乎是所有能力的基础,"创造"是最高级别的能力,无疑要以其他几种能力为基础。

学生为什么会暴露出全方位的能力薄弱?高考作文为什么会出现以上问题?笔者认为至少有以下五点原因:

（1）不重视语文,连课本上的文章都是走马观花,学过之后几无印象。

问题(5)中列举的《守财奴》一例最能说明这个问题。实际上,对语文的忽视不仅表现在学生不爱看语文书、不认真上语文课上,还表现在课时设置上。高一语文每周4课时,与新加坡同行交流时,他们认为这是不可思议的。据笔者了解不少学校的高一语文已经给到5课时,外省市一般是6课时,而我们高二也只不过5课时。课时的压缩意味着主管部门对该门学科的误解和忽视,也意味着教师为了完成教学任务而拼命赶时间,多数篇目匆匆带过,学生自然印象不深刻了。

那种以为语文学的是母语,高中课时是应该少一点的想法是可笑的甚至幼稚的。因为语言是思维的外壳,语言的学习、思维能力的提升是一辈子的事情,是需要投入时间花大力气的事情。

（2）不重视课外阅读,更不要说有意识地做读书笔记,锤炼语言与思想。

问题(5)、(6)最能说明这个问题。学生习惯于做题而忽略了阅读,不少人甚至以为语文学习也像数学一样需要多做练习,如果你给他说读点书,有意识地做点读书笔记,他会说这对提高成绩有什么用。课外阅读的匮乏必然导致学生眼界的狭窄,思维的僵化。写作时无话可说,无素材可用,翻来覆去用课本中出现的名人事例也就不足为奇了。

据笔者所知,大多数语文老师抓课外阅读抓得都很辛苦,但学生如果仅仅把课外阅读当成一项学习任务而不是发自内心的需要,读得再多也很难内化,明白地说,就是读到脑子外边去了。

（3）从小学开始，畸形的作文训练导致学生以为写作文就是说假话、空话、正确的废话而不是说自己想说的话。

笔者曾比较过民国时期小学生写的作文与当今小学生作文的区别，发现民国时期小学生写的作文都说自己想说的话，当今小学生作文却写别人想听的话；民国小学生作文写自己的生活居多，当今小学生作文写自己编造的生活居多。因为他们从数次写作经历中体会到说真话是危险的，而说空话、大话、正确的废话是保险的甚至阅卷老师喜欢的。不能不说这与小学过早拔高学生作文立意有关。长期以来，我们的写作训练强调立意要高，强调要有意义。于是孩子们挖空心思地往"意义"上靠，假话、空话、套话连篇。这真是一种畸形的写作训练，程红兵老师称之为"我的缺位""我不在场"。

2013年上海中招考试作文题是"今天，我想说说心里话"，引导学生写真话、抒真情之用意显而易见，但也招来一些讥讽："为什么今天我想说说心里话？""谁说心里话谁就是找死。"可悲呀。

笔者也曾在报纸上读到过台湾学生、香港学生、大陆学生写的同题作文，很明显，台湾学生和香港学生写得更真实、细腻、感人，而大陆学生写得则比较空，有一种为写作而写作的感觉。今年阅卷，笔者读到类似"比每个人的梦想更重要的是中国梦""比专注自身更重要的是奉献""舍小我成大家"等作文，觉得我们的不少学生从小练就的喊口号本事真是不得了，要想纠正，恐怕得从小学抓起。

（4）缺乏基本的哲学知识，看问题容易简单、片面、绝对化，违反基本的逻辑。

问题（4）是这方面的集中反映。笔者在写作教学中深感学生哲学常识的匮乏，看问题容易简单、片面、绝对化，违反基本的逻辑。为此笔者与政治老师有过专门的交流，他们说辩证法的基本原理是到高三才教的，而多数同学因为高考选的不是政治，因此也不重视，学得马马虎虎，更不要提运用辩证法的基本原理分析问题、解决问题了。

笔者记得自己当年是高二学的哲学课，深感受益。如今的学生，有几个认为哲学有用？至于逻辑，笔者在中学阶段没有学过，大学读中文系，也没有学过。从教十几年来，似乎听到有人批判语文教学"字、词、句、篇、语、修、逻、文"的面面俱到，因此，淡化语法和修辞，剔除逻辑成了笔者十几年来所见的语文场景。可是，一个缺乏基本逻辑的学生怎么可能写出合乎逻辑的文章，或者说,一个自己都不懂逻辑的老师怎么训练学生严密的逻辑思维能力?

(5)粗糙、随意的写作教学与测评使得学生得到的帮助极其有限。

在反思我们写作教学的时候,笔者专门阅读了《布卢姆教育目标分类学》中的几个案例,发现美国老师对学生的写作指导非常细致、具体,他们通常以单元的形式展开,一个单元通常历时两周,包含相关书目的阅读、有关本次写作的讨论、学生在听取教师建议后写初稿、在听取同伴和老师意见后修改、由教师检查合格后誊写最终稿、教师给出最终成绩。这种写作教学注重读写结合、方法指导(程序性知识的传授)、过程性测评与终结性评价相结合,做得扎实细致,每个学生都能得到教师或同伴切实有用的帮助。

而我们的写作教学通常读写分离且忙于赶课时,相比较而言做得比较粗糙、随意。基本上给了题目让学生一到两节课完成,然后教师收上来批改(写评语,给成绩),最后在课堂上集体评讲并布置下一篇作文。这种写作教学粗糙、随意,读写分离,缺乏有效的方法辅导(程序性知识的传授)和过程性评价,只有教师给定的终结性评价,学生在这种写作教学中得到的帮助极其有限。

3. 对策

写下这两个字,笔者也很惶恐。面对积重难返的写作问题,笔者实难开出灵丹妙药。但还是希望能在以下几方面做些尝试:

(1)在有限的课时内,引导学生精读典型例文,挖掘例文中可资借鉴的写作技法,并着意模仿。

(2)通过多种方式激发学生课外阅读的热情,指导学生做读书笔记,要舍得挤出课时让学生进行读书交流,尽可能在较大的范围内举办读书征文比赛,营造浓厚的读书氛围。

(3)从高一开始有意识地向学生介绍一些哲学、逻辑知识,引导学生以科学的世界观和方法论认识世界,全面、辩证地看待并分析问题,引导学生发现自己或别人思维中的漏洞,增强自己的逻辑意识,逐步体会逻辑的力量与美。

(4)对学生进行专门的思维训练,提升学生的思维水平。

(5)引导学生学会迁移和转换,特别是在迁移和转换过程中表达必须合乎逻辑。

(6)注重课程资源的开发和写作过程的指导,鼓励教师大胆借鉴国内好的做法,开发写作单元,注重读写结合、方法辅导、过程性评价与终结性评价的结合,给每位学生以切实有效的帮助。

(7) 在评价机制上大力遏制假、大、空之文风,鼓励学生写真情实感,让写作变成真正的写作。

说易行难。以上就是笔者由高考阅卷对高中写作教学进行的透视,希望能对今后的写作教学起到一定的参考作用。不当之处,还请方家指正。

参考文献:

[1] (美)安德森,等.布卢姆教育目标分类学[M].蒋小平,等译.北京:外语教学与研究出版社,2009.

[2] (美)摩尔,帕克.批判性思维[M].朱素梅,译.北京:机械工业出版社,2012.

[3] 程红兵.程红兵与语文人格教育[M].北京:北京师范大学出版社,2005.

[4] 夏丏尊,叶圣陶.文章讲话[M].北京:中华书局,2007.

[5] 张掌然,张大松.思维训练[M].武汉:华中科技大学出版社,2005.

2013 年 8 月

八、追问,把思维引向纵深的有效途径

教会学生写议论文是高中语文老师义不容辞的责任,事实上,我们花在议论文训练上的时间也远远多于其他文体,可效果似乎并不理想。

我想很多高中语文老师对类似这样的文章都不会陌生:堆砌很多例子,凑够800字;虽然在说理,但同样的意思翻来覆去说;看起来有几个层次,实际上是一个层次(伪层次),或几个层次始终处在一个平面上;东一榔头西一锤子,层与层之间缺乏内在的逻辑联系。以上种种,一言以蔽之,就是说理缺乏层次,流于表面,失之肤浅。

那么,怎样才能使学生的议论文说理"有层次,段与段之间有联系,且有一定的逻辑性和说服力"呢?

笔者结合自己目前正在开展的一项市级课题研究项目——"基于高阶思维培养的高中写作微型课程开发的实践研究",带领课题组成员聚焦学生写作的真实问题,然后从学生的真实问题出发,探讨解决问题的路径。

以上问题其实就是我们学生在写作中暴露出来的真实问题。面对老师"缺乏层次,流于表面,失之肤浅"的指责,聆听着老师"你们的说理要有层次,段与段之间要有联系,要有一定的逻辑性和说服力"的指点,学生依然一脸茫然。

是啊,怎么样才能做到"说理有层次,段与段之间有联系,且有一定的逻辑性和说服力"呢?我们自己写作的时候是怎样做到这一点的?为什么我们的学生做不到?能不能不再是简单的指责和方向性的引导,而是给学生提供一条具体的路径引导他们去说理、去分析、去推进呢?

咬住这个问题,结合学生的一次写作实践,我们课题组展开了深入研究。下面是笔者的一次教学尝试:

1. 背景

提供如下材料,由学生当堂完成一篇作文。

> 一位名叫索克曼的基督教牧师曾说:"当我们是少数时,可以测试自己的勇气;当我们是多数时,可以测试自己的宽容。"
>
> 以上材料引发了你怎样的思考?请自选角度,自拟题目,写一篇不少于800字的文章。除诗歌外,文体不限。

批阅后发现存在以下典型问题:

(1) 对材料的理解片面、肤浅甚至错误,导致立意出现偏差,或行文中所举例子与材料不符。

不少学生从材料中抽取出"勇气"与"宽容"后便以之为题目写作,行文中有意无意丢掉了"少数""多数"这样的限制性词语,导致举例出现重大偏差。如:"老舍先生对批评他文风的人一笑了之,对这些批评宽容,是因为他对自己的文字有信心。""诸子百家在宽容政策的滋润下百花齐放。""著名歌手丛飞宽容了不来看望自己的受助者。"这些例子所讲的宽容显然与材料中索克曼所说的宽容不是一回事。

(2) 以例代议。通篇靠列举几个例子凑够800字,分析很少,并失之肤浅。

如"哥伦布的探索,布鲁诺的执着,詹天佑的坚持,哪一个不曾与大多数人的势力交锋?他们无畏地前行,或从容赴死,或慷慨征途,或锲而不舍,其勇甚矣!"这一段在列举三个例子后看似有分析,但分析非常肤浅。仅仅指出他们有"勇",但他们的勇气源自哪里、为什么赞颂他们,作者并没有触及。

以上两个问题看似不同,其实一样,都是理解肤浅,说理浮于表面。为什么会这样?从根源上讲,就是学生的思维流于表面,难以向纵深开掘。

2. 聚焦:学生的思维为什么难以走向纵深

"说理肤浅,流于表面",从表面看,这是"文"的问题,实质上还是"人"的问题,说到底还是学生的思维受限,难以向纵深开掘。

那么,怎样才能引导学生的思维从肤浅走向纵深呢?

3. 实验:通过环环相扣的追问,把学生思维引向纵深

第一个环节:抛出问题,引起关注,锁定目标。

一上课,我就打出了第一张PPT,上面列举了四个类似"问题(1)"中提及

的几个例子,请学生思考:这几个事例用在索克曼这则材料作文中,好不好?为什么?学生很快能够作出判断:不好。因为材料讲的是"当我们是多数时,可以测试自己的宽容"。而PPT中展示的几个例子所讲的"宽容"都不是当主人公身处"多数"时。可见,解读材料或行文过程中忽略与"宽容"匹配的"多数",容易出现理解上的偏差与肤浅。

接着,我打出第二张PPT。先抛出一个问题:你的作文中还存在"以例代议"的问题吗?有学生点头并不好意思地微笑。接着我将"问题(2)"中提及的一段文字展示给学生,请学生讨论:这段文字的分析是否到位?学生经过讨论认识到这段文字虽然有分析,但太简单肤浅。

那么怎样才能避免肤浅和简单,把学生的思维推向纵深呢?我以索克曼的这则材料为例试图摸索出一条途径。

第二个环节:以索克曼的材料为例研究把思维推向纵深的途径。

首先,我和学生达成共识,这是一则言论型材料。索克曼的话即是他的观点。那么,对其观点,我们可以采用顺从性思考(即承认说话者的观点是对的,然后再为其合理性寻找依据并探讨其观点的当下意义),也可以采用质疑性思考(即对说话者的观点提出质疑,并在质疑的过程中探寻说话者说话时的可能语境,从而为其观点的成立补充合理性条件)。一般而言,先从顺从性思考开始。

其次,以索克曼的第一句话为例,我为学生演绎了通过环环相扣的追问,把思维推向纵深的途径。演绎过程如下:

> 师:如果你能学会追问,你的思维就有可能在环环相扣的追问过程中推向纵深。(生点头认同)但问题是怎么提出一个能生发出其他问题的问题。(大部分学生笑着表示赞同)我在想,既然任何观点都是针对特定的社会现象提出的。那我们为什么不按照由观点到现象的思路先提出第一个问题呢?为降低难度,我们先以索克曼的第一句话为例进行研究,看能否通过不断追问把思维推向纵深。我来提出第一个问题,你们回答。然后我们再提问,再回答,可以吗?
>
> 生:可以。
>
> 师:索克曼的观点"当我们是少数时,可以测试自己的勇气"是针对什么现象提出的?

生：很多人处于少数人群体时，缺乏勇气。

师：为什么很多人处于少数人群体时缺乏勇气？

生：害怕。

师：害怕什么？不说明白就等于没有回答我的问题。

生：害怕被别人嘲笑。

生：害怕被守旧老人(《〈宽容〉序言》中的人物)处死。

师：说得好。联系了课内所学，很好。还有吗？

生：担心自己做的不对。

师：你说的是自我怀疑，不够自信吗？

生：是的。

师：同学们的思考越来越深入了。因为害怕被别人嘲笑，被守旧老人处死，也因为自我怀疑，不够自信，很多人处于少数人群体时缺乏勇气。那我们这里说的"勇气"，内涵是什么？持刀抢劫算不算？一意孤行算不算？炫富露傻算不算？(生大笑)那你们说呢？

生：这里的勇气应该是追求真理的勇气。

生：我觉得见义勇为也对。

生：捍卫正义也可以。

生：维护尊严也可以。

师：总之，此处的勇气应该是正面的生活中很多人遇到事情都缺乏的那种勇气，如：坚持真理，捍卫正义，维护尊严等。

师：我们的社会需不需要有这样勇气的少数人？

生：需要。

师：为什么需要？

生：他们探索真理，发现新事物，对社会的发展贡献大。

师：举例说明。

生：就像哥伦布发现新大陆，牛顿发现万有引力……

师：很好。思路打开了。既然他们对社会发展贡献很大，那作为多数人的我们应该如何对待这些有勇气的少数人？

生：理解。

生：支持。

师：借用材料中的一个词。

生：宽容。

师：你所说的"宽容"内涵是什么？是不是我们一开始提到的老舍的宽容、丛飞的宽容？

生：不是。这里的宽容应该是像房龙《〈宽容〉序言》中所说的宽容，就是对异己者的包容，对不同意见的包容。

师：纵观人类文明史，多数人通常情况下"宽容"吗？

生：不宽容。

师：为什么人们处于"多数人"群体时往往"不宽容"？

生：因为担心被守旧老人处罚。

生：因为无知和愚昧。

生：因为害怕被别人孤立。

师：分析得很好。看来，房龙的《〈宽容〉序言》给了我们不少启发。（学生笑）

师：社会需不需要"多数人""宽容"？为什么？

生：需要。因为少数人往往是真理的探索者，他们能推动社会的发展。

师：毛主席还说"人民群众是历史的创造者"呢，你们怎么说？

生：真理往往掌握在少数人手中，社会发展往往是由少数人引领的。

师：不错。世界因多元而精彩。思想的碰撞推动社会的进步。人类文明的发展往往是由少数有勇气的人引领的。但只有多数人都能包容异己，才能有更多有勇气的少数人带领我们一起前行。（生点头认同）

师：你们有没有发现一个很有意思的问题：我们从索克曼的第一句话切入，通过不断的追问，不知不觉就把第二句话带进来了。为什么？（生陷入沉思）

生：因为"少数"是与"多数"相对而言的，说"少数"，会把"多数"带进来。

师：还有吗？

生："少数"与"勇气"相连，"多数"与"宽容"相连，只要前一组不拆开，自然会把后一组带进来。

师：有悟性。能否试试看，从第二句话切入，通过不断追问，把第一句话也带进来。（大部分学生开始主动与同伴交流，尝试）

师巡视发现大部分学生都能模仿以上演绎方式,从第二句话切入,通过不断追问,把第一句话也带进来。

第三个环节:引导学生由个别到一般,尝试开辟一条可推广的具体可行的路径,通过不断追问,把思维引向纵深。

师:我们能不能由这一个例子推广开去,摸索出一条具体可行的也适用于其他作文的路径?如果能,大家以后写作文,就不怕思路打不开,思维难以向纵深推进了。

生:都是言论类材料吗?

师:不。不管是寓言类、言论类还是现象类材料,我们不都得先提炼一个中心论点出来吗?现在,我们假定已经提炼出了一个中心论点,第一个问题问什么?

生:这个观点是针对什么现象提出的?

师:问得好。我来问第二个问题:产生这类现象的原因是什么?大家想想看,分析原因我们可以从哪些角度?

生:主观原因,客观原因。

生:主要原因,次要原因。

生:直接原因,间接原因。

师:这些角度都很好,记下来,作为我们分析原因的参考角度。分析完原因,我们问什么呢?(生茫然状)

师:我给大家提供一条参考路径。如果是正面现象,我们分析它的价值。如果是反面现象,我们分析它的弊端。(PPT展示参考路径)

分析价值:眼前价值,长远价值;个体价值,群体价值;物质价值,精神价值;等等。

剖析弊端:眼前弊端,长远弊端;个体弊端,群体弊端;物质弊端,精神弊端;等等。

生:再往下呢?

师:花开两朵,各表一枝。(PPT演示)若是正面现象,分析完原因、价值后,我们可以问:当今还有反面现象存在吗?如果有,不及时纠正,会有什么后果?既然有这样严重的后果,我认为我们应该怎么做(正面提

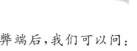

出建议,呼应观点)。若是反面现象,分析完原因、弊端后,我们可以问:既然有这些弊端,那么应该怎么做?(正面提出建议,呼应观点)为什么要这样做?(分析意义和价值)

生:然后呢?

师:然后,为了做到无懈可击,可以问自己:我对自己的观点还有什么补充吗?或者说,我对材料中的观点还有什么补充吗?现在我们一起把这些问题理一理,看能否形成一条路径。(借助PPT,展示梳理的路径)

(1) 针对这则材料,我的观点是什么?

(2) 我如何界定自己观点中的核心词?

(3) 我的观点是针对当今社会上哪些现象提出的?

(4) 产生这类现象的原因是什么?

内部原因:人的天性本能,主观愿望,实际能力,事物发展的固有规律等。

外部原因:他人影响,社会环境、体制的制约等。

主观原因:重视与否,用心与否……客观原因:外在条件具备与否,成熟与否……

(5) 分析价值或剖析弊端:

若是正面现象:① 有何意义(价值)?眼前价值,长远价值;个体价值,群体价值;物质价值,精神价值;等等。② 然而当今还有反面现象存在。③ 如果不纠正会有什么后果?④ 所以我提倡……(照应观点)

若是反面现象:① 有何危害(弊端)?眼前弊端,长远弊端;个体弊端,群体弊端;物质弊端,精神弊端;等等。② 既然有这些弊端,那么应该怎么做?(正面)③ 为什么要这样做?(意义价值)

(6) 我对材料的观点有什么补充吗?我对自己的观点还有什么补充吗?

第四个环节:布置训练。(略)

4. 效果及反思

由于是针对学生的真实问题开展研究,落脚点又是解决学生的真实问题,为他们提供具体可操作的路径,帮助他们打开思路,学会提出问题、分析问题进而把思维引向纵深,从而实现层次的推进,学生非常喜欢。在之后的训练中,笔者执教班级自觉"走"这条路径的学生越来越多,有的甚至主动地一而再、再而三地按照这条路径修改他们的习作。在区二模考中,有学生按这种路径写作拿到了63分的高分!他们感到分析说理再不像自己以前想象的那么难了。当然,在尝试走这条路径的过程中,学生又暴露出新的问题,如概念界定错误,排序不当,详略失衡等,而这恰恰又成为我们新的研究点。围绕新问题,我们又开展了一系列探究。

这节课引发我的反思是:

(1) 在写作教学整体缺乏明确内容依据、策略依据的情况下,教师是不是可以无所作为?答案显然是否定的。越是在这种情况下,教师越要加强对写作的研究,立足学生实际,聚焦学生问题,有针对性地设计教学,一次或者几次帮学生解决一个问题,学生就会被写作课吸引。

(2) 当我们在抱怨学生写作缺乏层次,没有深度的时候,是不是只在他的作文后写上"要有层次,要有深度"这样大而空的话?答案当然是"不是"。学生的作文"缺乏层次,没有深度"恰恰是他们不知道怎样做才能有层次、有深度,此时教师的职责就是告诉他们怎样做才能让作文有层次、有深度。也就是不要只指出问题,更要提供解决问题的路径。

(3) 为什么当我教学生追问可以把思维引向纵深的时候,学生深表认同却苦于"提不出第一个问题"?难道是长期以来我们学生的问题意识已经淡化了,提问能力削弱了?如果是这样,教会学生提问恐怕才是更为关键的根源性的工作。写到这里,我觉得自己的研究不知不觉走向了王天蓉老师的"问题化学习",可见,"问题化"才是学习的牛鼻子。

最后,特别强调一点,提供思路绝非是为了限制学生的思维,这条路径也不可能适用于所有题目的写作,只是在学生思维受限的情况下,针对议论文体,帮他们打开一扇窗,让他们更容易看到窗外纵深之处的风景而已。

2014年6月

九、为学生写作提供必要的支架

长期以来,写作教学的杂乱、无序、低效甚至无效都是语文教师不得不面对但又普遍感觉很难解决的问题。悲观者甚至认为"写作不可教",写作水平的提升主要靠学生的阅读、感悟和练笔;乐观者虽然认为"写作可教",但在"怎么教"的问题上,又缺乏具体的操作性强的写作教材做指引,基本上处于边教边摸索的困境。从天性看,笔者不是乐观主义者,但作为一名已在语文教学这个行当摸爬滚打了 20 年的教师,又坚信"写作不仅可教,而且可以教好",关键是教师能否遵循写作规律、尊重人的成长规律,激发并保护学生的写作热情,为学生写作提供必要的支架。

为学生写作提供必要的支架,这本是写作教学的应有之义,然而长期以来却被我们不少教师有意无意忽略了,取而代之的是写作教学中的"不作为"或"消极作为"。这种现象令人担忧。

"不作为"即放任自流式,写作教学缺乏必要指导,给个题目让学生写,写完后教师写个"阅"或打个分完事,当然这是极少数;"消极作为"也有写前辅导、写后点评等,但辅导笼统、点评空泛,如"选材要新颖""内容不够充实"等,但什么叫新颖、怎样做到选材新颖,哪里不够充实、如何充实,教师却给不出具体的建议。在长期的教学实践中,笔者越来越深刻地意识到这种空泛的指导于提高学生的写作水平不仅毫无裨益,还极有可能挫伤学生的写作积极性,使学生对教师的写作教学失去兴趣和信心。

于是,笔者尝试并坚持在写作教学中为学生提供必要的支架,具体来说就是在充分了解学生写作障碍的基础上,帮他们搭梯子,引导他们找路子,然后借助这个梯子、循着这个路子跨越写作障碍,实现思维水平与表达能力的双重提升。

毋庸讳言,由于写作本身的复杂性以及学生的学识、阅历等有限,他们在写作中碰到的障碍不仅多而且类型多样。

这些障碍如果借用《布卢姆教育目标分类学》中有关知识维度的划分,可分为以下四类:一是元认知障碍。如不能正确理解写作和生活的关系、写作和自我的关系,习惯于套题等。二是事实性障碍。如缺乏写作素材,不具备必要的文体知识等。三是概念性障碍。如不会对素材进行恰当的分类和排序,不知道常见文体的常见结构模式等。四是程序性障碍。如不知道如何界定概念,不知道议论文主体部分如何展开,不知道如何实现层次的推进,不知道散文化叙事怎样选材、组材等。

如果借用《布卢姆教育目标分类学》中有关认知过程维度的划分,则又可粗分为以下五类:一是记忆性障碍。如不能准确地从长时记忆中提取与命题吻合的写作素材等。二是理解性障碍。如不理解关键词的内涵,观点与例子脱节,不善于发现两种现象或两种观点之间的对应关系,不能从特定现象中推断出合乎逻辑的结论等。三是分析性障碍。如不能一分为二地看待问题分析问题,处理不好材料的主次详略并给其安排一个恰当的位置,不能准确把握材料隐含的倾向、观点,不能分析现象背后的成因、事物的价值或弊端等。四是评价性障碍。如不能够依据一定的标准做出准确的判断,比如发现自己或他人论证中的漏洞,自己或他人文章中的前后矛盾之处等。五是应用和创造性障碍。如不会将同一材料变形处理后应用到不同的命题下,不会在形式、内容或语言等方面有所创新地表达自己等。

当然,这只是粗略的分类。不一定尽善尽美,但对我们的写作教学有帮助。教师在教学过程中如果能充分预判学生可能遇到的障碍类型并及时提供相应的支架如元认知支架、事实性支架、概念性支架、程序性支架或者记忆性支架、理解性支架、分析性支架、评价性支架、应用和创造性支架等,就能有效帮助学生跨越写作障碍,促进其思维水平、表达能力的双重提升。

下面以笔者的教学实践为例加以阐述。

新高一的学生往往还脱不了中考应试作文的影响,有不少甚至是在"高手"的指点下炮制几篇范文,熟记于心,碰到什么题目只管改头换尾往上套。这实际上就是不能正确理解写作和生活的关系、写作和自我的关系,将写作异化为拿高分的手段之一,出现了元认知障碍。针对这种障碍,笔者精心设计了针对新高一学生的第一次作文辅导《写出你真切、独特的感受》,结合第一次习作的讲评引导学生正确认识写作与生活的关系、写作与自我的关系,实现两个转变:一是从"套"什么到"写"什么。写作即生活。写作,就是调动你的积累,写出你真实、独特而又切题的生活感受。二是怎么写？变简单记叙文为复杂记叙文，学会散文化叙事，以恰当的详略整合围绕一个中心展开的若干真实、独特而又符合题意的片段。

引导学生调动自身积累，写自己真实、独特而又丰厚的生活感受，就是帮助学生克服"元认知障碍"，正确理解写作的本质，尝试"我手写我心"，体会写作带来的痛苦或愉悦。

当然，什么是散文化叙事？怎样进行散文化叙事？高一的孩子还不甚明了，针对这些障碍，笔者又为学生提供了必要的"事实性支架"和"程序性支架"。如提供范文(龙应台的《目送》，高考一类文《无形的爱》，笔者以前学生的优秀习作《不能忘却那份情》)，引导学生通过阅读，知道散文化叙事是怎么回事；接着笔者通过典型例文帮学生梳理出散文化叙事结构全篇的两种常用方式：串糖葫芦式和嵌套式，并指导学生在自己的写作实践中有意使用这两种方式。有了这种支架的支撑，学生不再觉得散文化叙事高不可攀，相反，他们调动自己的储备，写出了有模有样的作品。

再比如，不少学生都会感慨生活单调，阅历有限，"缺乏写作素材"，写作时"无米下锅"等，这实际是遇到了"事实性障碍"。笔者的做法是从高一到高三，坚持为学生提供"事实性支架"，帮学生解决"无米下锅"的问题。比如，高一：读书，写读书笔记且全班交流；课前两分钟演讲；时文精读。高二：读书笔记和看时文、写述评交替进行，还有课前演讲；高三，看时文，看视频《大师》，写述评等。以上种种措施都是为了开阔学生眼界，丰富学生阅历，在有限的时空中尽量拓宽学生的世界，帮他们克服"缺乏写作素材"这一障碍，坚持不懈地为其提供"事实性支架"。

笔者再以高中议论文写作教学为例进行阐述。

大家知道，上海的高中语文教材基本上是以内容为主题编排单元的，在高一教材中，几乎没有什么适合学生在议论文起步阶段模仿的议论文。而学生在初中接受的写作教学基本上都是600字左右的记叙文训练。让学生在几乎没有任何议论文写作储备的基础上，直接进入高标准严要求的高中议论文写作，的确有点勉为其难。

在这种基本判断的基础上，笔者尝试着为学生搭建必要的写作支架。具体做法是：

第一步，提供"葫芦"。常言道：比葫芦画瓢。欲让学生画瓢，不妨先提供可资模仿的葫芦。依据做学生和做老师的双重经验，笔者精心挑选了8篇曾在各种版本教材中出现过的，或虽未在教材中出现过但适合学生在起步阶段模仿的议论文，如《谈骨气》《想和做》《俭以养德》《人得貌视点什么》等，组织学生阅读这些文章，让学生先知道好的议论文长什么样子，然后结合对这些文章的研究把议论文的基本知识传递给学生，这其实是提供了一种"事实性支架"。

第二步，片段写作。笔者给学生提供了一篇刊载于2009年9月5日的一篇文章《何为大学，大学何为？》（之所以提供这篇文章，是因为估计学生对大学尤其是国外名校感兴趣，看完后会有话可说），要求学生阅读后，挑自己最感兴趣的一段，就事论事，一事一议，写一个有标题的300字左右的片段，表达自己的看法。

第三步，扩充成文。引导学生在片段写作的基础上按照"引——议——联——结"的路径扩充成文。如果说第二步是"就事论事，一事一议，片段写作"的话，那么第三步可以概括为"一事一议，引议联结，扩充成文"。

后两步，主要是为学生提供一种"程序性支架"。

这三步合起来，笔者的议论文写作教学才算迈出了完整的一大步。补充8篇议论文是充分考虑到教材中没有适合学生模仿的议论文，这是为学生搭梯子。进入写作环节，直接写完整的文章也不是不行，但跨度太大。于是，再次搭梯子，给出材料，先读后写，而且只需就事论事，写出片段即可。事实证明，学生在稍作整理的基础上，当堂就完成了写作任务。接下来，笔者"得寸进尺"，要求学生写完整的议论文，考虑到怎么展开是不少学生面临的障碍，于是引导他们从例文中归结出"引——议——联——结"的路径，并循着这个路径完成自己的写作，这就是指路子。

搭梯子，指路子，为学生写作提供必要的支架特别是"程序性支架"，学生会在不知不觉中跟着老师走，写出比较像样的议论文。

但"比较像样"还远远不够，优秀的议论文必须论证充分而严密，说理深刻且易于为人接受。学生在掌握最基本的写作规范后，必将会在不同阶段面临不同的写作困境，如高二阶段比较常见的"概念性障碍"——不会对素材进行恰当的分类和排序；"程序性障碍"——不知道如何界定概念，不知道议论文主体部分如何展开；"理解性障碍"——观点与事例脱节等；高三阶段比较常见的"程序性障碍"——不知道如何实现层次的推进；"分析性障碍"——不能分析现象背后的成因，事物的价值或弊端等；"应用和创造性障碍"——不会将同一材料变形处理后应用到不同的命题下等。

针对不同阶段的不同障碍,教师必须提供相应的支架类型。如针对高三学生的"程序性障碍"——不知道如何实现层次的推进和"分析性障碍"——不能分析现象背后的成因、事物的价值或弊端等,笔者结合一次材料作文的讲评为学生提供了相应的"程序性支架"和"分析性支架"。

具体做法是:首先明确存在问题:说理肤浅,流于表面,难以向纵深开掘;然后锁定目标:探讨怎样把思维推向纵深,实现层次的推进;接下来进入实质阶段,就该则材料而言,怎样把思维推向纵深,实现层次的推进?

笔者引导学生先从承认材料所给观点入手,提出第一个问题:这个观点是针对什么现象提出的?学生回答后,再顺着这个答案追问下去,以此类推,一步一步地把思维推向纵深。学生最后恍然大悟:原来追问是把思维引向纵深实现层次推进的有效途径。

当然,追问不是随便问。怎么问更有效?这是笔者一直思考的问题,也一直尝试着去摸索一条对写作议论文而言带有普遍参考价值的有效路径。在本次探讨中,笔者引导学生从个别到一般,初步梳理出了一条可把思维引向纵深从而实现层次推进的路径:

1. 针对这则材料,我的观点是什么?
2. 我如何界定自己观点中的核心词?
3. 我的观点是针对当今社会上哪些现象提出的?
4. 产生这类现象的原因是什么?

   内部原因:人的天性本能,主观愿望,事物发展的固有规律等;

   外部原因:他人影响,社会环境、体制的制约等。

   主观原因:重视与否,用心与否……

   客观原因:实际能力,外在条件……

5. 分析价值或剖析弊端

(1) 若是正面现象:

① 有何意义(价值)? 眼前价值,长远价值;个体价值,群体价值;物质价值,精神价值;等等。

② 然而当今还有反面现象存在。

③ 如果不纠正会有什么后果?

④ 所以我提倡……（照应观点）

（2）若是反面现象：

① 有何危害（弊端）？眼前弊端，长远弊端；个体弊端，群体弊端；物质弊端，精神弊端；等等。

② 既然有这些弊端，那么应该怎么做？（正面）

③ 为什么要这样做？（意义价值）

6. 我对材料的观点有什么补充吗？我对自己的观点还有什么补充吗？

特别强调的是，分析原因、价值或剖析弊端是学生的软肋，于是在给出"程序性支架"的同时，我又给出了相应的"分析性支架"。

事实证明，以上支架的搭建非常有效。因为这是基于学生真实问题的探讨，落脚点又是帮学生跨越真实的写作障碍，学生参与的热情很高，不仅课堂上动脑子，想法子，找路子，而且对找到的路子发自内心地理解和认同，在之后的写作中，自觉"走"这条路径的学生越来越多，有的甚至主动一而再再而三地按照这条路径修改自己的习作。在2013年长宁区高三二模检测中，一个平时写作并不突出的学生按这种路径写作，居然拿到了63分的高分。学生也坦言，他们感到分析说理不再像自己以前想象的那么难了。当然，在尝试走这条路径的过程中，学生又暴露出新的问题，如概念界定错误，排序不当，详略失衡等，而这恰恰又成为写作教学的新的研究点。围绕新问题，再想新办法，为学生提供新支架。学生的写作能力在这些支架的支撑下螺旋式上升。

最后，特别强调一点，"提供必要的支架"包括"梯子""路子"绝非是为了限制学生的思维，教师提供的"支架"也不可能适用于所有题目的写作，只是在学生面临具体写作障碍的时候，给出切实可行的指导，帮助学生顺利跨越写作障碍，让学生有法可依，有路可走。

在这一次又一次的写作障碍跨越中，学生思维品质得到了提升，写作水平也必然水涨船高。笔者期待，有那么一天，学生无须支架，就写出高水准的文章。

2014年12月

十、引导学生构建合适的思维支架

在长期的教学实践中,我们发现,仅仅教学生写作技法,对于提高他们的写作能力收效甚微。因为说到底,写作问题还是"人"的问题,而且在很大程度上是人的思维的问题。所以,要想真正提高学生的写作能力,归根结底,还得提升他们的思维水平,改善其思维品质。基于此,我们在写作教学中,由最初的教学生"怎么写"逐步转向"引导学生构建合适的思维支架"。

那么,什么是"思维支架"?我们认为,所谓"思维支架",就是在写作活动中,为实现特定的思维目的所凭借的思想方法和思维方式,既包括思考问题的方式、方法,又包括思维展开的具体路径,两者一隐一显,互为表里。因为思考问题的方式、方法影响着思维展开的具体路径,反过来,思维展开的具体路径也反映了思考问题的方式、方法。两者相比,前者才是思维支架的核心。

学生写作出问题,除了学养、阅历等有限,最本源的往往是思考问题的方式、方法出了问题。当然,如果我们稍加留意,也会发现,优秀文章固然离不开作者丰厚学养、丰富阅历的支撑,但它们还有一个更重要的共同点,就是都有一个合适的"思维支架"作支撑。如冰心的《笑》、龙应台的《目送》,看起来选材都很寻常,但作家是如何发现或赋予并最终呈现这些寻常素材的不寻常意义的?我们认为首先是她们由此及彼的联想及由表及里的开掘起了关键作用,因为前者决定了选材的丰富,后者实现了内涵的提升。其次才是她们组织材料的方式,即思维展开的路径:两篇散文都是由一个故事引出另一个故事,这样一种组合所形成的逻辑关联又为作家发现或赋予并最终呈现这些寻常素材以不寻常意义提供了有力支撑。

可见,"思维支架"之于一篇文章具有选材、组材、立意三重意义。没有它,一篇文章不足以"血肉丰满";没有它,一篇文章不足以"骨骼强健"。它是一篇文章能否走向丰富和丰厚、深刻和集中的关键。然而,当今不少学生思路狭窄化、思维碎片化、认知肤浅化。这"三化"的根源,在我们看来,就是缺少良好的思维方式、思维习惯,没有构建起合适的"思维支架",因而写出的文章常见病症就是散、乱、浅、瘫(文章"立"不起来)。解决这个问题恐怕还得追根溯源,标本兼治,想方设法为学生搭设梯子,提供路径,引导他们构建合适的"思维支架"。

怎样引导学生构建合适的"思维支架"?我们从教学实践中摸索出这样两条有效途径:一是引导学生从典型例文中提取"思维支架",然后反复借用直至内化;二是针对特定问题,设计"思维支架",然后引导学生反复运用直至内化。

以下重点介绍第一条途径。

有人可能会困惑:为什么要借助典型例文提取"思维支架"?因为思维是抽象的,"思维支架"不像建筑工地的"脚手架"那样易见、易摸、易攀爬。教师在引导学生的时候,如何让这种抽象的思维具体化甚至"可视化"?我们认为,既然语言是思维的外壳,那文章就是作者思维的外显形式。当学生陷入写作困境,特别是遇到思维屏障的时候,教师完全可以借助典型例文提取"思维支架",从而使抽象思维具体化甚至可视化,然后再引导学生反复借用直至内化。学生在提取并反复借用的过程中,将逐步掌握正确的思想方法、思维方式,养成良好的思维习惯,提升思维技能,优化思维品质。慢慢地,他们也将构建起自己的"思维支架"。

举例来说。学生作文中经常出现这样的桥段,"下大雨送雨伞","晚上送牛奶或苹果,要么就是掖被子",总之,雨伞送了一把又一把,牛奶送了一杯又一杯,苹果削了一个又一个,被子掖了一次又一次,似乎生活中永远是父慈母爱子女懂事、一家人一路欢歌过日子。然而,是这样吗?为什么多彩的生活、丰富的情感,一到学生笔下就被过滤得只剩一种颜色、只有一种情感?

我们认为,是学生的认知——对生活的认知、对写作的认知——出了问题。

怎么办?我们首先为学生提供一组文章:龙应台《目送》、三毛《紫衣》、史铁生《我与地坛》等。引导学生通过阅读意识到:优秀作品之所以打动人心,一个重要的原因就在于写出了生活的多彩、情感的复杂、矛盾的消解、心灵的成长。而这不仅有赖于丰厚的学养、丰富的阅历,还有赖于合适的"思维支架"作支撑。

其次，以龙应台《目送》为例提取"思维支架"。

《目送》共写了六个场景。孤立地去看六个场景中的任何一个，选材都很寻常，但龙应台是如何发现或赋予并最终呈现这些寻常素材的不寻常意义的？我们引导学生研究了龙应台的组材方式和思维方法。

这六个场景每三个一组，共两组。

第一组，三个场景，写作为母亲的"我"目送年幼的儿子一步步长大成人，走向独立。第一个场景，华安上小学第一天，"我"目送着他"在纷乱的人群中不断地回头"，"他的视线和我凝望的眼光隔空交会"；第二个场景，在机场，华安16岁，去美国做交换生，"我"目送他消失在一扇门后，"一直在等候他回头一瞥。但是他没有，一次都没有"；第三个场景，华安21岁，上大学，宁愿挤公交也不愿搭我的车，"我"从高楼的窗口，目送他等车，坐上车远去，只能想象"他的内在世界和我的一样波涛深邃，但是，我进不去"。

这三个场景，单纯地去捕捉其中的任何一个，我们的学生也不难做到。然而从这孤立的场景中，能看到什么？母亲对孩子的牵挂、担忧，孩子对母亲的依恋或者逆反。如果是这，也并不新鲜。但龙应台显然不是孤立地看待其中的任何一个场景，而是将这三个场景放置到一起，从彼此的内在关联中发现了让为人父母者心痛又无奈的带有普遍意义和价值的东西：孩子终将挣脱父母的怀抱走向独立，做父母的再留恋，再不舍，再失落，也只能放手。因为，一代代人就是这样成长起来的，做父母的追不上，也不必追。

文章如果到此为止，也未尝不可，事实上，恐怕多数人就是这么做的。然而龙应台的高明之处就在于她会在别人走不下去的地方继续往前走。"我慢慢地、慢慢地意识到，我的落寞，仿佛和另一个背影有关。"这"另一个背影"就是父亲的背影，于是很自然地由写作为母亲的"我"目送年幼的儿子一步步长大成人，走向独立，过渡到写作为女儿的"我"目送日渐衰老的父亲一步步退出人生舞台。

同样是三个场景，第一个场景，目送开着小货车的父亲转弯不见；第二个场景，目送坐在轮椅上的父亲消失在玻璃门后；第三个场景，目送躺在棺木中的父亲火化。

同样是孤立地看，也能有所发现。但是能发现什么？父亲对女儿的体谅，女儿对父亲的孝顺，父女之间浓浓的亲情。如果是这，也不新鲜。龙应台显然不是孤立地看待其中任何一个场景,而是将这三个场景放置在一起,从彼此的内在关联中发现了让为人子女者心痛又无奈的带有普遍意义和价值的东西:父母的衰老、离世不以人的意志为转移,做子女的,再留恋,再不舍,再难过,也只有放手。因为,抓不住,追不上,也不必追。

就这样,由一个故事(目送儿子)引出另一个故事(目送父亲),然而却产生了一加一大于二的效果,我们会不由自主地推测:当年的父亲,未来的华安,也都像现在的龙应台一样,一方面目送子女长大独立,一方面目送父母老去、永远安息。一代又一代,生命与生命的缘分,竟都是这样的啊:"所谓父女母子一场,只不过意味着,你和他的缘分就是今生今世不断地在目送他的背影渐行渐远。你站立在小路的这一端,看着他逐渐消失在小路转弯的地方,而且,他用背影默默告诉你:不必追。"

这,是多么痛的领悟。然而,生命的真相如此,除了相遇时珍惜,相别时放手,还能怎样?《目送》最动人心处,恐怕正在这里。

总的来看,《目送》的"思维支架",就作者思考问题的方式、方法看,是以联系的眼光看到材料与材料的内在关联,并从这种逻辑关联中发现常人不易发现的东西;就思维展开的具体路径看,运用"嵌套式",由一个故事引出另一个故事,每一个故事又由一个场景跳跃到另一个场景,这种形式又为作家发现或赋予并最终呈现这些寻常素材的不寻常意义提供了有力支撑。

第三步,引导学生以《美》为题,借用《目送》的"思维支架"构思行文。一个学生,由小时候妈妈骑车载着"我",联想到妈妈小时候,外婆骑车载着她,再写到长大后,"我"骑车载着妈妈,而每一个坐车人都在兴致勃勃地向骑车人描述着沿途美景。在这一环套一环的描述中,"我"渐渐明白:"原来美,是骑车人给予乘车人的一路繁华,而乘车人也拿它谱写着骑车人的天空。"这样,作者对"美"的理解,就因为有了"爱"的支撑、延续和回报而具有了深厚的内涵和更为动人的力量。可以看出,作者不仅借鉴了《目送》思维展开的路径,而且从一定程度上习得了龙应台思考问题的方式、方法。

至于针对特定问题,设计"思维支架",然后引导学生反复运用直至内化,此处简单介绍一下。请看下表:

议论文说理支架1(说明:A和B任选其一即可)

A. 横式支架(主体部分):

	"我"的说理支架	问题及修改策略
中心论点		
界定中心论点中的关键词		
主体部分： 围绕"为什么"说理 1. 请给出2—3条理由。 2. 每条理由先用一句话概括，再用3—5句话解释。		

B. 纵式支架（主体部分）：

	"我"的说理支架	问题及修改策略
中心论点		
界定中心论点中的关键词		
主体部分： 以环环相扣的追问促进说理的深入 1. 先针对论点提出一个问题，并给予回答。 2. 再针对回答提出第二个问题，并给予回答。 3. 以此类推，4—5个。		

这是我们针对学生不知道界定中心论点中的关键词、不会通过抽象说理搭建文章的主体框架而设计的一个"思维支架"，学生借助这样的思维支架不得不对自己的观点进行理性分析和阐释，当然，他们还会碰到思维屏障，如一个学生这样写道：

横式支架（主体部分）：2017届，高二（11）班，任采薇，第1稿

	"我"的说理支架	问题及修改策略
中心论点	要敢于冒险	
界定中心论点中的关键词	冒险，是指不顾失败的代价，承受风险，去从事某种活动。这并不是盲目的蛮干，而是有计划、有预估地去面对风险。	

(续表)

	"我"的说理支架	问题及修改策略
主体部分： 围绕"为什么"说 1. 请给出 2—3 条理由。 2. 每条理由先用一句话概括，再用3—5 句话解释。	1. 冒险成功后，将会带来物质上的巨大收益。收入与风险总是成正比的，在风险适度时，冒险所得的收益会成为成功路上的一块垫脚石，在物质上为成功创造条件。	问题：角度过于单一。 建议：多角度思考问题。 1. 现状如何？（客观现象，人们的主观认识） 2. 是否符合事物、人、社会的发展需求、发展规律？ 3. 是否有助于事物、人、社会健康发展或良性运转（从对个体、群体方面分析意义、价值或弊端、危害）
	2. 冒险无论成败，在心理上都是一笔宝贵的财富。承担着风险，我们的心理承受能力会有提高，面对成败会更坦然。久而久之，当更大的困难出现时，我们可以泰然处之，镇定自若，更好地处理状况。	
	3. 在能力方面，冒险有利于提高我们对风险预估的正确性。而对未来状况的预判能力和缜密计划的能力都与成功有密切联系。预测准确，思虑周全，方能"运筹帷幄之中，决胜千里之外"。	

课上，笔者引导学生对这个说理支架进行了诊断，经过讨论，学生发现任采薇同学这三条理由均从"冒险的作用"这一角度出发设置，过于单一，因此，看起来是三个层次，其实就一句话：敢于冒险，无论成败，都会使我们受益。如何改进？我们给出了改进策略，如上表"问题及修改策略"一列所示。

任采薇同学依据这个建议，对自己的说理支架进行了修改，如下表所示：

横式支架(主体部分)，2017 届，高二(11)班，任采薇，第 2 稿

	"我"的说理支架	问题及修改策略
中心论点	要敢于冒险	
界定中心论点中的关键词	冒险，是指不顾失败的代价，承受风险，去从事某种活动。这并不是盲目的蛮干，而是有计划、有预估地去面对风险。	

(续表)

	"我"的说理支架	问题及修改策略
主体部分： 围绕"为什么"说理 1. 请给出2—3条理由。 2. 每条理由先用一句话概括，再用3—5句话解释。	1. 现实生活中，大多数人不敢去冒险。寻求稳妥、怕担风险，说老话，走旧路是大多数人的心态。 2. 社会发展需要有人敢于冒险。人类面临着太多的未知因素，社会发展需要有人敢于冒险。纵观人类文明史，人类的每一次进步，几乎都离不开那些勇敢者的冒险。 3. 敢于冒险，无论成败，都会使人受益。成功了，总结经验；失败了，吸取教训。每一次冒险，都是一次能力的历练。	

借助这样的思维支架，学生至少明白了议论文是必须说理的，而且可以这样去说理。

当然，引导学生搭建合适的思维支架绝不止这两条途径，篇幅所限，只介绍这两条容易说清又比较好操作的途径。每位教师都有把学生教好的愿望，那么，在学生写作面临障碍的时候，就应该为他们搭设梯子、提供路径，引导他们构建合适的"思维支架"。这样做绝非为了限制学生的思维，恰恰相反，是为了提升学生的思维。我们有理由相信，终有那么一天，学生无须借用他人的"思维支架"，因为那时，他们已经习得了良好的思维方式、思维习惯，具备了较高的思维品质，他们已经能够构建起自己的"思维支架"了。

参考文献：

［1］（美）安德森，等.布卢姆教育目标分类学［G］.蒋小平，等译.北京：外语教学与研究出版社，2009.

［2］（美）摩尔，帕克.批判性思维［M］.朱素梅，译.北京：机械工业出版社，2012.

［3］（英）博赞.思维导图使用手册［M］.丁大刚，张斌，译.北京：化学工业出版

社,2011.

[4] 张掌然,张大松.思维训练[M].武汉:华中科技大学出版社,2005.

[5] 马正平.高等写作思维训练教程[M].北京:中国人民大学出版社,2010.

[6] 程红兵.程红兵与语文人格教育[M].北京:北京师范大学出版社,2005.

2015年11月

十一、让课堂焕发生命的活力

课堂对学生而言,具有生活的意义。而"老师辛苦,学生痛苦"的课堂生活截至目前仍不鲜见。

吴康宁教授在《课堂教学社会学》一书中说,课堂本身就是一个小社会。在这个小社会中,存在着特殊的社会组织——班级与小组;特殊的社会文化;特殊的社会活动——有目的、有计划的教育人际交往;特定的社会规范——课堂规章制度以及由此而发生的各种基本的社会行为。"过去我们常说学生在课堂中学习着课程,现在则可以说学生其实也是在、而且更确切地说首先是在课堂社会中经历着生活,体验着由服从、沉默、反抗、竞争、合作、展示、回避、成功、失败等带来的种种酸甜苦辣、喜怒哀乐。"课堂对学生而言,不只具有一般人所知的智育意义,更具有生活的意义。它之于学生,不亚于田野之于农民,车间之于工人,战场之于士兵。但长期以来,我们的学生体验着什么样的课堂生活呢?

众所周知,在应试教育的影响下,传统教学模式有几个预设:一是受科学理性主义的影响,认为教学就是输入—输出的活动,学校是工厂,学生是产品,教师就是加工的机器,它追求的是效率。二是认为知识是外在于人的客观存在。教学就是知识的接受过程,教师传授知识,学生接受知识,而不把知识看成动态的师生共同建构的生成的过程。三是认为学生是容器,大脑是储藏室,知识掌握得越多越好。这些预设导致传统的教学陷入了一个怪圈——考试中心,教师中心,课堂中心。考试考什么,老师教什么;老师教什么,学生学什么。整个课堂变成了训练考试技能的场所。无视学科固有特点,无视人的全面发展,鲜活的生命消耗在无边无际的题海之中,教师教得辛苦,苦不堪言;学生学得辛苦,苦不堪言。语文课将文质兼美需吟咏体悟的文章分解得支离破碎,英语课无视语感的培养、听说的训练而大讲特讲语法,大练特练单选。教师(包括学生)很少有时间读书,而是整日疲于奔命,在漫无边际的题海中挣扎、求生。学生更是被无尽的作业、频繁的考试压得喘不过气来,小小年龄,老气横秋,失去天真和快乐,身心备受摧残。有专家指出,"学生一进校门就被关进了书本的牢狱,受分数和升学鞭子的抽打",学生"读书无用,是因为读无用的书!"这种状况令人担忧,促人反省。

我们要更新教育观,树立"全人""全面"发展意识,以学生为中心设计教学,组织教学,使学生真正成为学习的主人。

新课程呼唤新理念。教师要应时而动,更新教育观,同习以为常的教学习惯告别。首先表现在设计教学时要改变传统的"以教师为中心"的思维模式,代之以"以学生为中心"的新型思路。

所谓"以学生为中心",就是在设计教学时就意识到学生不是单纯的接受知识的容器,而是带着各自的知识、经验、思考、灵感、兴趣参与课堂的活生生的人,是知识的积极建构者,所以在设计教学时就不应只考虑如何使教师教得方便,教得舒畅,教得精彩,而应当更多地考虑如何贴近学生需要,促进学生发展,如何让学生的思维活跃,发生碰撞,真正地学有所得。以学生为中心设计教学,关注点在"学"不在"教"。它注重学生的心理需求,情感体验,思维发展与人格熏陶,追求教师与学生在面对知识时的平等对话权。这种思路下的教学设计,处处体现着对学生的关切与热爱,并力求做到学生"学"(感受、质疑、讨论、联想等)与教师"导"(激趣、交流、争鸣、释疑、归纳等)的交融,使学生真正成为学习的主人,老师则成为学生学习的积极促进者。

创设灵活开放与生成发展的课堂运行机制,让师生在充满生命活力的课堂中一道成长。

1. 锤炼教学语言,以激情与理性裹挟着学生主动提升

缺乏理性的语言混乱、啰唆,缺乏激情的语言干巴、乏味。教师的语言只有理性缺乏激情就不会动人,只有激情而缺乏理性就不会服人。要让课堂焕发出生命的活力,教师语言的修养也是不容忽视一个方面。我认为一个教师要想吸引学生,首先要锤炼自己的教学用语。一是准确,不出语病。二是简洁,不重复,不说废话,不垫水词儿。三是动情,糅入个人的情感体验,关注学生的心理感受、长远发展。只有全身心地投入,以自己的激情点燃学生的激情,以个人的智慧激发群体的智慧,课堂才会丰富多彩,焕发出生命的活力。我们个体的生命包括学生群体的生命才会在课堂这个舞台上焕发出夺目的光彩。

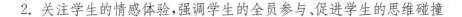

2. 关注学生的情感体验,强调学生的全员参与、促进学生的思维碰撞

什么样的课堂才有活力、智慧和情趣?我个人认为关注学生情感体验的课堂才有情趣,强调学生全员参与的课堂才有活力,促进学生思维碰撞的课堂才有智慧。一节课如果无视学生的情感体验,只是在空洞地脱离实际地说教,就极易激起学生的反感。一节课如果只有老师的"满堂灌"而没有学生的全员参与或只有少数几个学生的参与,这节课就没有思维碰撞的乐趣,也不会有真正的活力。所以要想让课堂焕发生命的活力,必须关注学生的情感体验,强调学生的全员参与,以探究、合作等方式促进思维的碰撞,智慧的交融。

3. 设计教学又不囿于教学设计,面对复杂多变的课堂情境,教师要充分发挥个人的教学机智

为了有效地上好课,教师无疑应当根据教学目标、课程内容精心设计教学,但课堂情境是极为复杂的。从不同的角度透视,它展现的场景也不同。从社会学角度看,它展现的是人际交往包括师生交往、生生交往的画面。从文化角度看,它展现的是以教师为代表的成人文化与以学生为代表的儿童文化的沟通与整合;从心理学角度看,它展现的又是教师与学生不断冲突、调适的画面。再加上学生作为一支活生生的力量,各自带着不尽相同的知识、经验、兴趣参与课堂,这些因素都会使课堂呈现丰富性与复杂性。有人做过估算,教师在一节 45 分钟的课堂上,至少要做出 30 个与教学有关的决策。因此,备课时预先的设计就不应成为铁定的限制教师与学生探索、创造的框子;课堂上的教学操作也不应当是"教案剧"的照本上演。课堂应该是一个开放的系统,要教师在不断的挑战中,因时而变,因情而作,充分发挥个人的教学机智,以积极开放的心态拥抱教育契机,适时纳入直接经验、弹性成分及始料未及的体验,灵活处理"变"与"不变"的关系,与学生一道构建灵活开放与生成发展的课堂。比如笔者在讲授《这,也是创新》作文课时,受学生的激发,大脑异常活跃,突然想到近三年的高考作文题都可用到正在探讨的两则作文材料——小马过河、诸葛亮挥泪斩马谡。这样一阐释,课堂气氛达到了高潮,学生也意识到高考作文并不神秘,只要思维发散,找论据并不难。

总之,新课改,新形势,我们教师要意识到自己肩上的使命,加强学习,勇于实践。不仅胸中有书,更要心中有人。树立"全人""全面"发展意识,以学生

为中心设计教学,组织教学,使学生真正成为学习的主人,让课堂焕发生命的活力。

参考文献:

［1］周小山.教师教学究竟靠什么:谈新课程的教学观［M］.北京:北京大学出版社,2002.

［2］钟启泉.新课程师资培训精要［M］.北京:北京大学出版社,2002.

2004 年 6 月

十二、"板书设计"之我见

你是否有过这样的听课感受:有的老师板书杂乱,随想随写,没有重点,不成体系;有的老师则板书精美,重点突出,体系分明,过目难忘;而随着多媒体的广泛应用和电子白板的普及,不写板书似乎也不是什么稀罕事。

其实,作为一种重要的教学辅助手段,板书有着口头宣讲、多媒体演示不可替代的作用,因为它是教师在课堂教学中,配合口头宣讲、多媒体演示,运用文字、符号、图表等向学生直观地传播信息的教学行为。每一幅板书都不仅彰显着设计者对作品的理解,也彰显着设计者的书写水平、美学素养、思维品质、教学理念,更彰显着设计者对学生的导向。板书的即时性、生成性、独特性是PPT,哪怕是动画演示的PPT都无法比拟的。板书,在今天,依然是教师必备的基本教学技能之一。

但作为一名年轻教师,你是否又困惑于如何设计板书?你是否已经有过除了课题,不写板书的经历?或者,你即兴发挥,想写什么就写什么?又或者,你偷偷照搬了教参、网络上的板书设计?

其实,板书设计虽然不像你想象的那样简单,但也绝不像你想象的那样复杂。只要用心,你也可以设计出精美的板书;只要用心,你一定会体会到板书设计的魅力。

板书不是可有可无的,更不是随想随写的。板书,是需要设计的。

一般说来,设计板书,要注意以下几点:

1. 突出重点

这是就内容上而言,不管什么学科,板书首先要突出重点(如图1)。

谢浩锋老师这幅板书就突显了本节课的学习重点——Let's talk: What time is it? It's ____. It's time for ____. 他将这些重点内容放在黑板的正中间

予以突出;左侧画了一张 Time table 供学生练习时参考;右上角画了一串葡萄,右下角写着 Group1 和 Group2,连接葡萄和这两个小组的是一架梯子,看来谢老师是鼓励小组竞赛,看哪一组先完成训练任务,摘到葡萄。

图 1　东坑中心小学谢浩锋老师设计

图 2　秦皇岛八中徐凤珍老师设计

2. 彰显体系

对于比较复杂的内容,优秀的板书设计不仅要突出重点,更要勾勒关联,彰显体系,以引导学生关注内容要素的内在关联,从而建立起知识体系,训练学生的逻辑思维能力。

徐凤珍老师的这幅板书(如图 2)抓住了《爱莲说》内容、写法、作者情感这几个要素进行设计,不仅突出了《爱莲说》的重点,而且借助红、白、黄等色彩对不同类别的内容予以区分,尤其是借助箭头、大括号、小括号、云状图等勾勒出各要素的内在关联,有助于学生构建有关《爱莲说》的知识体系,训练学生的逻辑思维能力。

3. 简明扼要

因为板书是在有限的时间、空间内书写,设计板书时一定要简明扼要,切忌眉毛胡子一把抓,什么都往黑板上写。更何况,多了学生也记不住。板书设计,不是多多益善,而要以少胜多。

龚少华老师设计的这幅板书(如图 3),

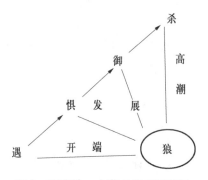

图 3　西安铁一中龚少华老师设计

抓住了《狼》这篇小说的情节脉络,以"狼"为核心向左上推演开,搭配"遇""惧""御""杀"四个字,且通过线条、箭头的勾连,凸显了小说情节的开端、发展和高潮。简明扼要,便于记忆。

4. 注重搭配

板书作为一种不可或缺的教学手段,它的最终目的是服务于学生的。教师的书写水平、布局能力、搭配技巧等无一不对学生产生潜移默化的影响。而且,学生年龄越小,受教师影响越大。教师在设计板书时,一定要心中装着学生,注意以下几种搭配:

(1) 字号搭配。写字要大小搭配,最小的字也要让最后一排的学生看清楚。

(2) 字体搭配。教师板书不要只用一种字体,擅长多种字体者可楷、隶、行、草搭配使用。一般来说,对低年级学生宜用正楷,对高年级学生可用行楷甚至草书(如图4、图5)。

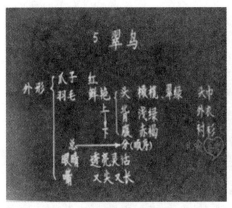

图4 《翠鸟》板书设计

图5 华南师大附中汕尾学校姚宇设计

(3) 色彩搭配。

设计板书时,要注意借助不同的色彩对不同类别、不同级别的内容进行区分。一般以基准色(黑板以白色为基准色,白板以黑色为基准色)为主,搭配较为醒目的红色、黄色等以突出重点,区分不同类别、层级的内容,如图1、图2、图4等。而图3如果借助不同的色彩将不同类别的内容予以区分,效果可能会更好。

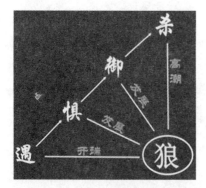

图6 白丽修改龚少华老师板书

比如,我们把龚少华老师的板书设计以图6的形式呈现,因为有了字号、字体的变化和色彩的区分,效果是不是也更好?

当然,图3是龚少华老师在一篇论文中展示的板书,可能囿于杂志印刷的黑白两色,不能展示更为丰富的色彩吧?

(4) 图文搭配。

一般来说,板书有文字表述型、图画型、图文结合型几种。教师,尤其是文科教师在设计板书时,要注意图文搭配,增强板书的直观性、形象性,并且借助图形更好地展示教师对作品的独到理解,促进学生的理解、记忆(如图7)。

这幅板书,采取了图文结合式进行设计。设计者围绕《我的叔叔于勒》的主要人物菲利普夫妇梳理出情节"盼于勒""赞于勒""遇于勒""躲于勒",并依次按12点、3点、6点、9点位置顺时针书写,勾连情节时,自然勾勒出一个圆,再用一个方框将写在中间的菲利普夫妇框起来,整幅图就是一枚古铜钱的形状;菲利普夫妇成了一对钻在钱眼里的人,教师对主要人物的褒贬,对小说主题的理解借助这幅简明扼要、图文并茂的板书自然而然地得到了巧妙的展示和强化,给人留下深刻的印象。

钻在钱眼里的人

图7 选自青青子衿博客:《中学语文教学板书设计艺术之我见》

5. 合理布局

设计板书时还要考虑板书区域。一般来说,会将板面分隔成若干不同的区域,如标题区、推演区、绘图区、便写区等。

标题区一般位于版面的上边,根据需要偏左或居中书写标题,字号较大,庄重醒目;推演区内容较多,要展示一个动态的过程,为方便两侧学生都看清,一般居中;绘图区根据需要灵活安排,左、中均可;便写区是临时写点内容,通常随写随擦,一般靠右,占的空间也不大。

设计板书时,要注意分块布局,充分利用版面的有效面积,而且要在四周留出适当的空间,注意整体布局的美观(如图8)。

教学沉思

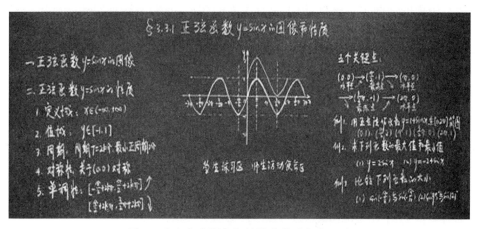

图 8　广东省交通高级技校黄燕洁老师设计

6. 富有创意

板书不仅彰显着设计者对文本的理解程度,也彰显着设计者的书写水平、美学素养和创新能力。优秀的板书设计应该是富有创意的,好的板书几乎称得上是一幅艺术品,如图 6、图 7。再比如图 9,这是笔者 2010 年参加"长教杯"比赛执教《〈宽容〉序言》时设计的一幅图文结合式板书。

图 9　白丽,2010 年"长教杯"一等奖板书

整幅作品由七个词语和六个箭头组成,构成一个醒目的时钟。"他""漫游者""先驱者""智慧老人"依次写在 3 点、6 点、9 点、12 点的位置。且慢,大家千万不要忘了,这"一个人"也好,守旧老人也罢,都是从村民中走出的(据此勾画出时针、分针)。

当我引导学生把这前后不同的四种称呼勾连起来的时候,学生吃惊地发现:他们竟然是同"一个人"!作者对其称呼的变化显然反映了村民们对其认识的不断变化——从"他"到"漫游者"到"先驱者"再到"智慧老人"!我们似乎应该欣慰。

那么,焉知如今受人顶礼膜拜的智慧老人的智慧,千年之后不会成为新一批守旧老人固守的束缚后人的新的律法?而下一个先驱者不会经历同样的命运？历史的钟摆永不停息,历史总有惊人的相似,我们从这种勾连中读出一种深藏着的担忧,一种美好希望中夹杂着的清醒认识。

这些富有创意的板书,不仅促进了学生对文本的理解,也成为他们语文学习中难忘的记忆。

7. 自然生成

板书在课堂教学中应该有一个自然而然、动态生成的过程。尽管板书可以预设也应该预设,但预设一定要合乎逻辑,合乎学生的认知规律和接受心理。再有创意的板书也不能违背这一点。不能为了设计而设计,为了创意而创意。试看图10和图11:

图10 白丽,1997 郑州市优质课一等奖板书　　图11 西安铁一中龚少华老师设计

图10和图11的板书设计都凸显了一个字。图10是笔者1997年参加郑州市青年教师优质课大赛,执教《范进中举》时设计的一幅板书。这幅板书的设计灵感源自我对范进发疯原因的反复琢磨:范进为什么中了举会发疯?中和不中到底有多大差别?中之前,穷,饿了三天无人问;穷则卑,岳父诟骂无自尊。中举后,变尊贵,银子房子送上门,岳父大人笑脸陪。当我在草稿纸上随手写下"穷""卑""贵""富"四个字并依次将"穷"与"卑"、"卑"与"贵"、"贵"与"富"勾连在一起时,我突然意识到"中"和"不中"的巨大区别:那不仅是身份、地位由"卑"而"贵"巨大变化,更是经济状况由"穷"而"富"的彻底翻身。由贵而富,因富愈贵,范进的生活随着"中举"发生了翻天覆地的变化,步入良性循环的轨道,从此将彻底告别忍受了半生的因穷而卑、因卑愈穷的屈辱生活。中和不中,天上地下,中间那道深深的鸿沟,范进用了半辈子去跨越。半生屈辱,一朝洗刷,范进焉能不"疯"?就这样,一个大大"中"和一个小小"疯"构成了我

对《范进中举》的板书设计。这个"中"的生成,自然而然。这个"疯"的加入,也自然而然。

图11是西安铁一中龚少华老师有关《口技》的板书设计,因为《口技》全文围绕一个"善"字展开,龚老师在设计板书时,有意将全文的内容概括成若干要点,分散且不规则地排列,最后勾勒出一个空心字"善"。这个"善"字的生成明显不是自然而然的,有为设计而设计的痕迹,难免牵强生硬之嫌。

8. 促进学习

到底谁是板书设计的主体?按传统观点看,当然是教师。但是,当我们把教师和学生都视为学习者的时候,特别是当我们把板书设计也视为一种促进学习者深入钻研并创意表达的手段时,我们就会明白,板书设计的终极目的是促进学习者的学习,板书设计的主体可以是教师,也可以是学生,只不过,学生需要教师的引导和点拨。

笔者在教学实践中曾不止一次巧借板书设计激发学生的学习热情,提升学生的学习能力。如2008年笔者参加上海市中青年教师教学评优大赛,执教《简笔与繁笔》。为了激发学生的预习热情,更为了"逼"着学生深入阅读文本,就布置了"设计板书"这一预习作业,并通过对板书的批阅、评比发现了学生理解上的差异,据此设计、组织了后续几个环节的教学,收到了很好的效果。

课堂讨论的三份学生设计板书如图12、图13、图14所示。

图12简明扼要,形象直观,体现了庄博琴同学对文章的关注和理解。不难看出,该同学舍中间,抓首尾,图文搭配,用两个交叉的圆形象地表示繁简之间的辩证关系。然两者的辩证关系究竟是什么?该板书语焉不详。课堂上我们借助这幅板书完成了对文章首尾部分的研读,并理清了简笔、繁笔的辩证关系。

图13、图14都采用了分条列举式,虽传统但也清楚;如果说图12舍中间、抓首尾,这两幅板书可说是全面关注、重在腰腹。

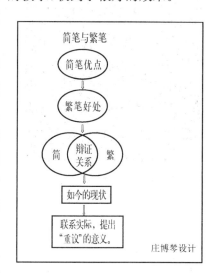

图12　延安中学2008届学生庄博琴设计

教育行思

且两者设计思路大体相同,罗列要点基本一致,但在对中心论点的把握上,出现了明显分歧。徐礼竹认为文章的中心论点是:简笔与繁笔,各得其宜,各尽其妙。而张奕菲则认为文章的中心论点应该是:文章的繁简又不可单以文字的多寡论。

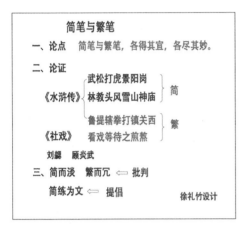

图13 延安中学2008届学生徐礼竹设计

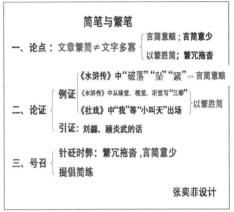

图14 延安中学2008届学生张奕菲设计

图15 白丽,2008上海市优质课二等奖板书

怎么办呢?课堂上,借助这两位同学的板书,尤其是两者的分歧,我引导学生完成了对文章的又一轮全面深入的研读,不仅关注了文章中间部分,而且消除了两者分歧,明确了中心论点,在此基础上,我的板书也自然而然地呈现在学生面前(图15)。

我的板书凸显了作者对简笔繁笔的辩证分析,突出了作者的写作目的:重议文章繁简得失,澄清人们错误认识,提倡简练为文。与之前庄博棽设计的板书(图12)互为补充,促进了学生对文章的理解。

总之,板书是教师在课堂教学中,配合口头宣讲、多媒体演示,运用文字、符号、图表等向学生直观地传播信息的教学行为。

板书设计可考虑以下几点:一是突出重点;二是彰显体系;三是简明扼

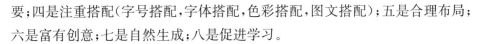

要;四是注重搭配(字号搭配,字体搭配,色彩搭配,图文搭配);五是合理布局;六是富有创意;七是自然生成;八是促进学习。

作为一种重要的教学辅助手段,板书有着口头宣讲、多媒体演示不可替代的作用。板书设计既是一种教学方式,也是一种学习方式。板书设计的终极目的是促进学习者的学习,教师和学生都可以成为板书的设计者。

2016 年 5 月

本文是笔者为上海市见习教师规范化培训教材《如何备课》(知会系列)撰写的文章。文中所用"板书设计"样例,除笔者及学生作品外,其他均来自网络。

十三、巧借"设计板书"培养学生批判性思维

——以《简笔和繁笔》教学为例

进入 21 世纪,越来越多的人认识到教育的核心是关注并提升人的发展,尤其是关注并提升人的思维能力。而"批判性思维"作为一种与独立思想和创新精神密切关联的思维能力(或曰思维品质),更是受到各国有识之士的重视。尽管目前对什么是批判性思维还没有一个统一的概念界定,但这丝毫不影响人们对它的研究热情。

我所理解的"批判性思维",简而言之,就是基于理性分析的评价和判断。具体来说,就是在面对某种说法或现象时,不迷信,不盲从,敢于质疑,善于思考,能依据一定的价值取向和评判标准进行深入细致的分析、求证,并据此作出审慎的评价和判断。

高中阶段是学生批判性思维发展的黄金时期,怎么激发并培养学生的批判性思维,不同教师面对不同的教学材料、教学对象,会有不同的教学策略和方法。笔者仅以《简笔和繁笔》的教学为例,谈谈在高中语文阅读教学中,如何巧借"设计板书"培养学生的批判性思维。

1. 巧借"设计板书",激发学习兴趣

在高中阅读教学中,激发并培养学生批判性思维的途径有很多。根据我的实践,"让学生来设计板书",作为一种教学策略,在激发学习兴趣,促进学生由浅阅读走向深阅读方面,具有其他途径无法取代的效果。

执教《简笔与繁笔》,之所以想到"让学生来设计板书"这一教学策略,主要基于以下考虑:

(1) 文本因素

《简笔和繁笔》是沪版教材高中语文第五册的一篇课文,适用对象是十七八岁的高三学生。我在细读文本后,发现这是一篇看似简单实际并不简单的

文艺随笔，它触及简笔和繁笔的辩证关系以及对"简练"的本质性把握。对于思辨意识尚需加强的高三学生而言，理解这些有一定难度。然而浅尝辄止的学生往往意识不到这一点。怎么引导学生深入钻研文本，我想到了之前已经试验过的教学策略——"让学生来设计板书"，即巧借"设计板书"激发学生兴趣，逼着他们深入到文本中，去发现问题、分析问题、呈现问题甚至是"创造"问题，当然最终是解决问题。

何况从查阅的相关资料来看，教师们对这篇文章的中心论点到底是什么，意见并不统一，我看到的说法至少有三种。教师尚且如此，学生若能认真研究的话，说不定也会有类似分歧。而"分歧"恰恰是培养学生批判性思维的良好契机，因为可以借助分歧引导学生质疑、辨析，最终依据一定的标准去评判。

加之周先慎先生对简笔与繁笔辩证关系的剖析确实有助于澄清人们（包括当今的学生）对简笔、繁笔的误会，对简练的误会，而这种拨开云雾、细致剖析、审慎评判本身就是作者批判性思维的一种外现。巧借"设计板书"逼着学生沉浸文本，体悟作者"说什么"和"怎么说"，就是让学生透过语言这一外壳去透视作者的批判性思维这一内核。我想，这也有助于学生批判性思维能力的养成。

（2）学生因素

毋庸讳言，高三学生的学业压力很大，在提升应试技巧、提高学业成绩方面的功利思想较高一、高二更加突出，加之高考不考课内语段，不少学生就更加忽视教材，不屑于对教材中的课文进行深入钻研。特别是对《简笔与繁笔》这一类文章，多数学生大眼一扫就将其简单归入"议论文"之列，并想当然地认为这类文章浅显易懂，没啥意思，不外乎"论点""论据""论证方法"这些东西。这种认识直接导致他们在阅读文本的时候浮在表面，难以深入。而不深入就不容易领悟作品的思想精髓，发现作者的思维轨迹，更不用说发现问题，产生分歧，并借助问题和分歧提升思辨意识和批判性思维能力了。

怎样激发学生的兴趣，引导学生变"浅阅读"为"深阅读"？我想到了之前用过的教学策略——"让学生设计板书"。凭经验，我认为"让学生来设计板书"能有效激发学生的读书热情，逼着学生尽可能地进入文本深处，试着分析、筛选、提炼、概括文章要点，并尽可能个性化、条理化、有创意地表达自己对文本的理解和认识。

基于以上两点考虑，我将"让学生来设计板书"作为执教《简笔与繁笔》的重要策略。当然，这也是一种有效的学习方式。我预判，这一策略运用得当，不仅会激发学生的学习兴趣,还大大有助于激发学生的质疑精神、思辨意识,提升他们的鉴赏能力和批判性思维能力。

2. 巧借"设计板书",促进思维碰撞

也许在很多人看来,"设计板书"都是教师的事情,与学生无关。正因为此,一旦"让学生来设计板书",不但能有效激发他们的学习热情,还有助于激活他们的思维。指导得当,还能有效促进他们思维的碰撞。

在我的实践中,"让学生来设计板书"作为一种教学策略和学习方式,绝不是孤立的行为,而是贯穿于课前、课中、课后的完整学习历程。操作流程如图1所示。

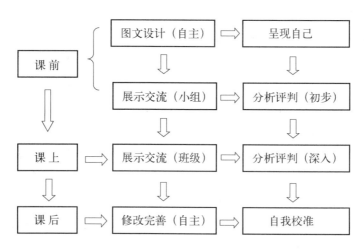

图1

必须强调,作为一种教学策略,"让学生设计板书"绝不是一个笼统的教学要求,更不是一个孤立的教学行为。采取该策略时,应将其作为一个系统工程,按"课前""课上""课后"三个阶段分步实施。每一阶段,教师对学生都应有具体的要求和相应的点拨。这样,学生在教师的指导或同伴的启发下才能激活思维,相互碰撞,逐步深入地研读文章,校正自己的认识和表达。

下边,以《简笔和繁笔》为例,谈谈我是怎么操作的:

(1) 课前,激发与点拨

首先,布置预习作业(请学生设计板书)时,我故意面带难色地告诉学生:"不好意思,老师碰到一个难题:下星期我要就《简笔与繁笔》上节公开课,可

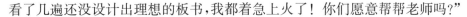

看了几遍还没设计出理想的板书,我都着急上火了!你们愿意帮帮老师吗?"

"愿意!"善良的学生几乎异口同声。但怎么设计板书呢?我从他们的眼神中看出了困惑(高三才接的这个班,之前他们没设计过板书),我当然不会错过这绝佳的点拨机会。

"谢谢!你们大概已经注意到老师非常重视板书设计。因为我认为板书设计充满趣味和挑战,它不仅能直观反映设计者对作品的理解,还能综合反映设计者的语言素养、书法素养、审美趣味等。优秀的板书简直就是一幅艺术品,让人过目难忘。"

听到这里,不少学生已是两眼发亮。得告诉他们怎么做呀,这样想着,我又说:"当然,板书设计并非高不可攀,从内容上看,无非涉及一篇文章的主要内容、思路结构、写作方法等;从形式看,就更加灵活,可以是纯文字式,也可以是文字和图形、表格、箭头等结合在一起。有时候,为了区分或强调,还可以变换字体、字号,借助不同的色彩等。不过,你们的头脑中蕴藏着多少稀奇的想法,我就不知道了。怎么样,试试看?"

学生纷纷点头,我则得寸进尺:"那么,大家课下先每人自主设计一份板书,并以四人小组为单位充分比较、讨论,从内容和形式两方面把握,选出一幅最佳板书给我,我再优中选优,挑几份在课堂上交流,怎么样?"

"OK!"多数学生已经摩拳擦掌,跃跃欲试了。

两天后,我收到了小组推荐的九份优秀板书。学生们果然各显所能:有用最简单的文字分条表述式的,也有用表格式的,还有用文字与图形混合式的。还有的为了区分或强调,借助了不同颜色,变换了字的大小。最让我感动的是连平时对语文不怎么感兴趣的一个男孩子也设计出了文字与图形相结合的富有创意的板书。最让我振奋的是这篇看起来无甚阅读障碍的文章,在中心论点是什么这一问题上,学生的理解竟然有分歧!

看着这些各有侧重、各具特色、略显稚嫩甚至理解有误、表述欠妥的板书,我激动得难以自抑,因为我从学生的板书设计中看到了他们对作品的原始解读、个性化解读。毫无疑问,这应该是我开展教学的起点;而从他们的分歧中我则捕捉到了对学生进行批判性思维训练的良好契机。

于是,我精心挑选了三幅板书带到了课堂上。

(2) 课上,交流与碰撞

课上,主要借助三幅板书引导学生充分讨论、质疑、辨析,并依据一定标准对作者的观点、论据,同伴的作品、发言进行评判,从而完成对文本的准确、深入解读。

上课伊始,我首先发自内心地对学生的鼎力相助、创意设计表达了感谢,目的是进一步激发学生的探究热情。

"同学们,《简笔与繁笔》是北大教授周先慎先生写的一篇不足1 500字的短文。事先已经拜托大家充分预习,帮老师设计一份板书,也就是把你对文章的理解以板书的形式展现出来。从推选出来的作品看,大家的设计真的是各具特色,各有侧重。也许在某些方面还略显稚嫩,甚至有理解错误、表述欠妥的地方,但难能可贵的是我从你们设计的板书中看到了你们对作品的原始解读、个性化解读。那么,大家对作品的理解完全一样吗?让我们通过几幅板书来看一下。"

我首先借助PPT展示了庄博琴同学设计的板书,如图2所示。

不少同学吃惊地瞪大了眼睛,庄博琴似乎也很意外。我指着PPT说:"这幅板书形象直观,简明扼要,体现了庄博琴同学对文章的理解。请结合他的板书看看他在研读文章时重点关注了哪些段落?抓住了哪些要点?"我一边读庄博琴的板书,一边请学生指出与文章哪一段对应,学生都能很快地说清楚。

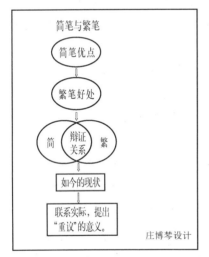

图2

接着,我引导学生聚焦于这幅板书的中间部分:"庄博琴同学用两个交叉的圆形象地表示繁简之间的辩证关系。那么繁简之间的辩证关系指的是什么?请解释一下。"庄博琴站起来说他所理解的繁简之间的辩证关系就是第一段的最后一句话:"简笔与繁笔,各得其宜,各尽其妙。"立马有同学说这句话太笼统,没有把繁简之间的辩证关系解释透彻。

"怎么解释?作者有没有解释?"我不失时机地把学生"逼"进文本更深处。

果然,有学生指出在第一段中,作者已对简笔和繁笔进行了一分为二的分析:"言简意赅,是凝练、厚重;言简意少,却不过是平淡、单薄。"显然作者肯定的是简笔中的"言简意赅",而对那种"言简意少"的简笔则予以明确否定。繁笔呢？作者也将其分为两种情况："繁冗拖沓"和"以繁胜简"。对人人可见的繁笔之失——"繁冗拖沓"，作者一上来就指出其为"作文病忌"，而对未必人人都懂的繁笔之妙——"以繁胜简"，作者则不厌其烦，先用一组工整的对偶句"描摹物态，求其穷形尽相；刻画心理，能使细致入微"指出繁笔的好处，再用两个散句"有时，真是非繁不足以达其妙处。这可称为以繁胜简"予以强调。

太好了。我一边引导学生说，一边在黑板上写下我的板书设计(图3)。

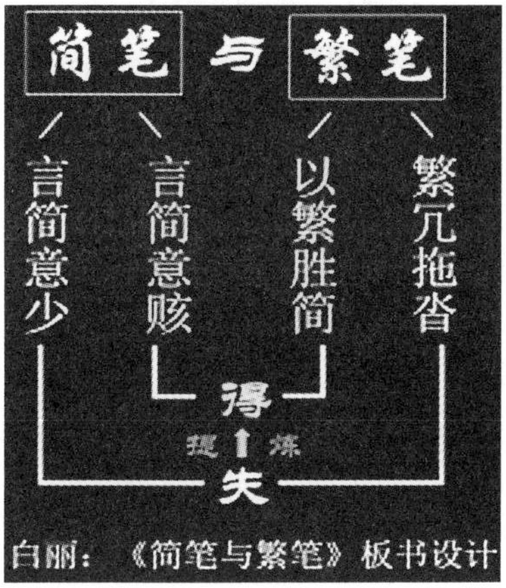

然后，我指着我的板书和庄博琴的板书进一步引导学生："'言简意少''繁冗拖沓'就是后文分析现状时谈到的什么？"学生马上能结合第6段指出"言简意少"就是"简而淡"，"繁冗拖沓"就是"繁而冗"。

最后，我指着庄博琴的板书进一步发问："联系实际，提出重议的意义"，"重议"什么？

显然是"重议文章繁简得失这个老题目"。"重议的意义"又是什么？厘清人们对简笔、繁笔可能存在的认识误区，让人们辩证地看待简笔繁笔，明白真正的简练既包含简笔中的言简意赅，又不排斥繁笔中的以繁胜简。简笔与繁笔，应该"各得其宜，各尽其妙"。

就这样，结合庄博琴同学的板书，我引导学生在质疑和辩驳中完成了对文章首尾部分的深入解读。

庄博琴同学大概也没想到他的板书竟有这么大的价值，我偷偷地观察他，他是那么专注、兴奋，眼中闪着兴奋的光芒，我本能地意识到这可能就是激发他喜欢语文的一个契机。"感谢庄博琴同学设计的这份板书，他在阅读时重抓首尾，大胆取舍，设计的板书简明扼要，形象直观。"庄博琴——那个平时对语文不怎么感兴趣也很少发言的男孩子挺直了脊梁。

"再看另两位同学设计的板书。"我先用PPT展示了徐礼竹设计的板书，又用PPT展示了张奕菲设计的板书，然后把两人的板书用同一张PPT展示(图4)。

学生似乎发现了不同。

"这两幅板书与庄博琴设计的板书有什么不同？"我问。

图3

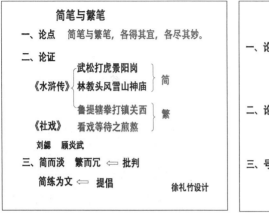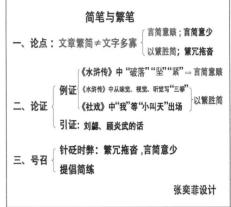

图 4

学生说：形式上，庄博芩的板书借助图形更形象直观，徐礼竹、张奕菲的板书分条列举，虽传统但也清楚；内容上，庄博芩的板书舍弃中间，重抓首尾，徐礼竹、张奕菲的板书全面关注，重在腰腹。

"那么，徐礼竹与张奕菲设计的板书又有什么异同？"

学生很快发现两者设计思路大体相同，罗列要点基本一致，但在对文章中心论点的把握上，出现了明显分歧。徐礼竹认为文章的中心论点是：简笔与繁笔，各得其宜，各尽其妙。而张奕菲则认为文章的中心论点应该是：文章的繁简又不可单以文字的多寡论。

"怎么办呢？在中心论点是什么的问题上，两位同学出现了明显的分歧。这篇文章的中心论点到底是什么？难不成会有两个中心论点？"

不少学生摇头，更多的人则一脸困惑。

他们大概也没想到，对于一篇初看起来没啥好学的无比简单的文章，居然在"中心论点是什么"这样一个不是问题的问题上出现了分歧。有同学甚至犹犹豫豫地提出了第三种说法：文章的中心论点是"提倡简练为文"。

我首先肯定了同学们独立思考、大胆表达的精神的可贵，然后明白无误地告诉他们："这三种意见我在网上都看到过，也就是说从网络资源来看，老师们对这篇文章的中心论点是什么，意见也不统一。但这是否意味着这篇文章就有三个中心论点呢？"

学生都笑了："怎么可能？"

"那么怎样判定一篇文章的中心论点？或者说这篇文章的中心论点到底

教学沉思

是什么？我们能否解开这个谜团？"我话音未落，学生已经展开了热烈的讨论。

最后学生达成共识，文章中心论点应为：简笔与繁笔，各得其宜，各尽其妙。理由：第一，文章标题为"简笔与繁笔"，揭示了论题，而对论题的看法即为论点。第二，后文中五个例子都在论证这句话，由论据可推测出论点。

学生的发现令人高兴。他们的发现也进一步激发了我的灵感：可以引导学生关注论点的表述形式呀。于是我说："从你们的阅读和写作经验来看，论点一般用什么样的句子形式表述？肯定句还是否定句？"学生说："肯定句。""为什么？"我追问。"因为正面提出主张的时候宜用肯定句。"学生很快反应过来。

"老师，我明白了，'文章的繁简又不可单以文字的多寡论'是一个否定判断，这句话不是文章的中心论点。"张奕菲抢着说。

"那作者为什么要下这样一个否定判断，他的用意是什么？"我紧追不舍。

"好像是在批驳一种错误认识吧。"有同学犹豫着说。

"说得好。'单以文字多寡论文章繁简'显然是一种简单、片面、肤浅、错误的看法。作者提出'文章的繁简又不可单以文字的多寡论'就是先破除这种错误看法，然后再'立'一种正确看法：'简笔与繁笔，各得其宜，各尽其妙。'也就是说，不管字多字少，只要得其宜，尽其妙，就是简练；否则，就是繁冗拖沓。这就透过现象看到本质，分析问题既全面又深入。这句直接阐明作者主张的话就是文章的中心论点。可不可以这样理解？"

"可以！"学生脸上带着破除疑惑的喜悦。

至此，学生不仅对第一段句与句的逻辑关系有了更深入、更准确的理解：两个句子，一个处在第一段第三句的位置上，一个处在第一段最后一句位置上，后者是全文中心论点，前者只是前人主张到作者观点之间的一个桥梁，而且也明白了"提倡简练为文"是作者"重议文章繁简得失这个老题目"的目的，并非本文的中心论点。

"老师，回头把本子发下来，我想把板书再改改。"张奕菲说。

"我想再补充点内容。"庄博琴说。

"我想重新设计一份板书！"不知谁大声说。

"好。今天的作业之一就是依据课堂所学，修改、完善自己的板书。当然，如果你受到启发，又有了新的创意，老师也很期待看到你富有创意的新板书设计！"

教室里响起愉快的笑声,我看到几十双眼睛闪烁着兴奋的光芒。那一刻,幸福的感觉传遍了身上的每一个细胞。

(3)课后,修正与完善

课后,请学生依据课堂所学,修改、完善自己的板书,或重新设计一份。

毫无疑问,在深入讨论、质疑、辨析的过程中,不少同学已经发现了自己对文本的浅读甚至误读,发现了自己板书设计的亮点和不足,这种充满思维碰撞的有发现、有收获的学习过程已经激发了他们进一步修改、完善自己作品(板书设计)的愿望。在此基础上,布置这样一份作业,对学生来说,不仅不是负担,还是乐趣。事实证明,更多的学生在修改稿中不仅校正了自己理解、表达方面的错误,还借鉴课堂展示的三幅板书形式,更多地借助图形、色彩等使自己的板书更加美观。他们或许不知道,"自我校准"恰恰是批判性思维养成的重要一环,但作为老师,我知道,我也看到了他们的"自我校准"热情、行为和成果,我不能不为他们的成长高兴!

3. 巧借"设计板书",提升批判素养

这节课上下来,学生反映"最有意思的是设计板书",没想到小小板书竟能掀起那么大的波澜,更没想到看似一读就懂的文章其实并没有完全读懂。在板书比对中发现了分歧,在相互讨论、辨析中解决了困惑,纠正了理解和表达上的偏差。

参与听课的老师也反映"让学生设计板书很有创意",教师不仅不回避学生分歧,还牢牢抓住"分歧"这一培养学生批判性思维的良好契机,引导学生去质疑、辨析,最终弄清了"怎么判别中心论点"这一少数老师还模棱两可的问题。

还有同行指出:在对学生板书的肯定与激励、纠偏与完善的过程中,教师一步步引导学生深入再深入文本,透过语言这一外壳透视作者的批判性思维这一内核,认识到作者绝不是浮泛地人云亦云地在谈"简笔与繁笔",在谈"简练",而是有意澄清人们对简笔、繁笔的误会,对简练的误会。这种拨开云雾、细致剖析、审慎评判的批判性思维必将对学生的思维发展产生良好影响。

特邀专家强调:请学生来设计板书,并非教师不能,而是教师故意示弱以激发学生潜能。示弱其实是一种智慧。教师示弱,并非无所作为,而是为了更好地作为。本节课,教师不是简单地布置一个"设计板书"的作业,而是对"如何设计板书"进行了必要的点拨。学生循路而行,顺势而为,在设计板书的过程中不得不深入文本。深入了,自然有发现;深入了,自然有创见。教师示弱了,学生变强了,这就是教师的教学智慧。

  我个人也认为,本节课最大的亮点就在于基于对文本深入分析、对学情准确判断的主动示弱,通过设计板书并进行评比这一杠杆,撬动了学生思维惰性这座冰山,充分激发了学生思维的积极性,把他们置于学习的主体地位,让他们在看似无疑处生疑,在破疑过程中养成批判意识,练就批判眼光,提升批判素养。

2016 年 4 月第一稿 2018 年 5 月第三稿